综合应急救援与作战指挥力量编成

主　编　刘风华
副主编　陈绵海　鲍宇光　许　亮

北　京
冶　金　工　业　出　版　社
2024

内容提要

本书共3篇，第1篇为灭火救援基础知识，介绍了火灾类型、抢险救援基本程序、搜救犬救援训练、地震灾害紧急救援、中队灭火战斗力编成等；第2篇为接警调派指挥，包含接警调度及舆情处理、值班指挥专业化等；第3篇为危险化学品灭火救援处置，介绍了危险化学品基本情况以及危险化学品事故应急救援处置办法等。

本书可作为消防救援有关专业的教学用书，也可供从事应急救援工作人员学习参考。

图书在版编目(CIP)数据

综合应急救援与作战指挥力量编成/刘风华主编. —北京：冶金工业出版社，2020.4（2024.7重印）

ISBN 978-7-5024-8477-4

Ⅰ.①综…　Ⅱ.①刘…　Ⅲ.①消防部队—救援—中国　Ⅳ.①D631.6

中国版本图书馆CIP数据核字（2020）第069694号

综合应急救援与作战指挥力量编成

出版发行　冶金工业出版社　　**电　话**　(010)64027926
地　址　北京市东城区嵩祝院北巷39号　　**邮　编**　100009
网　址　www.mip1953.com　　**电子信箱**　service@mip1953.com

责任编辑　王梦梦　美术编辑　吕欣童　版式设计　禹　蕊
责任校对　李　娜　责任印制　窦　唯
北京建宏印刷有限公司印刷
2020年4月第1版，2024年7月第2次印刷
710mm×1000mm　1/16；13印张；249千字；193页
定价72.00元

投稿电话　(010)64027932　投稿信箱　tougao@cnmip.com.cn
营销中心电话　(010)64044283
冶金工业出版社天猫旗舰店　yjgycbs.tmall.com
（本书如有印装质量问题，本社营销中心负责退换）

前　言

灭火救援工作是消防救援队伍业务工作的重要组成部分，作战指挥调度是消防救援队伍核心战斗力生成的关键环节，是打赢灭火救援战斗的根本保障。近年来，《执勤战斗条令》《灭火救援业务训练与考核大纲》及《消防救援队伍接警调度员培训与考核大纲》的多次修订，标志着消防队伍灭火救援工作和作战指挥调度正在逐步走向规范化、科学化、精细化。特别是在消防救援队伍集体退出现役，整建制划归应急管理部，成为国家应急救援的主力军和国家队的大背景下，着眼"全灾种""大应急"任务需要，着力从救援理念、机制、职能、素质、装备、方式等方面推动队伍转型升级，将为消防救援队伍的创新发展注入强劲动力。

2018 年 11 月 9 日，习近平总书记对国家综合性消防救援队伍授旗并致训词，提出"对党忠诚，纪律严明，赴汤蹈火，竭诚为民"四句话方针，标志着一支全新的人民队伍举旗定向、换羽新生。从"橄榄绿"到"火焰蓝"，从"单灾种"到"大应急"，消防救援队伍在总书记训词精神指引下正以崭新的风貌阔步前行。对标要求找差距，我们按照"缺什么补什么，干什么练什么"的指导思想，紧密结合当前消防救援队伍工作实际，组织编写了本书。

本书在唐山市消防救援支队领导的关心和帮助下，由作战训练处高级工程师刘凤华主持编写，陈绵海、鲍宇光、许亮协助编写。本书是对灭火救援基础知识、作战指挥中心业务工作和危险化学品事故处置等内容的归纳总结，即分为灭火救援基础知识、作战指挥中心调度制度和危险化学品事故处置等 3 篇。本书力求达到综合性、系统性、实用性的统一，对践行习近平总书记训词精神，全面规范加强灭火救援工作，特别是作战指挥中心的调度编成工作必将起到积极作用。

由于编写时间仓促，作者水平所限，书中不妥之处，敬请读者批评指正。

编　者

2019 年 10 月

目　录

第1篇　灭火救援基础知识

第3篇 危险化学品灭火救援处置

第1篇 MIEHUO JIUYUAN JICHU ZHISHI

灭火救援基础知识

1 灭火救援基础

1.1 火灾的定义及分类

1.1.1 火灾的定义

凡是在时间或空间上失去控制的燃烧所造成的灾害，都称为火灾。

1.1.2 火灾的分类

1.1.2.1 按燃烧的对象分类

A A 类火灾

A 类火灾指普通固体可燃物燃烧而引起的火灾。

(1) 固体物质是火灾中最常见的燃烧对象，主要包括木材及木制品、纤维板、胶合板、纸张、纸板、家具；棉花、棉布、服装、被褥、粮食、谷物、豆类；合成橡胶、合成纤维、合成塑料、电工产品、化工原料、装饰材料等，种类极其繁多。

(2) 固体物质火灾危险性差别很大，评定时要从多方面进行综合考虑。其中要考虑的理化参数有熔点、自燃点、比表面积、氧化特性、密度、导热性、热惯性等。

B B 类火灾

B 类火灾指油脂及一切可燃液体燃烧引起的火灾。

(1) 油脂包括原油、汽油、煤油、柴油、重油、动植物油；可燃液体主要有酒精、苯、乙醚、丙酮等各种有机溶剂。原油罐、汽油罐是 B 类火灾的重点保护对象。

(2) 液体燃烧是液体蒸气与空气进行的燃烧。液体在火灾中受热首先变成蒸气，蒸气与空气燃烧变成产物。轻质液体的蒸发纯属相变过程，重质液体蒸发时还伴随有热分解过程。原油罐火灾的喷溅和可燃液体的蒸气云爆炸，是 B 类火灾中的两种特殊燃烧现象，破坏极其严重。

(3) 评定可燃液体火灾危险性的理化参量是闪点。闪点小于 28℃ 的可燃液体属甲类火险物质，如汽油；闪点大于等于 28℃ 且小于 60℃ 的可燃液体属乙类火险物质，如煤油；闪点大于等于 60℃的可燃液体属丙类火险物质，如柴油、植物油。50~60°的白酒，虽然其闪点小于 28℃，但考虑到白酒中含有水分，而归于丙类火险物质。

C C 类火灾

C 类火灾指可燃气体燃烧引起的火灾。按可燃气体与空气混合时间，可燃气体燃烧分为预混燃烧和扩散燃烧。预混燃烧由于混合均匀，燃烧充分、完全，不产生碳离子，燃烧速度快。失去控制的预混燃烧会产生爆炸，这是 C 类火灾最危险的燃烧方式。由于扩散燃烧是边混合边燃烧，混合不均匀，燃烧不充分、不完全，会产生碳粒子，火焰呈黄色，燃烧速度受混合快慢及混合比控制。

D D 类火灾

D 类火灾指可燃金属燃烧引起的火灾，如锂、钠、钾、钙、锶、镁、铝、钛、锆、锌、铀、钍火灾。可燃金属燃烧引起的火灾之所以从 A 类火灾中分离出来，单独作为 D 类火灾，是因为这些金属燃烧时，燃烧热很大，为普通燃料的 5~20倍，火焰温度很高，有的甚至达到 3000℃以上；并且在高温下金属性质特别活泼，能与水、二氧化碳、氮、卤素及含卤化合物发生化学反应，使常用灭火剂失去作用，必须采取特殊的灭火剂灭火。

E 带电火灾

带电的电气设备及其他物体燃烧的火灾。不同类型火灾，具有不同特点，应采取不同的灭火措施。

1.1.2.2 按火灾损失严重程度分类

按损失严重程度，火灾可分为特别重大火灾、重大火灾、较大火灾和一般火灾。

（1）特别重大火灾是指造成 30 人以上死亡，或者 100 人以上重伤，或者 1 亿元以上直接财产损失的火灾。

（2）重大火灾是指造成 10 人以上 30 人以下死亡，或者 50 人以上 100 人以下重伤，或者 5000 万元以上 1 亿元以下直接财产损失的火灾。

（3）较大火灾是指造成 3 人以上 10 人以下死亡，或者 10 人以上 50 人以下重伤，或者 1000 万元以上 5000 万元以下直接财产损失的火灾。

（4）一般火灾是指造成 3 人以下死亡，或者 10 人以下重伤，或者 1000 万元以下直接财产损失的火灾。

注：“以上”包括本数，“以下”不包括本数。

1.1.2.3 火灾的发展

A 热传播

热传播是影响火灾发展的决定性因素。热传播除了火焰直接接触外，还有 3

个途径：

(1) 热传导。热通过直接接触的物体从温度较高的部位传递到温度较低的部位，叫做热传导。

(2) 热对流。热通过流动介质将热量由空间中的一处传到另一处的现象叫做热对流。

(3) 热辐射。以电磁波形式传递热量的现象，叫做热辐射。

B　火灾发展过程

室内火灾发展一般分为火灾初起、发展、下降三个阶段。室外火灾一般无明显发展阶段之分。

(1) 火灾初起阶段。火灾初起时，随着火苗的发展，燃烧产物中有水汽、二氧化碳产生，还产生少量的一氧化碳和其他气体，并散发出热量，火焰温度可能在500℃以上，室温略有增加。这一阶段火势发展的快慢随着引起火灾的火源、可燃物的特点不同而呈现出不同的趋势。

(2) 火灾发展阶段。当温度升至500℃时，辐射热急剧增加，辐射面积增大，燃烧会扩大到整个室内，并有可能出现轰燃。火灾发生后，周围环境温度逐步上升，物质分解生成烟和有毒气体，并随热气流上升到顶部。热的烟粒子向四周辐射热量，引起室内可燃物热分解，产生大量可燃气体。室内的上层气温达400~600℃，即发生轰燃，火灾达到全面发展阶段，系统处于高温状态。火焰周围所有可燃物燃烧速度最快，环境温度明显上升，温度可达700℃以上。

(3) 火灾下降阶段。随着燃烧的进行，可燃物减少。如果通风不良，有限空间内氧气被渐渐消耗，则可燃物不再发出火焰，已燃烧的可燃物呈阴燃状态，室内温度降到500℃左右。但是，这样高温仍能使可燃物分解出较轻的气体，如氢气、甲烷等。这时，如因不能做到合理的通风，突然引入较多的新鲜空气，则仍有发生爆燃的危险。如果火灾烧穿门窗、屋顶，则在可燃物全部燃尽后，才进入下降阶段。

1.1.3　灭火方法和原理

1.1.3.1　冷却灭火

冷却灭火，就是将灭火剂直接喷洒在燃烧的物体上，将可燃物质的温度降低到燃点以下，以终止燃烧。

冷却灭火法通常用于扑救A类火灾。具体措施是在扑救A类火灾时，用水或泡沫等灭火剂，直接射向燃烧物体的表面，直至将可燃物的燃烧温度降至燃点以下，使其燃烧熄灭。在扑救油、气储罐，化工生产装置和钢结构建筑等火灾时，应用大量的水对罐体、装置和建筑物的钢结构进行冷却，降低温度，辅助灭火。用水冷却灭火，是扑救火灾最常用的方法。

1.1.3.2 隔离灭火

隔离灭火，就是将燃烧物体与附近的可燃物质隔离或疏散开来，使燃烧停止。

如火灾现场条件允许，隔离灭火法可用于扑救各类常见火灾。具体措施是利用转移或覆盖可燃物的方法，将燃烧物与附近的可燃物分隔开，破坏其持续的燃烧条件，使燃烧停止。如：扑救 A 类火灾，除及时将可燃物质移开火源外，还可用不燃烧物（土、石棉被、海草席等）掩埋、遮盖或喷水覆盖等方法，消除火势对附近可燃物的威胁，控制火势的蔓延。扑救化工生产装置火灾时，可采取关闭阀门、倒灌、排空等方法，阻止可燃气体、液体流入燃烧区。扑救建筑物火灾时，可拆除毗邻的易燃建筑，阻止火势蔓延等。

1.1.3.3 窒息灭火

窒息灭火，就是阻止空气流入燃烧区，或者用不燃烧物质冲淡燃烧区内空气中的氧气含量，使燃烧物质断绝氧气助燃的条件，达到灭火目的。

窒息灭火法通常用在扑救封闭和狭小空间（地下室、隧道等）发生的火灾。常用的措施是：采取关门、砌防火墙方法，封闭燃烧空间，控制空气的流通，或采用喷射雾状水流、水蒸气，施放氮气、二氧化碳等惰性气体的方法，稀释降低燃烧区内空气中的氧气含量，断绝向燃烧物供氧助燃的条件，促使燃烧终止。

1.1.3.4 抑制灭火

抑制灭火，是指将具体参与物质燃烧化学反应的灭火剂喷向火焰，使其参与燃烧反应过程，实现抑制物质燃烧的持续进行，中断燃烧的目的。具有抑制灭火功能的灭火剂主要是干粉灭火剂。

干粉灭火剂主要分为 ABC 类的磷酸铵盐干粉灭火剂和 BC 类的碳酸氢钠干粉灭火剂，干粉灭火剂灭火速度快，但易复燃。

1.2 灭火剂的分类

1.2.1 灭火剂分类

凡是能够有效破坏燃烧条件，使燃烧中止的物质，统称为灭火剂。也就是说，灭火剂就是用来灭火的物质。

（1）按灭火原理分。

1）物理灭火剂：水、泡沫、二氧化碳等。

2）化学灭火剂：干粉、卤代烷等。

（2）按物质形态分。

1）气态灭火剂：二氧化碳、卤代烷等。

2）液态灭火剂：水、泡沫、7150 等。

3）固态灭火剂：干粉灭火剂等。

（3）水的灭火作用。

1）冷却作用。由于水的比热容大，汽化热高，而且水具有较好的导热性。因而，当水与燃烧物接触或流经燃烧区时，将被加热或汽化，吸收热量，从而使燃烧区温度大大降低，使燃烧中止。

2）窒息作用。水的汽化将在燃烧区产生大量水蒸气并占据燃烧区，可阻止新鲜空气进入燃烧区，降低燃烧区氧的浓度，使可燃物得不到氧的补充，导致燃烧强度减弱直至中止。

3）稀释作用。水本身是一种良好的溶剂，可以溶解于水溶性甲、乙、丙类液体，如醇、醛、醚、酮 等。因此，当此类物质起火后，如果容器的容量允许或可燃物料流散，可用水予以稀释。由于可燃物浓度降低而使可燃蒸气量的减少，从而使燃烧减弱。当可燃液体的浓度降到可燃浓度以下时，燃烧即中止。

4）分离作用。经灭火器具（直流水枪）喷射形成的水流有很大的冲击力，这样的水流遇到燃烧物时，将使火焰产生分离，这种分离作用一方面使火焰“端部”得不到可燃蒸气的补充，另一方面使火焰“根部”失去维持燃烧所需的热量，使燃烧中止。

5）乳化作用。非水溶性可燃液体的初起火灾，在未形成热波之前，以较强的水雾射流或滴状射流灭火，可在液体表面形成“油包水”型乳液，乳液的稳定程度随可燃液体黏度的增加而增加，重质油品甚至可以形成含水油泡沫。水的乳化作用可使液体表面受到冷却，使可燃蒸气产生的速度降低，致使燃烧中止。

（4）不能用水扑救的火灾。

1）不能用水扑救“遇水燃烧物质”的火灾。

2）在一般情况下，不能用直流水扑救可燃粉尘聚集处的火灾。因为，沉积粉尘被水流冲击后，悬浮在空气中，易引起粉尘爆炸。

3）在没有良好的接地设备或没有切断电源的情况下，一般不能用直流水扑救高压电器设备、线路的火灾。因为一般水中含有杂质，具有一定的导电能力。

4）某些高温生产装置设备着火时，不宜用直流水扑救。因为，这些高温设备的金属表面在受到水流的突然冷却时，机械强度会受到影响，设备可能遭到破坏。

5）储存大量浓硫酸、浓硝酸、盐酸等场所发生火灾时，不能用直流水扑救。因为水与酸液接触会引起酸液发热飞溅或流出。

6）轻于水且不溶于水的可燃液体火灾，不能用直流水扑救。

7）熔化的铁水、钢水引起的火灾，不能用水扑救。

1.2.2 泡沫灭火剂

1.2.2.1 泡沫液的通用术语

泡沫液相关的通用术语有泡沫液、泡沫混合液、泡沫预混液等。

（1）泡沫液。可按适宜的混合比与水混合形成泡沫溶液的浓缩液体。

（2）泡沫混合液。泡沫液与水按特定混合比配制成的泡沫溶液。

（3）泡沫预混液。泡沫液与水按特定混合比预先配置成的储存待用的泡沫溶液。

（4）混合比。泡沫液在泡沫混合液中所占的体积百分数。

（5）发泡倍数。泡沫体积与形成该泡沫的泡沫混合液体积的比值。

（6）低倍数泡沫。发泡倍数低于 20 的灭火泡沫。

（7）中倍数泡沫。发泡倍数介于 20 到 200 之间的灭火泡沫。

（8）高倍数泡沫。发泡倍数高于 200 的灭火泡沫。

（9）供给强度。单位时间单位面积上泡沫混合液或水的供给量，用 $L/(min \cdot m^2)$ 表示。

1.2.2.2 适用范围

泡沫灭火剂的适用范围：

（1）A 类泡沫灭火剂，用于扑救 A、B 类物质火灾，可起隔离、覆盖、保护、降温等作用，特别是降温效果极佳。

（2）非水溶性泡沫灭火剂，可以扑救固体物质火灾、非水溶性液体火灾。

（3）抗溶性泡沫灭火剂，用于扑救醇、酯、醚、酮、醛、胺、有机酸等可燃极性溶剂火灾，亦可以用于扑救油类火灾。

（4）液下喷射泡沫灭火剂，可以用于液下喷射泡沫灭火系统。

（5）高倍泡沫灭火剂，可以用于全淹没灭火系统、排烟等。

1.2.2.3 泡沫灭火剂的局限

泡沫灭火剂的局限：

（1）不宜扑救带电设备火灾。

（2）不宜扑救金属火灾。

（3）不宜扑救气体火灾。

（4）不宜扑救浓酸场所火灾。

1.2.2.4 泡沫灭火剂主要灭火作用

泡沫灭火剂主要灭火作用：

（1）泡沫在燃烧物表面形成的覆盖层，可使燃烧物表面与空气隔离。

（2）泡沫层封闭了燃烧物表面，可以遮断火焰对燃烧物的热辐射，阻止燃烧物的蒸发或热解挥发，使可燃气体难以进入燃烧区。

（3）泡沫析出的液体对燃烧表面有冷却作用。

（4）泡沫受热蒸发产生的水蒸气，有稀释燃烧区氧气浓度的作用。

1.2.3 干粉灭火剂

1.2.3.1 灭火作用

干粉灭火剂灭火作用：

（1）对燃烧的抑制作用。直接参与可燃物燃烧过程，抑制燃烧持续进行，终止燃烧。

（2）其他灭火作用。悬浮的粉雾包围火焰，可以减弱火焰的辐射作用。干粉受高温作用放出结晶水和发生分解，可吸收部分热量，分解生成的惰性气体有稀释燃烧区氧浓度的作用。

1.2.3.2 适用范围

干粉灭火剂适用范围：

（1）ABC 类干粉灭火剂（磷酸铵盐）可以扑救 A、B、C 类火灾。

（2）BC 类干粉灭火剂（碳酸氢钠）可以扑救 B、C 类火灾，主要用于扑救易燃、可燃液体火灾及易燃气体火灾。

1.2.4 卤代烷、二氧化碳

卤代烷、二氧化碳主要适用扑救 B、C 类物质和带电设备的初起火灾。

1.2.5 7150

7150，即三甲氧基硼氧六环，主要扑救轻金属的初起火灾。

2 灭火与救援

2.1 指导思想及原则

2.1.1 指导思想

消防救援队伍必须随时做好战斗准备，接到报警或者出动命令立即出动，迅速、准确、安全地赶赴现场，实施灭火与应急救援。消防救援队伍在执行灭火救援任务时，应当坚持“救人第一，科学施救”的指导思想，按照“先控制、后消灭”的灭火原则和“依法履责、规范处置”的救援原则，组织实施灭火与应急救援行动，最大限度地减少损失和危害。

2.1.2 消防救援队伍要求

在消防救援队伍集体退出现役，整建制划归应急管理部，成为国家应急救援的主力军、国家队的大背景下，着眼“全灾种”“大应急”任务需要，着力从救援理念、机制、职能、素质、装备、方式等方面推动队伍转型升级，将为消防救援队伍的创新发展注入强劲动力。2018 年 11 月 9 日，习近平总书记对国家综合性消防救援队伍授旗并致训词，提出“对党忠诚，纪律严明，赴汤蹈火，竭诚为民”四句话方针，标志着一支全新的人民队伍举旗定向、换羽新生。从“橄榄绿”到“火焰蓝”，从“单灾种”到“大应急”，消防救援队伍在总书记训词精神指引下，按照“双严”“双准”的标准，正以崭新的风貌阔步前行。

（1）各级指战员必须做到坚决服从命令，听从指挥，严守纪律，忠于职守，发扬英勇顽强、连续作战的作风。

（2）应当建立健全安全管理制度，强化安全意识，严格落实安全责任、安全防护和安全保障措施，有效预防和减少官兵伤亡。

（3）应当加强装备建设，严格装备管理、训练，做好执勤战斗保障，不断提高执勤战斗能力。

（4）应当建立健全执勤战斗信息报告制度，按照规定程序和要求及时准确报告执勤战斗信息。

（5）各级值班、执勤人员应当严格落实辖区熟悉制度。按照职责分工，熟悉辖区情况及执勤战斗预案相关内容。

(6) 应当严格落实经常性战备教育制度。在消防员退出期间、重大节日、重要活动或者遇有其他特殊情况时，必须进行有针对性的战备教育。战备教育的主要内容包括形势、任务、政策、法规、纪律及上级指示要求等。

(7) 应当严格落实执勤战斗装备管理制度，保证随时处于完好战备状态。执勤战斗装备不得用于与执勤战斗无关的事项。

1) 消防车（艇）的停放（泊靠）和个人装备的放置，必须便于出动，符合实战要求。

2) 执勤战斗装备应当按照标准配备，建立档案。坚持定期检查、保养，发现故障、损坏应当及时修复或者补充。

3) 消防车库应当保持整洁卫生，严禁住人和存放与执勤战斗无关的物品，确保安全。

(8) 应当严格落实战备检查制度，主要内容包括战备教育、人员在岗、装备状态、通信联络、战勤保障等执勤战斗准备情况。中队每天、大队每周、支队每月对所属队伍应当至少进行一次战备检查。重大节日、重大活动或者遇有特殊情况时，总（支、大）队必须组织检查，及时解决存在问题，重大问题要立即向上级报告。

(9) 应当建立完善的消防通信指挥系统，及时接报、处理执勤战斗中各种信息，并与当地通信等有关部门、专业力量实现互联互通和信息共享。

2.2 接警出动及灭火救援预案

2.2.1 消防救援队伍出动规定

消防救援队伍由接警到达灭火救援现场的过程，称接警出动。它包括受理火警、调集力量、向火场行驶等方面。消防中队（站）执勤人员听到出动信号，必须按照规定着装登车，首车驶离车库时间一般不超过一分钟。中队值班干部检查登车情况，并随首车出动。

遇有下列情况时，必须立即出动：

(1) 接到火灾及其职责任务范围内的报警或者出动命令时。

(2) 上级消防救援部门检查执勤战备情况，发出出动命令时。

(3) 其他需要立即出动的情况。

2.2.2 接警要求

2.2.2.1 接警员的受理及派警要求

受理火警是指城市 119 作战指挥中心和基层消防中队（站）的火警调度室，

对外界通过各种渠道和方式报来的火灾信息，进行处理的活动。它是灭火战斗的开始。接警人员必须迅速准确受理报警，问清发生火灾或者其他灾害事故的种类、危险程度、有无人员被困或者伤亡、发生灾害事故的单位名称、详细地址、报警人姓名等情况。

受理报警后，应当根据灾情准确确定火警和应急救援等级，按照等级力量调派方案，迅速调派力量，及时了解微型消防站行动和灾害事故现场情况，提示灭火和应急救援行动注意事项，并向全勤指挥部和值班首长报告，根据需要和指挥员的命令通知供水、供电、供气、通信、医疗救护、交通运输、环境保护等有关单位、技术专家到场配合作战行动；消防救援支（大、中）队接到本辖区以外的报警或者增援请求时，应当及时向上级报告，按照命令出动。情况紧急时，可以边出动边报告；接到邻国（地区）、使（领）馆、外籍船舶、军事管理区等特殊区域报警或者救援请求时，应当立即向上级报告和相关部门通报情况，待批准后按照相关规定、协议处理；当接到消防安全重点地区、重点单位报警或重点时段等易发生重大人员伤亡、财产损失及政治社会影响的灾害事故报警时，必须加强首批出动力量，及时启动灭火救援预案，并通知值班首长和全勤指挥部遂行作战。

2.2.2.2 消防救援中队（站）出动规定

消防救援中队（站）执勤人员听到出动信号，必须按照规定着装登车，首车驶出车库时间一般不得超过一分钟。中队值班干部应当检查登车情况，并随首车出动。出动途中，应当注意观察并了解灾害事故现场的情况。遇有另一起灾害事故时，应当根据具体情况采取相应对策，立即向上级报告。

两个以上消防救援支（大、中）队处置同一起灾害事故时，上一级全勤指挥部或者值班首长、值班人员应当立即出动。

2.2.3 灭火救援预案

2.2.3.1 种类及要求

灭火救援预案是实施灭火救援行动的基本依据，是消防指战员执勤工作的重要组成部分。制作并执行灭火救援预案，对于有效的实施灭火救援行动，实施灭火救援指挥现代化，提高灭火救援的成功率具有十分重要的意义。同时灭火救援预案是对灭火救援有关问题做出预先筹划和安排的消防文书，是针对重点地区或重点单位可能发生的火灾或其他灾害，根据灭火战斗的原则以及现有器材装备而拟定的灭火行动方案。

消防救援指战员应当立足辖区、着眼实战，加强执勤战斗预案制定工作，各级单位主官是执勤战斗预案制定工作的领导者和组织者。应当以辖区灾害事故风险和危害调查评估结果为依据，按照最大、最难、最危险、最复杂情况下灭火与应急救援任务的需要，充分利用信息化技术和手段，制定执勤战斗预案，包括：跨区域灭火救援预案、灭火救援类型预案、消防安全重点单位灭火救援预案和重大活动现场消防勤务预案。

2.2.3.2　各级制作预案的要求

总队针对不同类型灾害事故或重点保卫对象制定跨区域灭火救援预案；支队针对可能发生的不同类型灾害事故和重点保卫对象制定灭火救援类型预案；大队、中队应当针对重点保卫对象制定重点单位灭火救援预案。应当经常熟悉灭火救援预案，并以灭火救援预案为基础，组织开展实兵实装实战演练和模拟实战演练，及时修订预案，不断增强预案的针对性和可操作性。

2.2.4　灭火救援预案制作要求

2.2.4.1　分级制作预案要求

消防救援总队针对不同类型灾害事故或重点保卫对象制定跨区域灭火救援预案。消防救援支队针对可能发生的不同类型灾害事故和重点保卫对象制定灭火救援类型预案。消防救援大队、中队（站）应当针对重点保卫对象制定重点单位灭火救援预案。

2.2.4.2　勤务预案制作要求

消防救援队伍应当根据重大活动消防保卫任务的需要制定重大活动现场消防勤务预案。根据重大活动消防保卫任务的需要制定重大活动现场消防勤务预案。如唐山市2016年世界园艺博览会消防勤务保卫方案。

2.2.5　预案制作的范围

预案制作的范围：（1）消防安全重点单位；（2）在建重点工程；（3）各类重大灾害事故；（4）重要的保卫勤务；（5）跨区域救援行动；（6）其他需要制作灭火救援预案的单位或场所。

2.3　组织指挥和火灾扑救

2.3.1　组织指挥

2.3.1.1　组织指挥层次

根据《公安消防部队执勤战斗条令（试行）》第四十八条规定：消防救援

队伍火场组织指挥通常分为总队、支队、大队、中队、班五个层次。在灭火实践中，通常又把中队及其以下指挥员的灭火组织指挥称为基层灭火指挥；把大队或支队部门首长参加的灭火组织指挥称为中层灭火指挥；把支队或总队及其部门首长参加的灭火组织指挥称为高层灭火指挥。不同的火灾规模、火灾类型及复杂性、火灾的影响程度和参加的灭火战斗力量决定了火场需要不同的灭火组织指挥的层次。基层灭火指挥的火场指挥员，一般是消防中队长或中队指导员。

基层干部的灭火组织指挥率达到100%，其中70%的火场是由基层干部独立进行组织指挥的，30%是在上级首长指挥下，担任火场某一方面或某一阵地的组织指挥任务。对基层灭火指挥的总体要求是：打好初战，抢占控制火势的有利阵地。

中层灭火指挥的火场指挥员，一般由消防大队长、教导员、支队灭火救援指挥部部长或作战训练处处长担任。中层指挥员参加灭火组织指挥的火场约占30%，其中20%是组织指挥2~4个消防中队的协同作战或是指挥一个中队扑救特殊火灾的战斗，中层指挥员组织指挥的火场，一般是火灾已处于猛烈发展阶段，具有一定规模的火场。中层灭火指挥的总体要求是：控制火场局面，减少火灾危害。

高层灭火指挥的火场指挥员是最高指挥员，一般由支队长、政委，或总队长、政委、灭火救援指挥部部长担任。高级指挥员的灭火指挥率为10%。通常是组织有4个以上的消防中队参加的重特大火灾扑救，或2到3个各消防中队参加的有特殊险情的火场，以及其他重大社会抢险救援现场，一般都是初期火灾扑救失利、中期火势失控，火灾已经形成较大规模。

2.3.1.2 组织指挥程序及原则要求

组织指挥一般按照下列程序进行：迅速调集作战和保障力量，启动指挥决策系统，侦察掌握现场情况，制定作战方案，部署作战任务，指挥战斗行动。

灭火组织指挥的基本原则是围绕着火场指挥的核心问题，即制定指挥决策，并组织实现而展开的。它对各种火灾扑救的组织指挥具有普遍的指导意义。组织指挥应当坚持统一指挥、逐级指挥的原则。紧急情况下，指挥员可以实施越级指挥，接受指挥者应当执行命令并及时向上一级指挥员报告。消防救援支（大、中）队独立作战时，通常由本级指挥员指挥。两个以上消防救援支（大、中）队协同作战时，上级指挥员到达现场前，实施属地指挥；全勤指挥部到场后，实施指挥长作战指挥负责制；值班首长或者上级指挥员到达现场后，应当实施直接指挥或者授权指挥。消防救援队伍和企业（微型）消防队伍共同执行灭火与应急救援任务时，由消防救援队伍实施统一指挥。

2.3.1.3　指挥部组成及分工

根据灾害事故规模、危害程度、参战力量、处置难度等情况，全勤指挥部视情提请值班首长成立现场作战指挥部，统一指挥灭火与应急救援行动。当发生重大、特别重大灾害事故，政府成立指挥部时，消防救援队伍现场最高指挥员及相关人员应当参加指挥部，并根据职责分工，组织队伍完成灭火与应急救援工作。

消防救援队伍现场作战指挥部一般由总指挥员、副总指挥员，以及下属的作战组、专家组、通信组、信息组、政宣组、战保组及其相关人员组成，并设立现场文书和安全员。现场作战指挥部，应当设在接近现场、便于观察、便于指挥、比较安全的地点，并设置明显的标志。

2.3.2　火灾扑救

灭火战术的实践始于火灾之初，有了火灾就有了灭火的实践活动，人类在同火灾作斗争的过程中，不断总结灭火的方法，也就是灭火战术。灭火战术是一门实践性强、灭火技术综合运用性强的专业课程。它是人类社会灭火实践活动的产物，是随着火灾特点的变化、消防技术装备的发展和人类抗灾救灾的需要而逐渐形成和发展起来的。要提高整个消防救援队伍灭火水平，必须首先提高每个指战员的灭火技术水平，灭火技术战术的正确运用必须以一定的灭火技术水平为基础。

2.3.2.1　战术方法

灭火战斗应当按照集中兵力、准确迅速，攻防并举、固移结合的要求，灵活运用堵截、突破、夹攻、合击、分割、围歼、排烟、破拆、封堵、监护、撤离等战术方法，科学有序地开展火灾扑救行动。灭火战术、技术的进步和各种固定灭火设施及各种消防器材装备的发展，必然引起灭火战法的改变。

2.3.2.2　火情侦察方法及内容

火情侦察是指消防救援队伍到达火场后采取的全面了解现场情况的一项重要任务。灭火救援指挥员到达火场后，应当立即组织火情侦察，并将侦察工作贯穿于火灾扑救的全过程。火情侦察是一项艰巨、复杂、细致的任务，必须有组织有领导地进行，才能保证侦察任务的顺利完成。通常情况下，火情侦察可以采取外部观察、询问知情人、利用消防控制中心侦察监控、深入内部侦察、仪器探测等方法进行。火情侦察主要包括下列情况：

(1) 有无人员受到火势威胁，人员数量、所在位置、数量和抢救疏散的通道。

（2）火源位置、燃烧物质的性质、燃烧的范围和火势蔓延的主要方向。

（3）消防控制中心和内部消防设施启动及运行情况，现场有无带电设备，是否需要切断电源。

（4）起火建（构）筑物的结构特点、毗连状况，抢救疏散人员的通道，内攻救人灭火的路线，有无坍塌危险。

（5）有无爆炸、毒害、腐蚀、忌水、放射等危险物品及数量、存放形式、危险程度、具体位置以及可能造成污染等次生灾害。

（6）有无需要保护的重点部位、重要物资及其受到火势威胁的情况。

2.3.2.3 展开形式及力量部署

消防救援队伍到达灭火救援现场后，指挥员根据灭火救援现场情况或该单位灭火救援预案的要求，下达作战命令，灭火救援力量按照各自的任务分工，迅速进入作战阵地和位置，形成对燃烧区进攻态势的战斗行动。要充分考虑到灭火战斗力要素、客观条件对灭火战斗力合成的影响以及灭火战斗基本模式等因素，这对战斗展开能否顺利实施以及采取哪种战斗展开形式起着至关重要的作用。

A 展开形式

战斗展开，是消防救援队伍到达火场后，火场指挥员根据火场情况或该单位灭火救援预案的规定，下达作战命令。

根据火场情况，可以采取下列战斗展开形式：

（1）准备展开：从建筑外部看不到燃烧部位和火焰时，指挥员应当在组织火情侦察的同时，命令参战人员占领水源，取出战斗装备，做好战斗展开的准备。

（2）预先展开：从建筑外部能够看到火焰和烟雾时，指挥员在组织火情侦察的同时，命令参战人员携带战斗装备接近起火部位，铺设水带干线供水，做好进攻准备。

（3）全面展开：基本掌握火场的情况后，指挥员应当确定作战意图，果断命令参战人员立即实施火灾扑救。

B 主要力量部署

根据火场情况，主要灭火力量应当部署在下列重点部位：

（1）有人员受到火势威胁的地点及抢救、疏散的路线。

（2）重要物资受到火势威胁的部位。

（3）火势蔓延方向以及可能造成重大损失的部位。

（4）参战力量实施内攻救人灭火的部位。

（5）毗邻建筑受到火势威胁的部位。

C　灭火救援现场抢救人员的要求

灭火救援现场救人，是指灭火指战员使用各种技术方法和器材装备营救火场上受火势围困或其他险情威胁的人员的战斗行动。

当火场遇有人员受到火势威胁时，应当迅速抢救疏散，采取相应的灭火措施，并按照下列要求抢救人员：

(1) 充分利用建筑物的安全疏散通道、安全出口、疏散楼梯、消防电梯、外墙门窗、阳台、避难层（间）等途径和举高消防车、消防梯，以及其他一切可以利用的救生装备进行施救。

(2) 浓烟和火焰将人员围困时，采取排烟、防毒、射水等措施，减少烟雾、毒气、火势对被困人员的威胁。

(3) 消防救援人员要稳定被困人员的情绪，引导被困人员向外疏散，防止跳楼或者因拥挤踩踏造成人员伤亡。

(4) 进入燃烧区抢救被困人员时，应当仔细搜索各个部位，重点搜索床上、床下、卫生间、厨房、墙角、窗台下方，做好标记和记录，防止遗漏和重复搜索。

(5) 对被救者利用他救面罩、防毒面具等进行保护措施，对在救助过程中和已抢救疏散出的危重伤员应当由具备急救资质的人员进行现场急救和伤亡判定。对遇难人员也应当及时搜寻、妥善保护、做好移交。

(6) 需要穿过燃烧区救人时，消防救援人员可用浸湿的衣服、被褥等将被救者和自己头部遮盖起来，并用雾状水掩护，防止被火焰或辐射热灼伤。

D　积极疏散和保护物资减少损失

疏散和保护物资，是指在灭火救援战斗中参战人员采取各种方法将受到火势直接威胁的物资疏散到安全地带，或用灭火、遮盖等方法将物资就地保护起来的战斗行动。

(1) 遇有易燃易爆物品或者贵重仪器设备、档案资料以及珍贵文物受到火势威胁时，首先予以疏散；受到火势威胁的物资和妨碍救人灭火的物资也应当予以疏散。

(2) 对难以疏散的物资，应当采取冷却或者使用不燃、难燃材料遮盖等措施加以保护。

(3) 疏散物资应当在指挥员的统一指挥和起火单位负责人、工程技术人员的配合下，根据轻重缓急有组织地进行。

(4) 从火场抢救出来的物资应当指定放置地点，指派专人看护，严格检查，防止夹带火种引起燃烧，并及时清点和移交。

E　积极采取排烟、破拆等措施

为了提高灭火救援现场能见度，减少高温毒气危害性，尽快救出被困人员，有效地控制火势蔓延，提高灭火、救人效率，消防救援人员必须采取排烟措施和适当位置破拆。火场排烟分自然排烟、人工排烟、机械排烟三种。

（1）排烟前应当查明火源的位置、火势蔓延的方向、烟雾扩散的范围，视情在烟雾流经的部位设置防御力量。

（2）应当尽量利用建筑物内部的防、排烟系统和移动排烟设备进行防烟、排烟。

（3）利用建筑物的外墙门窗、阳台等途径进行自然排烟时，应当注意风向，防止造成火势扩大蔓延。

（4）利用破拆、喷雾水流、移动排烟设备等方法进行人工排烟时，消防救援指战员应当注意安全。

（5）为了查明火源和燃烧的范围，以及抢救人员和疏散重要物资需要开辟灭火和救人通道时，可以对毗邻火灾现场的建（构）筑物、设施进行破拆。

（6）当火势迅速蔓延难以控制时，可以在火势蔓延的主要方向，根据火势蔓延的速度，选择适当位置拆除毗邻火灾现场的可燃建（构）筑物，开辟隔离带，阻断火势蔓延。

（7）当发生火灾的建筑物或者局部出现倒塌的危险，直接威胁人身安全、妨碍灭火战斗行动时，可以进行破拆。

（8）当发生火灾的建筑物内部聚集大量的高温浓烟时，为改变火势发展蔓延方向，定向排除高温浓烟，便于救人、灭火，应当选择不会引起火势扩大的部位进行破拆。

（9）在破拆建（构）筑物时，应当注意承重构件，查阅图纸询问知情人等，防止因误拆造成建（构）筑物倒塌；在有管道设备的建（构）筑物内部破拆时，应当注意保护管道，防止因管道损坏造成易燃可燃液体、气体以及毒害物质泄漏。

（10）在破拆建（构）筑物和设施过程中，应当划出安全警戒区，设置安全警戒哨，并采取必要的保护措施，安全哨一般选择在上风、地势较高，与被破拆建筑保持一定距离，较为安全的地方。

F 火场供水的原则要求

火场供水是消防指战员利用消防车、消防泵或其他供水器材将水输送到火场，供灭火战斗人员出水灭火的战斗行动过程。火场供水方法有一般直接供水、串联供水（接力供水）、运水供水、排吸器供水、传递供水等方法。火场供水应正确使用各种水源，确保重点、兼顾一般、力争快速不间断，火场供水的原则要求有：

（1）就近占据水源，集中主要的供水装备保证火场主攻阵地特别是内攻救人灭火力量的供水，确保供水不间断；要按照火场指挥员的命令各自进入供水或灭火阵地，不允许各行其是，争抢水源。

（2）尽量使用火场建筑内部固定消防给水系统供水，同时利用消防车等移动装备供水；充分利用天然水源和蓄水池、水井等水源设施供水。

（3）根据消防车泵的技术性能和水源与火场的距离，合理选择直接供水、接力供水或者运水供水的方式，并尽量使用大口径水带铺设供水干线；寒冷地区冬季灭火供水时，应当防止供水线路结冰冻结。

（4）使用市政消火栓供水时，应当根据给水管网的形状、直径和压力确定消火栓的使用数量；当火场供水压力不足时，应当通知供水部门增大水压。

G　灭火救援过程中对个人安全防护、使用灭火剂等的要求

灭火救援现场参战指战员一定按照防护等级，严格着装规定进入现场，对于一些易燃易爆等石油化工火灾救援现场更要严格要求，严防出现静电火花或防护不到位而造成指战员中毒的事故。对于灭火剂的使用，应根据燃烧物质的性质、状态、燃烧范围、风力和风向等因素，正确选择灭火剂和射流方式，并保证供给强度。

（1）根据扑救火灾的需要和灭火进程以及燃烧物状况，正确选定灭火剂、喷射器具以及供给强度；在确保消防员安全的情况下，尽量接近着火点喷射。

（2）在有珍贵文物、贵重仪器、图书、档案资料等场所发生火灾时，严禁盲目射水；忌水物质储存场所发生火灾时，严禁射水灭火。

（3）对因灭火用水过多可能造成建筑物、堆垛倒塌，船体倾覆和水渍等危害的，应当及时进行防排水作业，或者采取其他补救措施。

（4）对可能造成水体污染的现场，应当适当控制用水量，尽量减少水渍损失，并组织起火单位及有关部门注意污水排放处置，防止造成水体污染。

（5）进入火场的所有人员，应当根据危害程度和防护等级，佩戴防护装具，并经安全员检查、登记；进入火场后应当合理选择进攻的路线、阵地，严格执行操作规程。

（6）在可能发生爆炸、毒害物质泄漏、建筑物倒塌和可燃液体沸溢、喷溅，以及浓烟、缺氧等危险的情况下进行救人灭火时，应当组成精干突击队，设置好安全观察哨，尽量减少现场一线作战人员的数量，并采取水枪掩护，安排好备用力量，预防不测，严禁擅自行动。

（7）在处置危化品需要采取关阀断料、紧急停车、惰化保护、泄压放空、导料输转、注水排险等措施时，必须掩护配合起火单位工艺处置小组和专业技术人员实施，严禁盲目采取行动，防止造成人员伤亡和重大的财产损失。

（8）当火场出现爆炸、轰燃、倒塌、沸溢、喷溅等险情征兆，而又无法及时控制或者消除，直接威胁参战人员的生命安全时，现场指挥员应当果断迅速组织参战人员撤离到安全地带并立即清点人数，视机再组织实施灭火救援行动，视

情安排紧急救助小组待命，在参战指战员生命安全受到威胁时，能够及时组织救援。

2.4 高速公路事故处置警示规范

为切实强化高速公路事故处置过程中的安全警戒警示措施，确保救援行动科学高效、安全有序，杜绝指战员伤害事故的发生，制定警示规范（公路交通事故参照此规范）。

2.4.1 救援器材配备及行车路线选择

参与高速公路事故救援的消防救援车辆应配备必要的警戒警示器材装备，以满足现场警戒警示工作要求。发光指挥棒、警示旗或警示灯不少于 2 件套，主要用于向后方来车发布示警信号，提示减速避让；发光或反光警戒桶（收缩式）不少于 8 个，主要用于现场设置警戒区，避免无关车辆、人员进入；示警信号发布器材 2 件套，主要用于警戒人员向操作区指战员发布危险信号，提示紧急避险；望远镜 1 只（选配），主要用于警戒人员观察来车方向车辆动态，便于及时示警或发布危险信号；一旦接到高速公路事故警情，指挥中心应调派不少于 2 辆消防车编组赴现场开展救援，并及时通知公安交警、高速路政等相关部门赶赴现场，协同做好处置工作，出动车辆全程开启警灯、警报器，打开“双闪”等警示灯光。

指挥员应根据事故地点具体位置、道路交通状况和灾害事故形式，确定进入高速公路的最佳路径。

路径一：首选从事故车辆所在车道的后方匝道同向驶入，从后方接近事故车辆。

路径二：如同向车道发生严重拥堵，可从事故车道左前方的异向匝道顺向驶入，从对面车道接近事故车辆。

路径三：如事故车道完全堵塞或已实施交通管制，在确保安全的情况下，在公安交警或高速路政等执勤车辆引导下，由事故地点前方同向车道的匝道逆向驶入，从前方接近事故车辆。

路径四：如高速公路附近有地面辅路，可从地面辅路同向接近事故地点，翻越隔离栏接近事故车辆。

2.4.2 安全警戒设置要求

安全警戒设置要求：

（1）同向车道顺向驶入的安全警戒措施。在即将到达事故现场时，救援车辆应视事故车辆所在车道位置，沿高速公路最左侧（超车道）或者最右侧车道

（紧急停车道）行驶，驾驶员应密切关注外侧后视镜，打开右（左）侧转向灯，做好变道准备，同时在确保安全的情况下，缓慢减速至 10～15km/h，乘员室左（右）侧战斗员做好投放警戒桶准备；在距离事故地点约 500m 处开始实施警戒，车辆缓慢变道，乘员室战斗员通过左（右）侧车窗向外投放警戒桶，封闭一侧车道；警戒桶成弧形设置，横穿车道后沿车道直线放置（见图 2-1（a）和(b)），封闭每根车道的警戒桶不少于2 个，直线段警戒桶设置密度以每 50～100m 不少于 1 只为宜。

（2）异向车道驶入的安全警戒措施。救援车辆后方安全警戒方法参考“同向车道顺向驶入的安全警戒措施”封闭最左侧车道（超车道）；救援人员穿越中间隔离带后，原则上要在公安交警到场实施交通管制后，方可划定警戒区域展开救援行动；在公安交警未到场的情况下，指挥员视情在确保安全的前提下，安排警戒小组携带相关警戒器材沿隔离带至事故点后方 500m 处，从后往前设置安全警戒，1 人负责挥动发光指挥棒（旗、灯）警示后方车辆，其余人员负责放置警戒桶（见图 2-1（c））。

（3）同向车道逆向驶入的安全警戒措施。在公安交警或高速路政车辆的引导下，消防救援车辆逆向前往事故地点，停靠位置要与事故地点保持不少于 50m 的安全距离（见图 2-1（d））；指挥员要及时安排警戒组根据事故现场实际情况划定警戒范围，一般在事故点前方 500m 处设置连续警戒，前方 500m 范围有匝道的，还应在匝道设置警戒标志。

（4）由高速公路的地面辅道，翻越隔离栏进入现场的安全警戒措施。停在辅道上的消防车在来车方向 200m 处设置连续警戒标识。进入高速公路后，原则上要在公安交警到场实施交通管制后，消防救援人员方可划定警戒区域展开救援行动；如公安交警未到场，指挥员可视情在确保安全的前提下，安排警戒小组携带相关警戒器材沿辅路至事故点后方 500m 处，从后往前设置安全警戒，1 人负责挥动发光指挥棒（旗、灯）警示后方车辆，其余人员负责放置警戒桶（见图 2-1（e））。

（5）二道警戒措施。在 500m 设置警戒的基础上，结合车辆制动距离和驾驶员反应时间，还应在后方 200m 处设置第二道警戒线，即在事故车道平行设置不少于 2 只警戒桶。

2.4.3 救援车辆停靠及警示要求

救援车辆停靠及警示要求：

（1）参与救援的消防车应停靠在同一根车道，与事故车辆以及消防车之间均应保持不少于 50m 的安全距离。顺向驶入的消防救援车应停靠在事故车辆后方，最后一辆消防车车头朝道路中心方向约 45°斜跨事故车辆所在车道，并保持

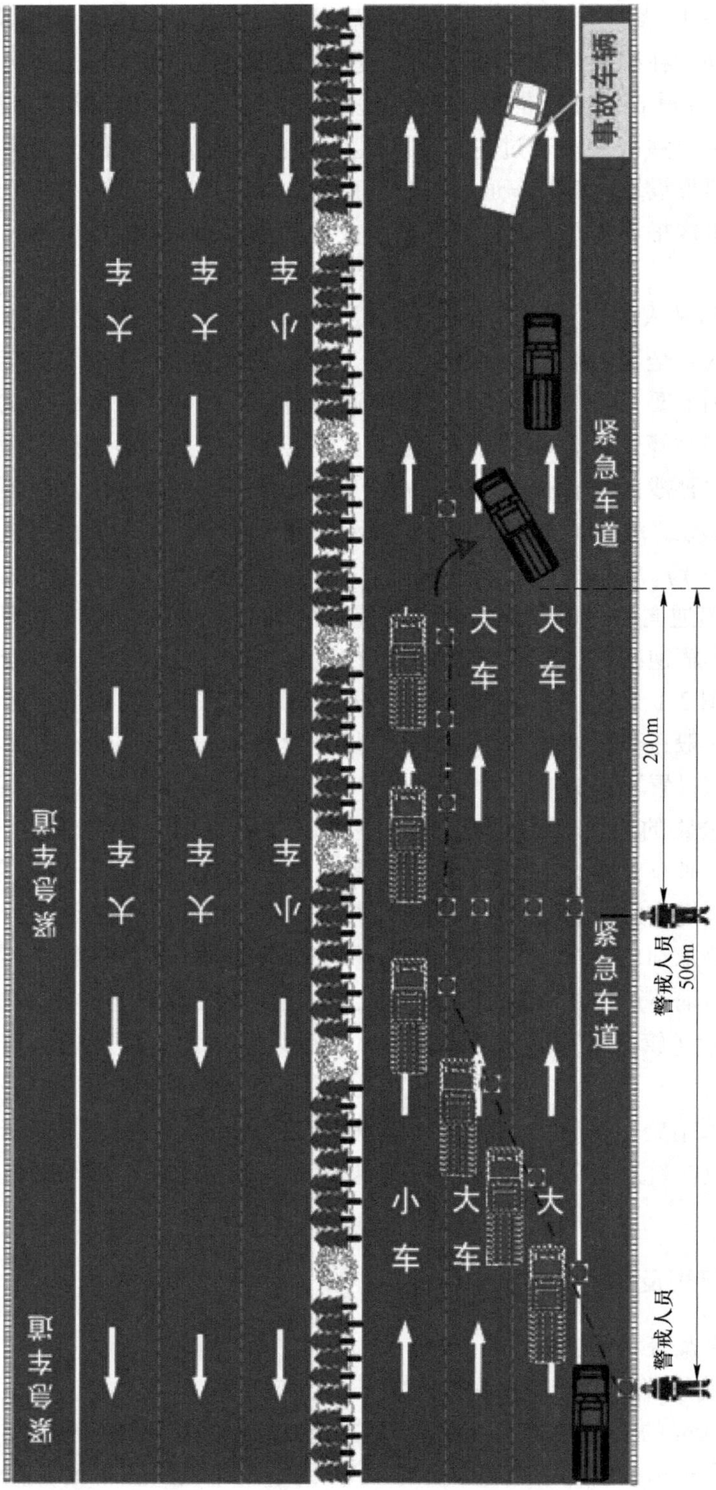

(a)

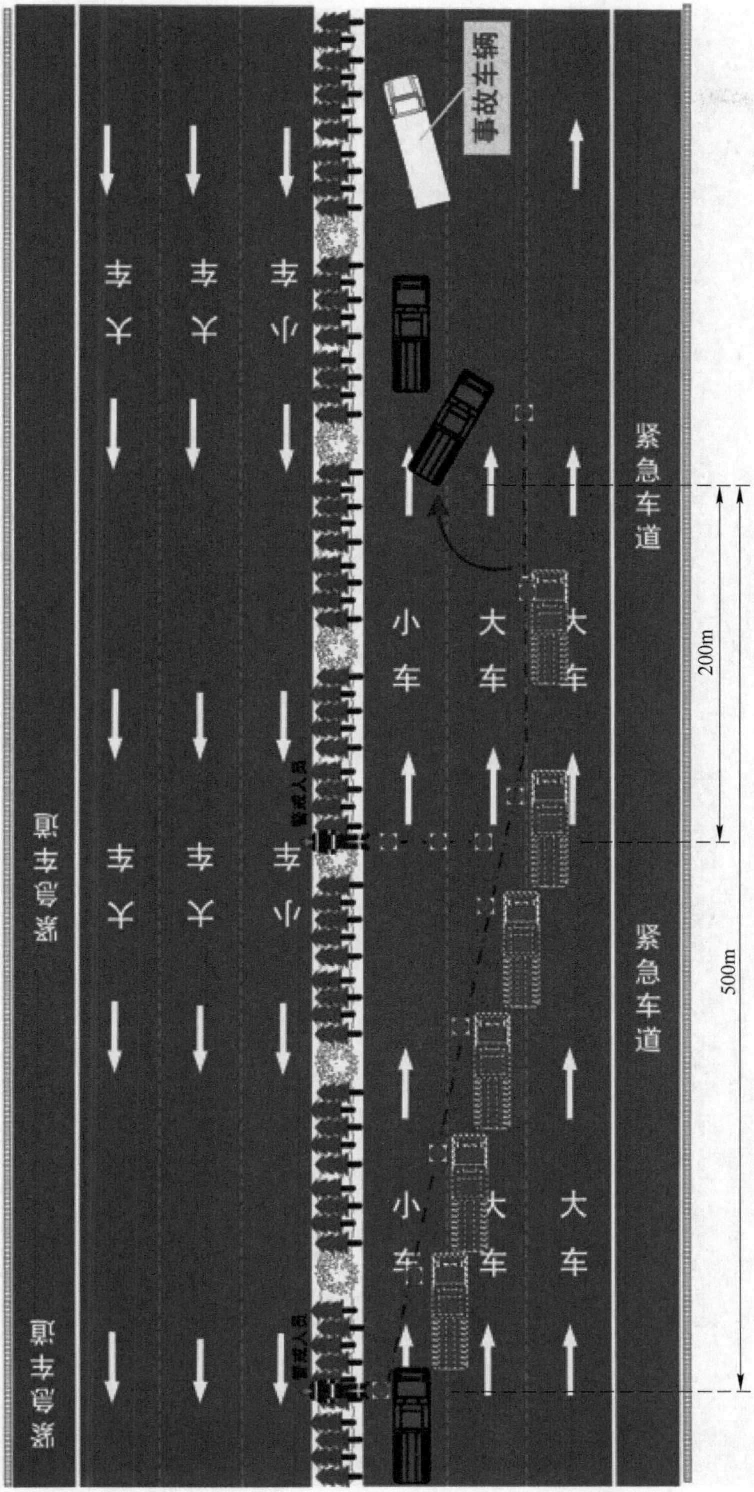

(b)

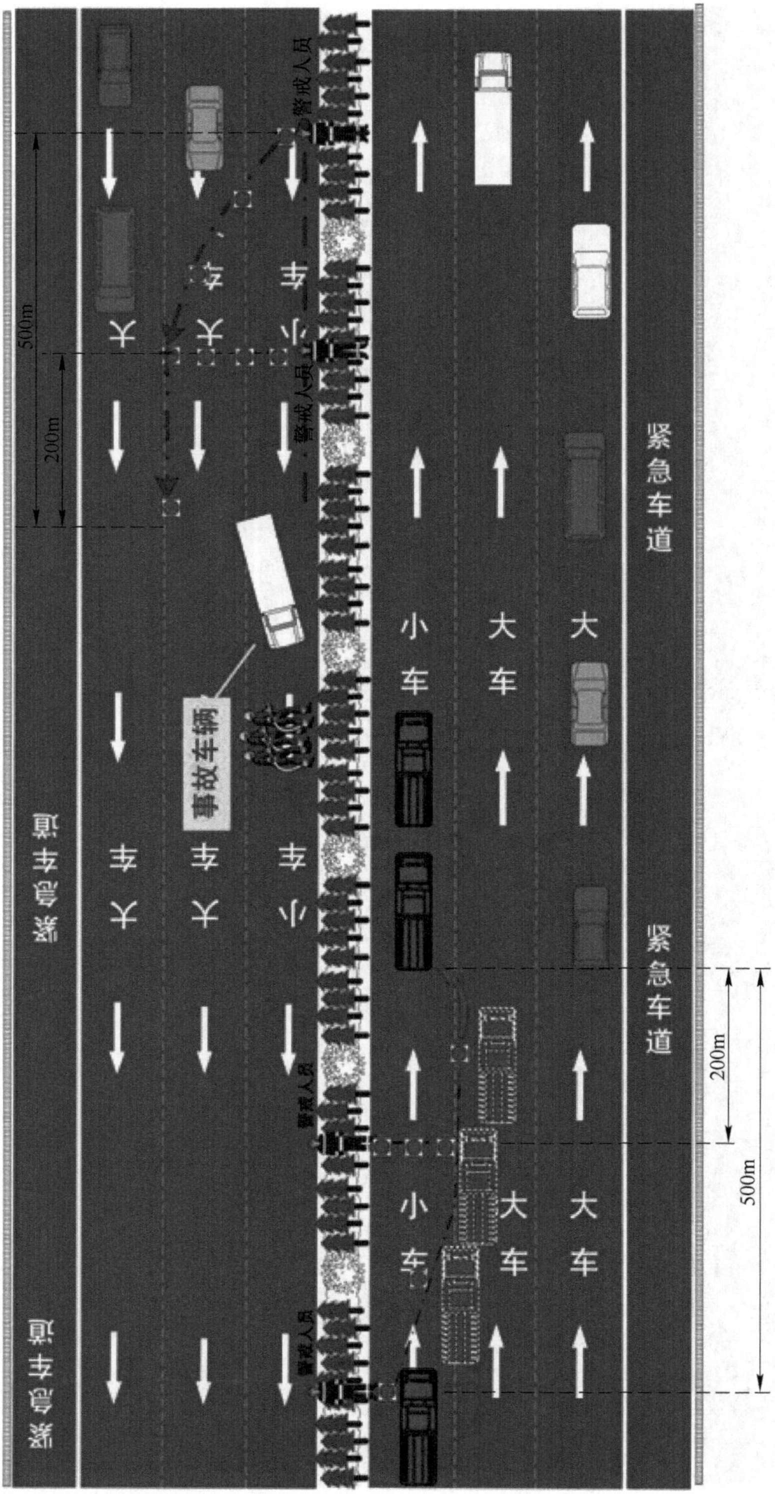

(c)

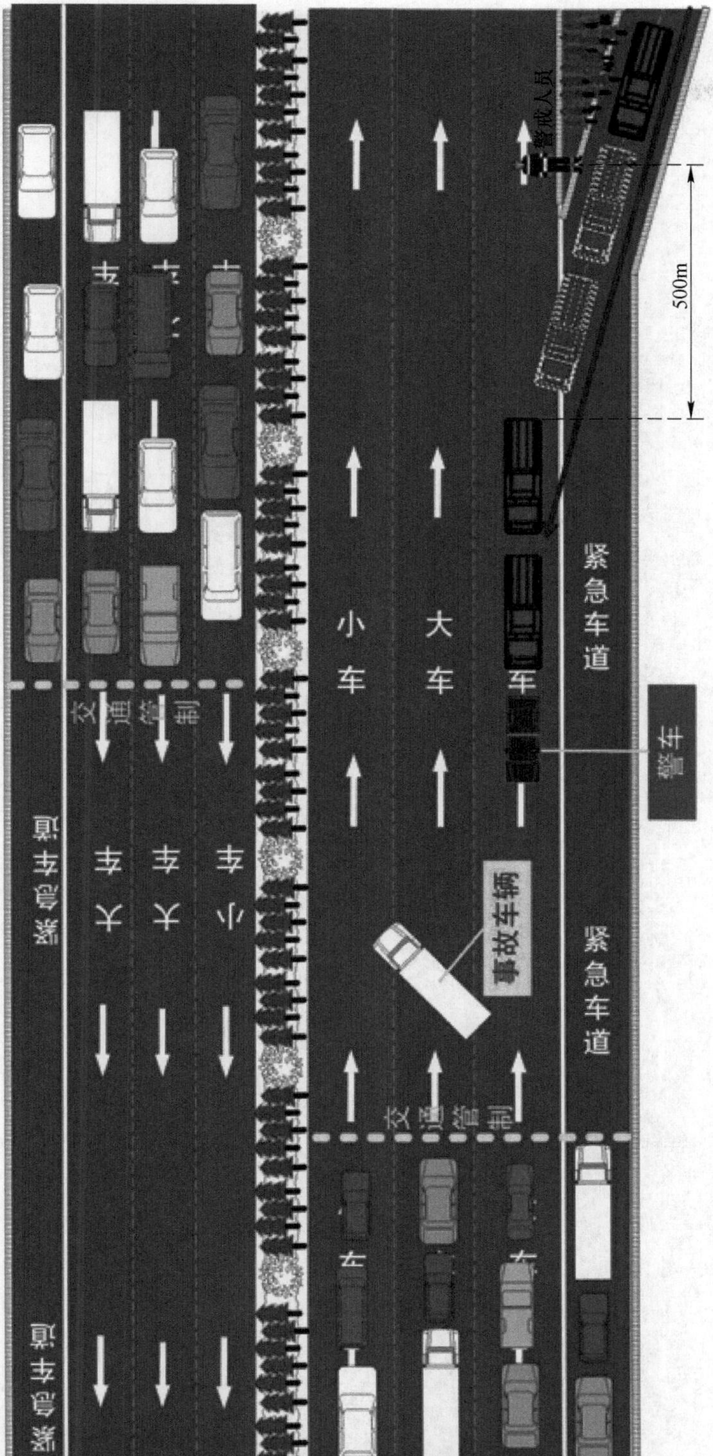

(d)

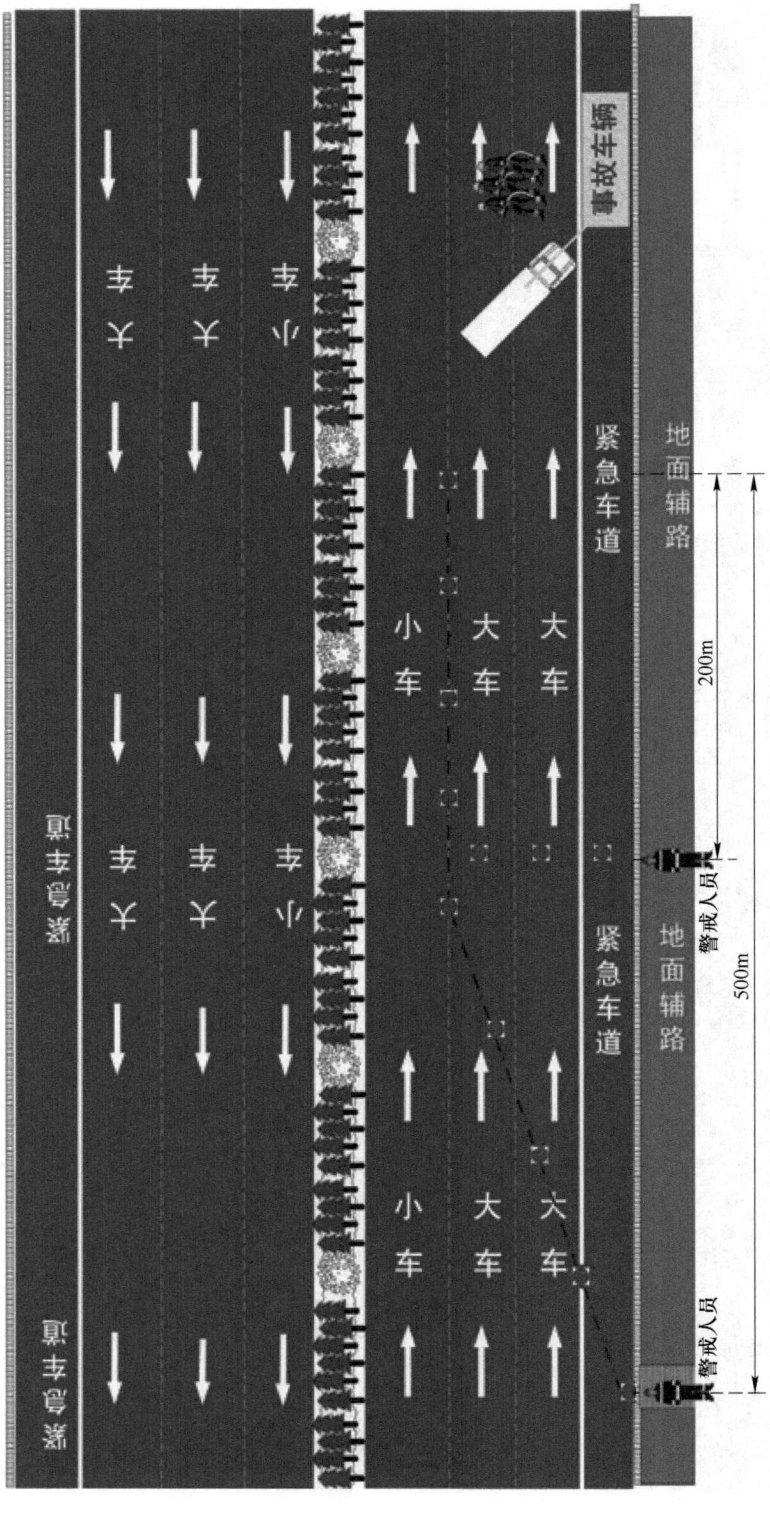

(e)

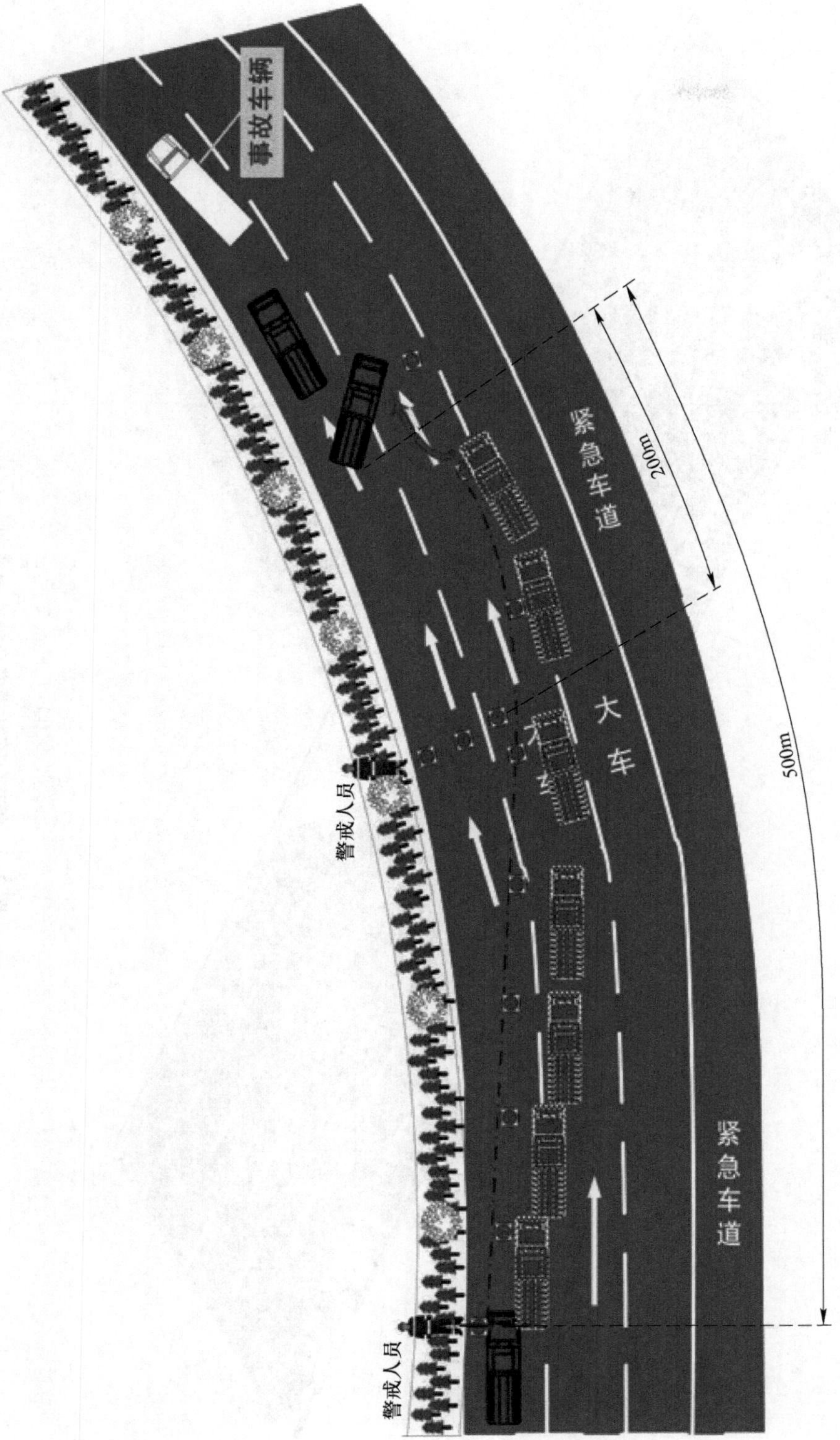

(f)

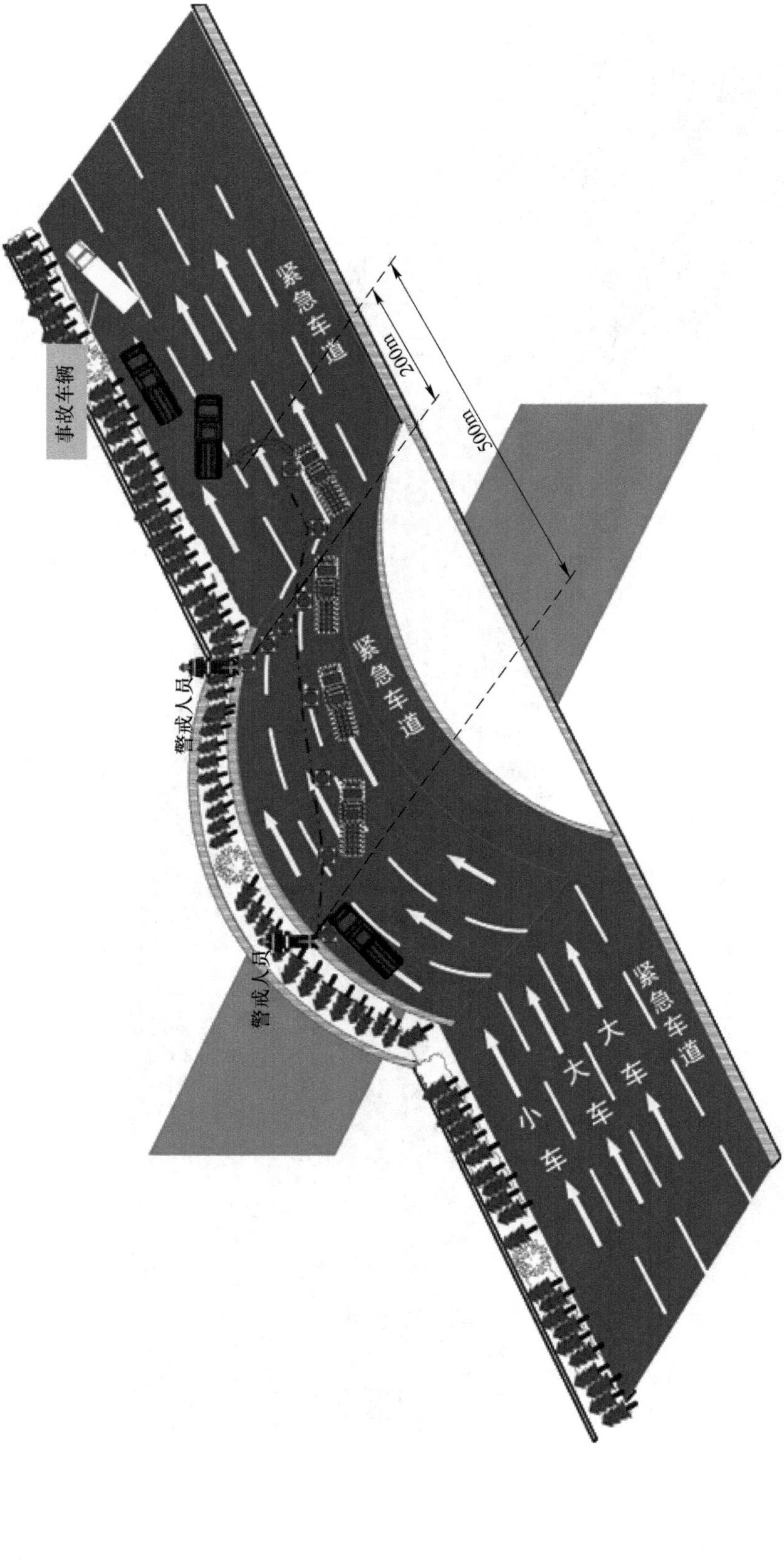

(g)

图 2-1 高速公路救援安全警戒示意图

(a)正向-1;(b)正向-2;(c)异向;(d)逆向;(e)地面辅路;(f)弯道;(g)越桥

警灯、警报及“双闪”警示灯常开，人员一律从内侧（无车辆通行一侧）下车。

（2）异向车道驶入的消防车应停靠于最左侧车道（超车道）适当位置，车头朝前，与事故地点保持一定安全距离。在后方500m、200m处各设置1名警示人员，提示后方来车减速避让。警示人员应携带发光指挥棒、警示旗或警示灯，通过灯光闪烁、挥动旗帜等形式，增强辨识度，提示来车减速避让。警示人员必须站立在道路护栏外侧或中间隔离栏内，确保自身安全。一旦发现来车未采取减速避让措施，存在冲撞警戒区危险时，立即发布警示信号，通知警戒区作业人员紧急避险。

2.4.4 注意事项

注意事项：

（1）实施警戒前，驾驶员要通过后视镜密切关注后方行车情况，在确保安全的情况下，逐步减速，缓慢变道；实施警戒封闭的车道应为事故车辆占用车道以及邻近车道，确保足够作业空间。根据现场实际情况，可以开放车道通行的，原则上要在公安交警的指挥下缓慢疏导；在公安交警、路政养护等联动力量到场后，指挥员应及时要求联动力量在事故现场后方500m以外协助实施警戒，遇有雨、雪、雾等天气或夜晚，警戒距离应扩大1倍，警戒桶应辅以灯光标示。

（2）在弯道设置警戒时，应将首个警戒桶设置在高速路直道尾部（弯道入口处）之前（见图2-1（f）），以便后续车辆在直道上能观察到警戒标识，提前采取减速避让措施；在桥梁和起伏路上设置警戒时，应将首个警戒桶设置在桥梁和起伏路的最高处或上坡面（见图2-1（g）），以便后续车辆在上坡时能观察到警戒标识，提前采取减速避让措施；在与事故地点同向车道顺向驶入的救援车辆已经到场处置的情况下，异向救援车辆应及时与到场救援力量、指挥中心联系，请示归队或者选择合理位置停靠，做好警戒，实施增援；如警戒桶设置明显不规则，需要修正时，应2人1组沿中间隔离带（或护栏外侧）靠近，1人挥动发光指挥棒进行安全观察和提示，另1人调整警戒桶位置。

（3）如遇化学危险品泄漏事故，救援车辆应停靠在上风方向，根据动态监测结果划定警戒区域。现场指挥员应要求公安交警立即封闭双向全部车道，禁止所有车辆接近事故区域，应组织现场拥堵车辆进行疏散或原地熄火，车内人员疏散至安全地带；在道路交通没有实施封闭管制的情况下，严禁铺设水带穿越高速公路；确需边作业边通行时，要在通行车道一侧放置隔离警戒设施，通行车道上设置水带护桥木，车辆缓慢放行；如需调派救援直升机参与救援时，地面救援力量应协同公安交警等相关部门做好警戒，配合空勤救援队开展救援行动；整个救援过程中，安全员要携带电台、哨子等，时刻观察事故地点及后方情况，当遇有危险情况或接到后方警示信号时，应立即发出避险信号。

(4) 消防指战员在实施现场警戒的基础上，还应依托消防车或事故车辆作为安全屏障，严禁在来车方向正面逗留或实施灭火救援行动，不得随意穿插、跨越高速公路；处置完毕后，要在确保安全的前提下回收警戒器材，待装备收齐、人员登车后，方可告知交警部门逐步解除交通管制措施；高架路（桥）、城市地面双车道（含）以上公路、城市地面单车道公路交通事故救援安全警戒距离分别不少于200m、150m、100m，警戒方法可根据事故现场实际情况参考本规范执行；交叉路口、环形车道交通事故要在事故地点后方做好安全警戒的同时，安排专人负责相邻路口的安全警戒。

2.5 高层建筑火灾扑救组织指挥

2.5.1 处置原则及接警调度

2.5.1.1 处置一般原则

高层建筑火灾扑救应坚持“以固为主、固移结合”的战术原则，第一时间利用建筑消防设施，开展火情侦察、疏散救人、堵截控火、排烟散热等作战行动；火灾扑救中应始终贯彻“救人第一”的指导思想，遵循“起火层-起火层上一层-起火层上二层-顶层-起火层以上其他楼层-起火层下一层”的搜救顺序，全力搜救遇险人员；根据火势发展变化，及时采取“强攻近战、上下合击、内外结合、逐层消灭”的技战术措施，以班组为基本战斗单元，快速控制和消灭火灾；在灭火救援中应坚持攻防并举、安全为先，科学合理设置阵地，严格安全防护措施，落实火场安全制度，及时组织力量轮换，提高作战行动效能。

2.5.1.2 接警调度

高层建筑发生火灾，火警等级宜判定为三级，支队全勤指挥部和战勤保障力量遂行出动，并同步调集邻近微型消防站力量。火警等级提升在作战力量到场前由指挥中心决定，作战力量到场后由现场指挥员决定；高层建筑火灾扑救基本战斗力编成宜为4辆水罐消防车、1辆举高消防车、1辆抢险救援消防车。判定为三、四、五级火警宜分别调派不少于2个、4个、8个基本战斗力编成，并根据现场情况，及时调集高层供水消防车、压缩空气泡沫消防车、照明消防车、供气消防车、通信指挥车、消防无人机等车辆装备。

2.5.2 现场组织指挥

(1) 辖区中队指挥员在出动途中，应及时向作战指挥中心、起火单位消防控制室和微型消防站了解、核实现场人员被困情况，查询建筑有关信息，预判灾情规模，进行初战力量部署，明确车辆停靠位置，提示行动注意事项；辖区中队及增援力量到场后，宜在着火建筑首层大厅、消防控制室、进攻起点层、建筑外部等部位、区域布设力量，明确专人负责，并迅速建立包括微型消防站、单位消防安全管理人在内的指挥作战体系。

（2）全勤指挥部到场后，应迅速接管指挥权，明确指挥位置，划分战斗区段，标绘现场作战力量部署图，实施统一指挥。在进攻起点层或首层大厅设置前沿指挥点，负责指挥协调各楼层内攻作战行动；在建筑外部设置总指挥部，负责指挥各前沿指挥点的作战行动、协调力量集结、火场供水、安全警戒、战勤保障和外攻作战行动。每个楼层、每个区段均应明确专人指挥，并提前确定紧急撤离信号和路线，备有紧急救助小组；根据现场情况，视情架设中继台、利用通信指挥车或消防电话等方式进行通信联络，确保通讯畅通。

2.5.3　现场设施应用

（1）现场指挥员充分利用消防控制室进行火情侦察，通过“两屏、三器、两柜”，掌握火势发展变化和建筑消防设施动作情况，实施灾情研判和决策指挥，详见表 2-1。

表 2-1　两屏、三器、两柜一览表

类别	途径	要素
两屏	视频监控屏	1. 观察烟气流动、人员疏散情况； 2. 观察防火门启闭状态； 3. 观察喷淋系统动作情况
	图形显示屏（消防设施）	判断起火部位和火势蔓延趋势
三器	火灾报警控制器	1. 核实起火部位和火势蔓延情况； 2. 观察消防设施动作时间
	消防联动控制器	1. 观察消防设施动作状态； 2. 视情手动启动消防设施
	消防应急广播控制器	1. 观察应急广播动作情况； 2. 视情通过广播引导人员疏散
两柜	消防电源控制柜	1. 观察消防电源所处状态； 2. 视情手动切换备用电源
	消防水箱液位显示柜	1. 观察消防水箱液位； 2. 估算室内消火栓系统用水时间

（2）优先使用消防电梯，实施登高作业、救助人员和运送器材，明确专人进行管控，并采取防水导流措施，避免积水流入电梯井。如联动控制器处于手动

状态，可通过控制开关迫降并使用消防电梯。使用电梯时，严禁直达、穿越着火层，并应避免冲撞、倚靠电梯门，防止发生变形；优先启动楼梯间、前室等部位的机械加压送风防烟设施，保障疏散搜救、内攻灭火等作战行动。在确保排烟路径安全的前提下，利用机械排烟设施实施排烟、控烟时，可手动或远程启动打开排烟阀，启动排烟风机。严禁人员位于排烟路径的下风口处，防止烟热对流伤害。

（3）优先利用室内消火栓系统出水灭火，并根据给水形式、管网直径、消防泵流量等情况，合理确定出枪数量，保证射流持续有效。当室内消火栓系统与喷淋系统共用供水管路时，可根据现场情况，视情关闭局部楼层喷淋信号阀，保障灭火用水；通过水泵接合器加压供水时，应区分功能和供给范围，保证阀门处于开启状态，其中高区补水压力不应大于 2.5MPa，低区补水压力不应大于 1.6MPa。

2.5.4 疏散救人及灭火攻防

2.5.4.1 疏散救人

将人员信息核实贯穿于灭火救援全过程，充分利用消防应急广播系统、消防电梯、避难层、防烟楼梯间、封闭楼梯间、室外疏散楼梯、专用救援窗口、举高消防车等途径和手段，加强对起火层和充烟、隐蔽区域的人员疏散与搜救，做到全覆盖、无遗漏；视情分开设置人员疏散和内攻灭火路线，避免形成对冲。本着“能下尽下”的原则，一次性将被困人员疏散救助至安全区域；对一时无法转移至安全区域的人员，可以视情转移至上风窗口、平台或避难层后伺机救助；对已确认搜索完毕的房间和楼层，应在醒目位置进行统一标识，避免重复搜救。灭火后应组织人员对火场进行彻底清理，防止遗留盲点。

2.5.4.2 灭火进攻要求

在着火楼层下两层作为进攻起点层，并在进攻起点层下一层设立力量集结点，做到人装同上、一次到位。预先选择与着火层结构布局相似的下部楼层，组织官兵进行熟悉，做好内攻灭火准备；依托防火、防烟分区设置水枪阵地，合理组织实施梯次进攻。进入室内灭火前，应对房门采取限位措施，保持低姿、缓慢开启、控制射流，防止突发险情伤害。同一层面选择 2 个楼梯同时进攻时，做到相向进攻、攻防同步、上下设防；查明建筑外墙结构及材料，判断火势有无向上蔓延的趋势。如攻防高度可控时，可采取举高消防车射水、移动水炮等方法阻截火势；如超出车辆装备可控高度时，可组织力量从上至下分层布控、阻断火势；如火势接近建筑顶部时，可利用屋顶消火栓出水灭火；高层建筑火灾扑救中一般不宜破拆外部玻璃幕墙进行排烟。如需破拆时，应根据现场火势、风力、风向等情况，合理选择破拆位置与时机，采取有效防控措施，防止烟火蔓延扩大。

2.5.5 车辆停靠及高层供水

2.5.5.1 车辆停靠

初战力量到场后，应合理选择车辆停靠位置，主战车辆应部署在灭火救援行动展开的主要方面，原则上靠水带铺设一侧停靠，并为后续力量和举高消防车预留通道、位置。全勤指挥部到场后，应根据交通道路状况和现场作业需求，明确人员、装备、车辆集结区，防止发生拥堵。消防车辆应与着火建筑保持一定安全距离；举高消防车停靠应考虑作业场地承重、架空管线等情况，使传感器处于自动报警状态。作战任务未明确时，严禁盲目展开，严禁在梯臂上附加铺设水带实施供水；举高消防车优先布置在有被困人员待救的作业面。实施外部进攻时，应从上风或侧上风方向靠近救援位置，工作斗不得正对封闭外窗，不得盲目向建筑内部射水。

2.5.5.2 供水要求

室内消火栓系统无法使用时，应迅速建立移动供液线路，优先选用压缩空气泡沫等灭火剂，减少水渍损失；施救高度低于100m时，宜优先采取沿楼梯蜿蜒铺设水带，蜿蜒铺设水带长度=垂直高度×2.2；超过100m时，宜优先采取沿楼梯缝隙垂直铺设水带，水带固结必须安全、可靠；建立移动供液线路受阻时，可充分利用举高消防车半固定管路实施供水，投送人员和装备，提高灭火救援行动效能；建立移动供液线路时，应在地面设置用于停水、泄压的分水器（宜为螺旋开关式三分水）。泄压时，首先开启地面分水器泄压，同时缓慢降低车泵出水压力，待垂直供水线路余水排尽后方可停泵。

2.5.6 注意事项

内攻搜救、灭火必须以班组形式展开，严格个人安全防护措施，预先明确进攻路线和作业时间，可采取设置安全导向绳、救生照明线等方法，防止发生方向迷失；进入起火、充烟区域前，应有效依托防火分隔设施，采取必要的出水掩护措施，防止轰燃、回燃、热对流等伤害。并及时组织人员轮换休整，防止战斗减员；严禁人员位于车泵出水口、分水器接口、垂直铺设水带下方等部位，防止水带脱口、爆裂伤人。严禁在安全警戒区域内随意走动，防止玻璃雨等高空坠物伤人。

3 抢险救援处置方法

3.1 抢险救援组织指挥、力量编成及基本程序

3.1.1 抢险救援勤务活动范围

消防救援队伍抢险救援勤务是指消防救援队伍以国家救援队、主力军的资格，依法参加火灾以外的其他灾害事故抢险救援的各项勤务活动，包括：参加以抢救人员生命为主的危险化学泄漏、道路交通事故、地震及其次生灾害、建筑坍塌、重大安全生产事故、空难、爆炸及恐怖事件和群众遇险事件的救援工作，并参与配合处置水旱灾害，气象灾害，地质灾害，森林、草原火灾等自然灾害，矿山、水上事故，重大环境污染、核与辐射事故和突发公共卫生事件；处置必须遵循“救人第一、科学施救”的指导思想，快速反应，快速调派力量，正确判断灾情，科学决策，及时采取有效措施营救遇险人员，控制灾情发展，最大限度地降低事故危害；处置中必须在政府的统一领导下，充分发挥应急救援骨干力量的作用，加强与公安相关警种、武警以及应急、卫生、供水、供电、供气、环境等部门的密切配合，完成灾害事故抢险救援任务。

3.1.2 抢险救援组织指挥

消防救援队伍抢险救援组织指挥应当坚持“统一指挥、逐级指挥”的原则；紧急情况下，可实施越级指挥。上级指挥员到场后，应当实施组织指挥或者授权指挥。发生重特大灾害事故（事件）时，消防救援队伍现场指挥员及相关人员应当参加由政府统一领导的抢险救援总指挥部，了解灾情信息，掌握处置情况，落实领导指示，并按照总指挥部的决策部署，组织指挥部队开展抢险救援行动。

3.1.3 抢险救援力量编成

消防救援队伍参加灾害事故（事件）抢险救援时，一般应当根据预案调动力量，并根据现场情况确定作战力量编成。抢险救援力量编成一般以消防中队为基本作战单位，以作业组为基本作战单元，每个作业组人员不得少于 3 人，并应确定 1 名组长负责；必要时，还要安排掩护、预备力量。群众一般求助的救援力量编成原则上以辖区中队力量为主，但是根据现场情况可调派相应增援力量到场

处置。

（1）化学危险品泄漏处置，一般应当调派防化救援车、洗消车、泡沫消防车等特种车辆和防护、侦检、警戒、堵漏、输转、洗消等特种器材、设备和药物，视情报当地政府和应急管理局启动应急预案，调动公安、石化、卫生、环保、气象、大学化工教授、灭火救援专家组等技术专家及单位救援力量参与处置，为救援现场提供技术和理论支持，根据侦察检测结果，确定严格防护等级和处置程序。

（2）交通事故处置，一般应当调派消防抢险救援车、泡沫消防车等特种车辆和侦检、警戒、破拆、救生、牵引、起吊等特种器材，并视情报当地政府和应急管理局启动应急预案，调动公安、交通、卫生、环保等相关部门及单位救援力量参与处置。

（3）建筑倒塌事故处置，一般应当调派抢险救援车、举高消防车、水罐消防车等车辆和生命探测、漏电检测、煤气侦检、救生、破拆牵引、起吊、支撑等特种器材、设备，并视情报当地政府和应急管理局启动应急预案，调动住建、公安、卫生、通信、供气、供电、供水等相关部门及单位救援力量参与处置。

3.1.4　处置基本程序

处置基本程序：

（1）接警出动：作战指挥中心迅速准确受理报警，根据报警情况，集中调派所需装备、人员，并根据情况，向当地政府报告，启动政府应急预案，调动相关联动单位力量及灭火救援专家组成员，赶赴现场处置。

（2）侦察检测：到场后，要掌握灾害事故的特点、特性、规模、危害程度，确定不同区域的危险等级；查明遇险、遇难和被困人员的位置、数量、营救路线；查明贵重物资设备的位置、数量、疏散方法；掌握灾害事故现场及周边的道路、水源、主要建筑物结构以及通讯、气象、用电等情况。

（3）警戒设置：作战指挥中心根据事故灾害类型，及时启动辅助决策及专家系统，通过现场侦检结果，合理划定警戒范围，采取限电、禁用明火和无关人员禁止进入等安全措施。根据现场情况，警戒一般由公安部门和武警部队负责实施。

（4）安全防护：进入灾害事故现场的作战救援人员，必须根据现场侦检情况和危险等级落实防护措施；设立现场安全员，全程检测现场危险区域和重点部位可能发生的危险动向；在发生爆炸、有毒、坍塌等危险区域救援，尽量减少一线作战人员，并加强安全防护；当遇到采取工艺措施处置时，必须在单位专业技术人员的配合下组织实施，严禁盲目行动；当现场出现爆炸、倒塌等险情征兆，而又不能及时控制或消除，可能威胁参战人员的生命安全时，应组织参战人员立即撤退到安全地带，并进行点名清点人数，等条件允许时，再组织实施战斗行动。

（5）组织抢救：通过询问了解和使用生命探测仪、搜救犬等侦查手段确定被困人员数量、位置后，根据现场情况，采取破拆、起重、支撑、牵引、起吊等方法施救。对被倒塌的建筑物构件、石块埋压或者被困于容易窒息的现场，应先稳定被困人员情绪，并采取送风供氧、提供饮水食物等措施，在人员未救出的初期，严禁盲目使用大型挖掘机、铲车、推土机等大型工程机械设备。

（6）险情排除：当救援现场有易燃易爆或毒害物质泄漏、扩散，可能导致爆炸、建筑倒塌和人员中毒、触电、溺水等危险时，应根据专家组意见和现场救援力量及装备条件，采取冷却防暴、稀释中和、加固破拆、关阀断料等措施。

（7）战斗结束：灾情处置完毕后，要全面、细致地检查清理现场，并根据现场情况，必要时设置力量监护，后移交现场。撤离现场时，应清点人数，整理装备。归队后，迅速补充油料、器材、灭火剂，恢复执勤战备状态，并向作战指挥中心报告。信息发布时，严格按照上级指示，指定发言人、内容、时间，严禁个人擅自接受采访。

3.1.5 勤务保障

消防救援队伍参加抢险救援战斗，必须做好战斗、生活和医疗等保障工作。根据灾害和保卫特点，制定装备、通信、技术保障，储备必要的抢险救援器材、物资和灭火剂，配备通信装备设施，建立与工程抢险、医疗救护、卫生防疫、环境监测、气象预报等部门应急联动机制；制定现场生活保障，积极争取当地政府、社会相关单位的支持，做好参战人员就餐、饮水、保暖等生活保障。利用各方面医疗保障资源，制定现场医疗保障，加强与医疗急救等部门的配合，确保医疗保障到位。

3.2 抢险救援处置方法

3.2.1 危险化学品泄漏事故处置

3.2.1.1 液化石油气泄漏事故处置要点

灾害特性：（1）液化石油气是常见的易燃易爆气体或液体，发生泄漏极易导致燃烧爆炸和人员中毒；（2）扩散迅速，密度比较大，易向低洼地区流动和积聚，形成大面积危险区；（3）爆炸下限极低，极易与空气形成爆炸性混合物，遇火源发生燃烧爆炸；（4）燃烧猛烈，爆炸速度快，处置难度大，要求标准高。

处置措施：（1）侦检重点查明泄漏容器（储罐及罐区）储量、泄漏部位、速度以及周边单位、水源、道路等情况；（2）划分重危区、轻危区、安全区，疏散和严控人员、车辆、物资出入，消除火源，严格落实防静电措施；（3）利用单位固定消防设施或移动消防装备，驱散防爆并采取关阀堵漏、输转倒罐等措施处置；（4）必要时在具备可靠点燃条件下可实施点燃。

特别警示：（1）严格警戒，禁绝一切火种、火源，采取严格的防爆措施；（2）车辆、人员进攻要选择上风或侧上风方向；（3）设立现场安全员，确定撤离信号，实施全程检测、动态检测；（4）输转倒罐注意采取接地措施，防止产生静电；（5）进入重危区人员必须实施二级以上防护，并采取水枪掩护；（6）严禁作业人员在泄漏区的下水道或地下空间的顶部、井口处、储罐两端等处滞留；（7）组织事故单位和石化、气象、环保、卫生等部门专家技术人员提供技术支持和医疗保障；（8）对于现场需要倒灌等技术措施时，应该有本单位技术人员情况下实施，消防救援队伍给以协助。

3.2.1.2 氯气泄漏事故处置要点

灾害特性：（1）氯气是强氧化剂，具有强刺激性和腐蚀性，易溶于水和碱溶液；（2）日光条件下与易燃气体混合会发生燃烧爆炸；（3）属剧毒物质，易造成大量人员中毒伤亡；（4）扩散迅速，向低洼处漂移易形成大面积染毒区；（5）污染环境，洗消困难，处置难度大。

处置措施：（1）侦检重点是查明泄漏容器（或储罐及罐区）储量、泄漏部位、强度和遇险人员的位置、数量、营救路线和周边单位、水源、道路等情况，查明是否有能与氯气发生剧烈反应的危化品；（2）划分重危区、轻危区、安全区，疏散和严控人员、车辆、物资出入，转移现场内危险物品；（3）启用固定设施或利用雾状射流稀释降毒；（4）采取关阀堵漏、烃泵倒罐、惰性气体置换、压力差倒罐等方法进行输转倒罐；（5）利用碳酸氢钠等碱性物质进行化学中和，较小的液氯钢瓶损坏可采取浸泡水解措施；（6）采取简易排毒法、物理和化学消毒法措施对人员、装备、场地进行洗消。

特别警示：（1）车辆、人员进攻要选择上风或侧上风方向；（2）严格警戒并设立现场安全员，确定撤离信号，实施全程检测；（3）进入重危区作业人员必须专业精干，实施一级防护，采取水枪掩护；（4）对救援人员的身体状况进行跟踪检查，防止二次污染和伤害；（5）要以事故单位专业人员为主采取工艺措施和技术手段进行处置；（6）组织事故单位和石化、气象、环保、卫生等部门专家技术人员提供技术支持和医疗保障；（7）尽量减少水域或环境污染。

3.2.1.3 氨气泄漏事故处置要点

灾害特性：（1）氨具有强刺激性和腐蚀性，易溶于水、乙醇和乙醚；（2）

扩散迅速，危害范围大；(3) 易发生爆炸燃烧；(4) 毒性强，易造成人员伤亡。

处置措施：(1) 侦检重点查明遇险人员数量、位置、营救路线和泄漏容器（或储罐及罐区）储量、泄漏部位、强度以及周边单位、水源、道路等情况；(2) 划分重危区、轻危区、安全区，疏散和严控人员、车辆、物资出入，消除火源；(3) 利用固定消防设施或雾状射流稀释降毒并采取关阀堵漏、输转倒罐等措施；(4) 可利用稀盐酸溶液进行化学中和，较小的液氨钢瓶可浸入稀盐酸溶液中和或浸入水中。

特别警示：(1) 严格警戒，车辆、人员进攻要选择上风或侧上风方向；(2) 设立现场安全员，确定撤离信号，实施全程检测；(3) 进入重危区人员必须实施一级防护，使用喷雾水枪掩护，并适时观察参战人员身体状况；(4) 要以事故单位专业人员为主采取工艺措施和技术手段进行处置；(5) 组织事故单位和石化、气象、环保、卫生等部门专家技术人员提供技术支持和医疗保障。

3.2.1.4 城市燃气泄漏事故处置要点

灾害特性：(1) 城市燃气主要有天然气、石油气和煤气。煤气、天然气爆炸下限低，极易发生爆炸燃烧；(2) 泄漏事故通常发生在城镇，突发性强，易造成大量人员伤亡和财产损失；(3) 城市燃气尤其是煤气中含有 CO，易造成人员中毒死亡。

处置措施：(1) 侦检重点是查明泄漏容器（或储罐及罐区）储量、泄漏部位、强度、浓度、范围、方向、遇险人数和位置以及周边单位、水源、电源、火源和道路等情况；(2) 划分重危区、轻危区、安全区，疏散和严控人员、车辆、物资出入，消除火源和电源；(3) 利用固定消防设施或开花、喷雾射流驱散并采取关阀堵漏、输转倒罐等措施处置。

特别警示：(1) 严格警戒，禁绝火种，采取严格防爆措施；(2) 车辆、人员进攻要选择上风或侧上风方向；(3) 设立现场安全员，确定撤离信号，实施全程检测；(4) 进入重危区作业人员根据泄漏物质性质，必须实施相应等级防护，并用喷雾水枪掩护；(5) 以事故单位专业人员为主采取工艺措施和技术手段进行处置；(6) 报请政府启动应急预案，调集公安、燃气、供水、供电、卫生、环保、气象等部门力量协助处置；(7) 保持现场足够用水。

3.2.1.5 易燃可燃液体泄漏事故处置要点

灾害特性：(1) 具有易燃性、蒸气的爆炸性、受热膨胀性、易爆炸燃烧；(2) 大都具有毒害性或刺激性和腐蚀性，易造成人员中毒伤亡；(3) 具有流动性、带电性，泄漏后能造成大面积地面、水体和物品污染，不易洗消。

处置措施：(1) 侦检重点查明泄漏容器（或储罐及罐区）储量、泄漏部位、强度、浓度、流淌扩散范围、罐体、遇险人数和位置以及周边单位、水源、电源、火源和道路等情况;(2) 划分危险区和安全区，疏散和严控人员、车辆、物资出入，消除火源和电源;(3) 利用固定消防设施或开花、喷雾射流稀释防爆;(4) 采取关阀堵漏、筑堤围堰、泡沫覆盖、注水抬高液位、输转倒罐等措施处置;(5) 水上泄漏事故采取堵漏、圈围、拦截、吸附、输转、降解驱散等措施处置或确保安全时点燃。

特别警示：(1) 严格警戒，禁绝火种，采取严格防爆措施;(2) 车辆、人员进攻要选择上风或侧上风方向；(3) 设立现场安全员，确定撤离信号，实施全程检测；(4) 进入重危区人员必须实施二级以上防护，并采取水枪掩护；(5) 要以事故单位专业人员为主采取工艺措施和技术手段进行处置；(6) 建立可靠供水线路，保证供水不间断；(7) 报请政府启动应急预案，调集公安、应急、石油、化工、供水、卫生、环保、气象等部门和事故单位力量协助处置；(8) 洗消和处置用水排放必须检测，防止二次污染。

3.2.1.6 油气井喷事故处置要点

灾害特性：(1) 压力大，一般在20~90MPa；(2) 噪声大，救援现场指挥联络困难；(3) 毒性大，钻探、开采天然气产生剧毒 H_2S；(4) 点火能量小；(5) 野外作业，水源缺乏，保障困难。

处置措施：(1) 准备要充分，做好“持久战”思想准备，及时侦检，划定警戒范围，实施交通管制。(2) 共同拟定作战供水方案，明确现场联络方式，进行模拟演练。(3) 供水要充足，选用大功率消防车、大口径胶里高压水带，筑堤或挖渠引水，保障供水。(4) 若只发生井喷，应用水枪对井场进行冲洗、驱散、溶解喷出的 H_2S 和 CH_4 气体，含量低于爆炸下限50%，且无泄漏，在确保安全的条件下，方可实施点火泄压和封井。若发生井喷、窜气、井口燃烧，要在抢救人命的同时组成梯队，轮流作业，清理井场，换装井口装置后，适时灭火、封井。(5) 实施压井或封井作业，井口为保护重点，压井作业进入稳定阶段，要注意保护。(6) 压井成功后，要严密监护。

特别警示：(1) 严格警戒，严控人员、车辆出入警戒区；(2) 设置 CH_4、H_2S 气体检测点，全程检测；(3) 进入警戒区人员必须实施二级以上防护，并采取水枪掩护，不要接近高压高温管线，不得盲目对其出水冷却；(4) 作业人员要少而精，应从上风方向进入事故现场，调好车辆朝向；(5) 设立现场安全员，全体人员掌握警报信号、撤离路线和联络方式；(6) 采用雾状射流形成水幕墙，防止泄漏物向重要目标或其他危险源扩散；(7) 及时调整力量部署，定时轮换；(8) 不要轻易灭火或点燃。

3.2.1.7 放射性物质事故处置要点

灾害特性：(1) 放射性物质具有放射性、毒害性、不可抵制性、易燃性和氧化性。其事故具有隐蔽性强的特点；(2) 易造成较大面积放射性污染、危害周期长；(3) 易造成辐射性生物效应；(4) 处置技术要求高。

处置措施：(1) 应配合参与处置，严格按程序作业；(2) 侦检重点查明放射性物质储量、泄漏量和时间、位置、性质、剂量、范围，受辐射人数、状况，以及周围单位和居民分布、有无污染等情况；(3) 调集核生化侦检车、防化救援（洗消）车等车辆装备；(4) 划分重危区、轻危区、安全区，疏散和严控人员、车辆、物资出入；(5) 对可能或已受到污染的食物或饮用水进行控制，协助消除体表的放射性污染；(6) 按照控制泄漏和回收方案进行处置；(7) 注意现场洗消和清理。

特别警示：(1) 严格警戒，对救出人员登记、标识；(2) 设立现场安全员，实施全程检测（辐射量达 0.25mrad/h 时必须撤离）；(3) 以专家和事故单位专业人员为主进行处置，如果泄漏伴有火灾发生，尽量不用水灭火，防止放射性物质向外扩散；(4) 进入重危区人员必须携带辐射报警测量仪、剂量笔，佩戴隔绝式呼吸器，穿着防核防化服，并使用正确防护方法，缩短停留时间；(5) 报请政府启动应急预案，调集核工业、公安、应急、卫生、环保、气象、驻军防化部队等部门参与处置。

3.2.1.8 沙林事件处置要点

灾害特性：(1) 沙林是神经性军用毒剂，反应强烈，作用迅速，易造成大量人员中毒伤亡；(2) 突发性强，危害大；(3) 易造成交叉感染；(4) 政治影响大，影响社会稳定；(5) 救援难度大，需要多方力量参与。

处置措施：(1) 应配合参与处置，并严格按照侦察检测、警戒疏散、安全防护、疏散救人、全力控毒、洗消处理、清理现场的程序作业；(2) 其侦检重点查明毒源位置、浓度、范围、风力和风向，中毒人员数量、位置，以及周边单位、居民分布和可能受到的毒害等情况；(3) 调集核生化侦检车、防化救援（洗消）车以及检测、输转等车辆装备；(4) 划分重危区、轻危区、安全区，疏散和严控人员、车辆、物资出入；(5) 以毒源为中心，设置水幕或喷雾水枪稀释降毒；(6) 采取吸附、中和、密封、转移等方法，全力控毒；(7) 对现场洗消和清理。

特别警示：(1) 必须坚持“划定区域，疏散救人，有序处置，确保安全”的处置原则；(2) 严格警戒，严防染毒人员走散，酿成交叉中毒事件；(3) 救援人员要严格落实防护措施，且不得擅自操作任何放射性装置和设备；(4) 保护毒源现场，做好标志；（5）进入重危区人员必须实施一级防护，并严守毒区行动规则，不准随意坐躺，禁止饮食；（6）要对人员、装备现场进行洗消和清理；（7）报请政府启动应急预案，调集公安、应急、防疫、卫生、环保、气象、驻军防化部队等部门参与处置。

3.2.2 交通事故救援

3.2.2.1 铁路交通事故处置要点

灾害特性：（1）人员伤亡多，财产损失大；（2）极易造成次生灾害，影响铁路、公路正常交通秩序，影响社会稳定；（3）救援难度大。

处置措施：（1）侦察了解人员伤亡情况及是否有发生次生灾害的可行性；（2）破拆车厢结构，救助被困人员；（3）列车与汽车之间相撞，可利用牵引设备将其分离；（4）造成危险化学品泄漏、爆炸、燃烧的，按照化学灾害事故处置程序实施救援。

特别警示：（1）事故现场有易（可）燃气体或液体泄漏，在使用起重、扩张、牵引等器材时，应采用喷雾水枪进行掩护；（2）造成次生化学灾害时，应在石油化工和环保专家的指导下进行处置。

3.2.2.2 船舶事故处置要点

灾害特性：（1）事故危害严重，容易造成大量人员伤亡；（2）船舶类型、结构复杂；（3）救援难度大；（4）次生灾害危害大。

处置措施：（1）侦察了解遇险人员数量、位置，掌握危险化学品数量、泄漏程度，扩散范围；（2）有条件时尽可能牵引至码头再行处置，对靠岸的事故船舶，应架梯开辟救援通道，疏散人员，无法靠岸时，组织遇险人员向消防艇或其他船只疏散；（3）若船舶在水域中发生危险化学品泄漏事故，应设法组织堵漏或转移剩余物质；（4）发生原油泄漏，应使用围油栏围堵或采取回收措施。

特别警示：（1）如为外籍船舶，必须在该船舶提出救援请求并得到相关部门批准后登船救援；（2）潜水队员施救时，应2人以上编组下潜，必要时应有保险绳进行引导和保护；（3）消防船（艇）必须在上风方向停泊，保持安全距离，发现异常情况应迅速撤离；（4）合理选择射流，防止因射水过量，导致事故船舶倾斜翻沉；（5）施救中应按照就近、伤病员、老弱妇幼先救的原则进行。

3.2.2.3 飞行器事故处置要点

灾害特性：（1）人员伤亡严重；（2）飞行器坠落、解体、起火、爆炸；（3）失事地点不确定，救援困难；（4）易引发次生灾害。

处置措施：(1) 侦察了解事故飞行器情况，规模、危害、性质和可能出现的问题；(2) 以坠落点为中心，组织内外两个搜索圈，内圈由内向外搜索，外圈由外向内搜索；(3) 若飞行器已变形，人员被困时，要在水枪掩护下破拆、疏散救助被困人员；(4) 若飞行器已解体，应扩大范围搜救。

特别警示：(1) 飞行器有燃油外泄时，应禁绝现场火源。视情向飞机和地面喷射泡沫进行覆盖、冷却；(2) 飞机紧急迫降时，在飞机可能迫降区域预先喷洒泡沫；(3) 进入内部救助被困人员时，不得随意破拆飞行器结构，要选择正确的破拆位置和营救手段；(4) 对于涉外飞行器的救援要严守国际公约，避免引发争端。

3.2.2.4 公路、铁路隧道事故处置要点

灾害特性：(1) 导致交通中断；(2) 易致人员伤亡；(3) 易发生连锁爆炸；(4) 引起隧道结构损坏或垮塌；救援难度大，参战力量多，处置时间长，运送救援器材困难。

处置措施：(1) 侦察了解被困人员位置、数量及次生灾害发生的可能性；(2) 设法在第一时间进入隧道，接近事故点，救助被困人员；(3) 视情利用清障车将事故车辆牵引出隧道进行处置；(4) 对于发生垮塌的事故现场应采取撑顶、支撑等措施；(5) 对伴有危险化学品灾害发生的事故，应视情向隧道内注水降温防爆，并按照化学灾害事故处置程序进行处置。

特别警示：(1) 救援车辆一时无法接近事故现场时，救援人员应先携带轻便装备，迅速赶赴事故点；(2) 进入隧道内的救援人员一定要精干，并使用开花或喷雾水枪掩护进攻；(3) 要随时观察隧道构件变化，防止突然垮塌；(4) 进行等级防护，设置现场安全员。

3.2.2.5 地铁事故处置要点

灾害特性：救援行动难以展开；易引发大量人员伤亡；协调配合困难、装备利用受限。

处置措施：侦察了解被困人员位置、数量及次生灾害发生的可能性；应选择上风方向或靠近事故点一端的车站为主攻方向；视情在出入口处利用排烟设备排烟；设法在第一时间接近事故点，救助被困人员；施毒事件时，应关闭所有通风系统，控制毒气扩散范围并进行全面洗消。

特别警示：(1) 进入内部的救援人员，要随时观察隧道变化，防止垮塌；(2) 伴随有化学灾害事故时，应按照化学灾害事故处置程序进行；(3) 发现可疑物品时，不得擅自移动。疑为爆炸物品时，应迅速覆盖防爆毯，设置警戒线。

3.2.3 建筑物垮塌事故救援

3.2.3.1 地面建筑垮塌事故处置要点

灾害特性：(1) 突发性强，人员逃生困难，易造成人员伤亡；(2) 易发生二次倒塌，易引发次生灾害；(3) 内部设施损坏严重，救援行动困难、持续时间长；(4) 不利于大型救援装备作业。

处置措施：(1) 利用各类探测仪器，搜索遇险人员被困位置及大致数量，了解各类燃、毒气和自来水管道泄漏及停电等情况，判断现场内其他建筑结构整体的安全程度；(2) 成立现场指挥部，划定警戒范围，实行交通管制；(3) 制定处置方案，合理分配任务，科学实施救援行动；(4) 消除障碍，开辟进攻通道和救援平台；(5) 采取救援气垫、方木、角钢支撑保护，防止二次伤害。

特别警示：(1) 坚持"先救人后救物，先伤员后尸体，先重伤后轻伤"的原则实施救援行动；(2) 设置安全员，全程观察建筑结构变化情况，发现危险征兆，立即撤离现场人员；(3) 处置具有爆炸危险或危险化学物品泄漏灾情时，必须做好个人等级安全防护，针对复杂现场应在专家指导下实施处置措施；(4) 密切与社会救援力量配合；视情启用大型救援装备和各种切割器材；(5) 加强统一指挥，严格救援程序，确保救援行动安全；(6) 战斗结束必须清点作业人员。

3.2.3.2 地下建筑坍塌事故处置要点

灾害特性：(1) 塌落物堆满地下空间，堵塞通道，缺少照明，遇险人员逃生困难；(2) 易发生爆炸、毒害、水淹等次生灾害，增大救援难度。

处置措施：(1) 运用各种侦检手段，查清遇险人员数量和大致被困位置；(2) 了解坍塌部位与地面的通道情况；(3) 划定警戒区域，设置警戒线，实行交通管制；(4) 成立多种现场指挥部，联合制定处置行动方案；(5) 组织经验丰富、处置能力强的人员，实施处置措施；(6) 深入内部作业人员要精干，且要在地下出入口附近安全地方设置前沿阵地、通信基地和移动照明输送点；(7) 协同社会救援力量，预防或控制次生灾害的发生与发展。

特别警示：(1) 坚持"先救人后救物，先伤员后尸体，先重伤后轻伤"的原则实施救援行动；(2) 设立安全员，全程监控建筑结构变化和次生灾害事故发生情况，发现危险征兆立即撤离现场人员；(3) 深入内部作业人员，要严格做好个人防护，轮流进行作业、稳步推进、科学实施营救行动；(4) 视情启用大型救援装备和各种切割器材，危险救援行动应在专家指导下进行；(5) 加强现场指挥，严格救援程序，确保救援行动安全。

3.2.3.3 施工中建筑倒塌事故处置要点

灾害特性：(1) 工程内安全通道少、施工人员多，易造成大量人员伤亡；(2) 废墟内破碎建筑构件及脚手杆、板纵横交错，救援行动困难。

处置措施：(1) 实施各种侦检手段，了解遇险人员数量及被埋压的部位，了解倒塌建筑面积、程度及施工格局等情况；(2) 清理倒塌建筑及杂物，建立救援通道和平台；(3) 划定警戒区域，设置警戒线，实行交通管制；(4) 成立联合指挥部，共同拟定处置方案，做好应对次生灾害准备；(5) 征求专家处置意见，密切配合开展救援行动；(6) 针对处置行动需要及现场条件，适时启用大型救援装备。

特别警示：(1) 施工中建筑构件连接不稳固，救援时要预防相连部分二次倒塌；(2) 设置现场观察员，全程观察受影响建筑结构的变化情况，发现危险征兆迅速报警，安全撤离现场人员；(3) 分析现场情况，及时运用有效处置措施，营救被脚手架、沙浆等塌落物埋压的人员；(4) 视情启用大型救援装备和各种切割器材；危险救援行动应在专家指导下进行；(5) 加强现场指挥，严格救援程序，确保救援行动安全。

3.2.3.4 火灾情况下建筑倒塌事故处置要点

灾害特性：(1) 现场烟浓温高，易造成人员伤亡；(2) 废墟情况复杂，救援行动困难；(3) 事故突然，难以预防，现场危机四伏，严重威胁救援人员生命安全。

处置措施：(1) 实施灾情侦察，了解倒塌前灭火力量部署情况；查明遇险人员数量和被困位置；(2) 判断建筑结构的安全程度及次生灾害发生的可能性；(3) 划定警戒区域，设置警戒线，实行交通管制；(4) 成立联合指挥部，拟定共同处置行动方案，科学实施灭火与人员救助行动；(5) 适时启动社会应急处置预案，共同完成救援任务。

特别警示：(1) 在不能确认压埋人员已无生还可能时，禁止使用大型装备施救；(2) 消防指战员遇险时，指挥员要沉着冷静、顾全大局，避免发生更大损失；(3) 设立安全员，全程监控现场情况，发现危险征兆立即报警，安全撤离现场人员，危险程度高的救援行动应在专家指导下进行；(4) 消灭残火时，灭火用水不宜过多，防止大量积水造成坍塌；(5) 加强现场统一指挥，严格救援程序，确保救援行动安全。

3.2.4 自然灾害事故处置

3.2.4.1 洪涝灾害处置

灾害特性：(1) 涉及地域广，人员伤亡重，财产损失大；(2) 损坏道路桥梁，中断交通；(3) 易引发次生灾害；(4) 救援困难，危险性大。

处置措施：(1) 按照抢险救援指挥部指示，请领任务，展开救援行动；(2) 利用冲锋舟、橡皮艇等装备进行生命救助；(3) 与其他救援力量一起固堤排险；(4) 协助交通部门修复毁坏的道路，清除障碍；(5) 疏散人员、物资转移；(6) 及时扑灭灾区各类火灾，有效处置危险化学品泄漏等次生灾害；(7) 协助医疗急救人员抢救伤员。

特别警示：(1) 水上突击队必须由干部带领，实施救助行动必须穿救生衣；(2) 按照便于撤退的原则，选择救援人员、车辆、物资的集结地；(3) 要时时掌握人员、装备情况，防止发生意外事故；(4) 在河流、危险地段救援作业时，要用安全绳做固定、导向、牵引、保护。

3.2.4.2　地震灾害处置

灾害特性：(1) 瞬间发生，破坏力强，人员伤亡重；(2) 易引发次生灾害；(3) 受灾范围广，社会秩序混乱；(4) 基础设施损坏严重，救援特别困难。

处置措施：(1) 按照抢险救援指挥部指示，请领任务；(2) 仔细侦察，确定被困人员的具体位置及数量，了解是否有次生灾害等情况；(3) 运用各种救人手段和器材装备，全力抢救遇险被困人员；(4) 对漏气、漏水、漏电等管道进行关阀断源；(5) 对易垮塌的建筑堆垛进行打桩顶固，防止塌落伤人；(6) 采取中和稀释、堵漏排险、筑堤引流等措施排除化危品泄漏等险情；(7) 报请政府启动应急预案，调集各种力量和装备到现场。

特别警示：(1) 险、重地段优先，待救者多的地域优先，重伤、病患者及老弱妇幼者优先；(2) 消防车辆停放的位置，远离建（构）筑物和树木；(3) 要注意防止二次垮塌和次生灾害的发生；(4) 在被埋压人员仍有生还可能时，不得直接使用大型机械、设备清理现场；(5) 了解地震信息，掌握地震知识；(6) 在地震、医疗、建筑等专业人员的指导下，救人排险。

3.2.4.3　台风灾害处置要点

灾害特性：(1) 破坏力量强，危害程度高；(2) 灾害面积大，次生灾情多；(3) 预防能力弱，人员伤亡多；(4) 救援难度大，持续时间长。

处置措施：(1) 参加地方政府抢险救援总指挥部，接受救援任务，积极实施抢险救援行动；(2) 成立消防救援指挥部，拟定处置对策，制定具体行动方案；(3) 组织灾情侦查，了解受灾面积、危害程度，掌握遇险人员数量及所处位置，判断次生灾害事故发生的可能性等情况；(4) 使用检测、破拆、救生、起重等器材装备，搜寻救助在建筑倒塌、溺水、悬空、触电、中毒、交通事故等险情下的遇险被困人员；(5) 协助其他救援力量加固堤坝、疏排水道、堵截决口、管涌、漏洞，及时排除险情；（6）协同社会救援力量，预防或控制次生灾情的发生与发展。

特别警示：（1）遵循确保“危、急、险、重”的原则，科学实施救援行动；（2）加强个人安全防护措施，不得擅自盲目行动，避免发生意外伤亡；（3）及时掌握气象信息，切实做好各项保障；（4）远离建筑，安全停放车辆，有效控制次生灾害。

3.2.4.4 海啸灾害处置要点

灾害特性：（1）突发性强、破坏力大；（2）易造成大量人员伤亡及财产损失；（3）灾情危害持久，救援时间长。

处置措施：（1）参加地方政府抢险救援总指挥部，接受救援任务，积极实施抢险救援行动；（2）成立消防救援指挥部，拟定抢险救援对策，制定救援队伍行动方案；（3）深入灾区侦查灾情破坏程度，了解遇险人员数量和危险化学品泄漏情况，掌握次生灾害发生的可能性；（4）积极搜寻遇难人员，救护躲避在建筑内、高处的被困人员；（5）会同其他救援力量，修复道路，加固堤坝，消除泄漏、排除险情；（6）协同社会救援力量，预防或控制次生灾害的发生与发展。

特别警示：（1）按照确保“危、急、险、重”的原则，科学实施救援行动；（2）针对任务需求，合理编配行动小组，相互配合，稳步行动，避免发生意外伤亡事故；（3）水上救援队必须由干部带领，行动时必须穿着救生衣；（4）加强统一指挥，严格抢险救援程序，确保救援行动安全；（5）适时开展防疫工作，严防疫情在救援队伍内传播。

3.2.4.5 雪灾处置要点

灾害特性：（1）覆盖面积大，附着力强；（2）环境温度低，持续时间长，危害程度大；（3）极易阻断交通，救援行动困难。

处置措施：（1）参加地方政府抢险救援总指挥部，掌握灾情状况，接受统一指挥；（2）成立消防救援指挥部，拟定具体救援对策，制定救援队伍行动方案；（3）深入灾区侦查灾情危害程度，了解遇险人员数量和被困具体位置，掌握次生灾害发生的可能性，落实防冻措施，严格行动要求；（4）划定区域，设置警戒，局部实行交通管制；（5）调用驻军、工程施工单位的大型机械参加作战，清理积雪和障碍，建立救生通道和平台。

特别警示：（1）做好生活、物资、医疗和通信保障；（2）执行远距离救援任务时，必须落实好个人和装备的防冻措施，并组织好预备力量；（3）冰雪路面行车要加强车辆防滑措施；选择经验丰富的驾驶员承担驾车任务；（4）在实施登高清雪任务时，控制高空作业人员数量，做好安全保护。

3.2.4.6　地质灾害处置要点

灾害特性：(1) 主要以泥石流、山体滑坡等形式出现；(2) 暴雨致灾，突发性强；(3) 崩塌滑坡，破坏力大；(4) 危害面广，伤亡严重；(5) 交通中断，救援困难。

处置措施：(1) 参加地方政府救援总指挥部，掌握灾情状况，领受任务，积极实施救援行动；(2) 设立消防救援指挥部，拟定救援对策，制定具体行动方案；(3) 全面侦察灾情，了解任务区域内灾情危害程度、遇险人员数量及所处的位置，判断次生灾害事故发生的可能性；(4) 设置现场安全员，在地质专家等人员的指导下，对现场实施全程观察，发现危险征兆立即撤离现场人员；(5) 协调各种救援力量，营救遇险人员和控制次生灾害事故的发生与发展；(6) 视情报告政府启动预案，进行联合作战。

特别警示：(1) 救援车辆停放、人员装备集结要选择在安全地方，并按程序操作；(2) 加强个人安全防护，以组为单位开展救援行动，避免造成意外人员伤害；(3) 确保现场通信联络，有效推进救援行动进程；(4) 救援初期，不得直接使用大型机械清理现场。

3.2.5　公共突发事件处置

3.2.5.1　恐怖袭击事件处置要点

灾害特性：(1) 突发性强，一般伴有火灾或建筑物垮塌等事故；(2) 人员伤亡多、经济损失大、政治影响大、严重破坏社会秩序。

处置措施：(1) 侦察检测恐怖袭击的范围和破坏程度，人员伤亡和遇险情况，有无引发次生灾害的危险；(2) 划定警戒区域，实施交通管制，严控人员出入；(3) 组成救人小组，利用搜救设备和犬进行搜寻，抢救遇险人员；(4) 发生火灾时，要采取重点突破等措施，消灭火灾；(5) 发生建筑倒塌，预先支撑倒塌建筑构件，防止对待救者造成二次伤害；(6) 救援结束后，配合公安部门同时展开现场取证工作；(7) 报请政府启动预案，调动有关力量协同作战。

特别警示：(1) 加强个人安全防护，必要时在相关力量的掩护配合下作业；(2) 设置观察哨，防止建筑变形、倒塌威胁救援人员；(3) 对未爆炸装置应交由防爆专家处置，同时救援人员撤至安全地带，确认无再次爆炸危险后，方可进入现场；(4) 对现场疏散和抢救人员做好登记，防止现场人证、物证丢失、破坏。

3.2.5.2 群体性治安事件处置要点

灾害特性：(1) 现场混乱、持续时间长；(2) 疏导劝解困难、易造成矛盾激化；(3) 易引发火灾、爆炸、垮塌、踩踏等事故。

处置措施：(1) 在现场总指挥指挥下领受任务，统一行动；(2) 对事态的发展要有预见性，做好纵火、砸车和伤人的各项处置准备；(3) 发生爆炸、施毒、垮塌、踩踏等情况，要在武警、公安的掩护配合下，参与人员救援和疏散；(4) 视情对参与群众进行政策宣传，稳定闹事者的情绪。

特别警示：(1) 严格执行政策，正确判明事件性质，坚决执行命令；(2) 认真做好安全防护，防止受到攻击；(3) 尚未引起灾害事故和暴力骚乱事件时，不能与集结人群对峙，不能采取强制措施，如事态发展需要用高压水枪、水炮驱散人群时，须有省、市政府和公安机关的命令方可执行；(4) 态度温和，不要使用过激语言。

3.2.5.3 重大环境污染事件处置

灾害特性：(1) 突发性强，可致大量人员患病甚至死亡；(2) 污染环境，洗消困难；(3) 社会影响大，造成公共秩序混乱。

处置措施：(1) 按照“救人第一，先控制后处置，有效防护，彻底洗消”的原则开展灭火救援；(2) 从警戒区域救出的人员应迅速移交卫生、防疫部门；(3) 采取中和稀释污染源的办法减轻污染，使用围堵导流的方法控制污染源排放；(4) 运送的饮水要选定经过卫生、防疫部门检测合格的洁净水源；(5) 报请政府启动应急预案，调集公安、环保、应急、气象、卫生、防疫等部门协助处置，请求驻军防化部队支援。

特别警示：(1) 灭火救援行动必须在环保和卫生防疫部门指导下进行；(2) 灭火救援结束后，要立即进行洗消，经卫生、防疫、环保人员检测后方可撤离；(3) 归队后密切观察人员健康状况；(4) 在污染区域使用的装备不得带入生活区域，进行再次洗消后方可使用。

3.2.5.4 公共卫生事件处置

灾害特性：(1) 传染性强，易致人死亡；(2) 污染环境，洗消困难；(3) 社会影响大，造成公共秩序混乱。

处置措施：(1) 掌握疫区灾情和防护办法；(2) 设置警戒区域，及时开展灭火救援行动；(3) 从疫区救出的人员应迅速移交现场医疗急救部门进行救治；(4) 运送的饮用水要选定经过卫生、防疫部门检测合格的洁净水源；(5) 报请政府启动应急预案，调集公安、卫生、防疫、气象、环保等部门协助处置，请求驻军防化部队支援。

特别警示：(1) 灭火救援行动必须在卫生防疫部门指导下进行；(2) 进入警戒区人员必须实施二级以上防护；(3) 灭火救援结束后，要立即进行洗消，应经卫生、防疫、环保人员检测后方可撤离；(4) 归队后密切观察人员健康状况；(5) 在污染区域使用的装备不得带入生活区域，进行再次洗消后方可使用。

3.2.5.5　城市给水管网爆裂事故处置

灾害特性：(1) 突发性强，瞬时喷涌；(2) 局部区域有“洪水效应”，易形成积水；(3) 造成缺水停水，影响社会正常生产、生活秩序。

处置措施：(1) 查明管网爆裂程度和泄漏范围；(2) 划定警戒区域，实施局部交通管制；(3) 配合供水部门工程技术人员关闭供水线路阀门，疏散区域内的危险化学品；(4) 利用下水道、污水井、消防车或手抬机动泵排除积水；(5) 为缺水区域提供安全卫生的饮用水；(6) 清除水管爆裂处路面的淤积物；(7) 视情报请政府启动应急预案，调集公安、供水、环保、城建等部门协同处置。

特别警示：(1) 救援车辆不宜停靠离管网爆裂处较近的地方；(2) 防止强水流携带冲击出的物体砸伤人员；(3) 利用下水道、污水井排除积水时应在井口设置明显标志。

3.2.6　群众遇险事件处置

3.2.6.1　水域事故处置要点

灾害特性：(1) 遇险人员自救能力差，易造成伤亡；(2) 残留痕迹少，需大范围、长时间搜寻；(3) 落水人员丧失理智，易造成救援人员伤亡；(4) 深入河水或冰窟救人时，救援危险性大。

处置措施：(1) 侦察查明溺水者溺水时间、地点、人数，水文情况及周边环境；(2) 实施警戒，疏导围观人员，严禁无关人员和船舶进入救援区；(3) 在多人落水需要施救，应按“先近后远，先水面后水下”的顺序进行救援；(4) 潜水员下水施救时，应以两人（含）以上编队；(5) 冰下救援时，适当扩大开口面积；(6) 车辆坠水，先救人，后调用大型机械牵引吊升；(7) 现场医疗人员确定溺水者死亡后，应移交公安机关处理。

特别警示：(1) 加强个人防护，确保安全防护检查和专人保护；(2) 水下作业时，定时进行联络；(3) 进行准备活动，防止肌肉痉挛；(4) 徒手救人时，要稳定被救者情绪，从侧面、后面接近被救人员。

3.2.6.2 井下事故处置要点

灾害特性：(1) 空间狭小，救援行动展开困难；(2) 井下供氧不足，可能存在有毒或可燃气体，增加救人难度；(3) 环境复杂，器材少，救援行动受限。

处置措施：(1) 侦察询问落井人员自然情况、周边及井下情况；(2) 落井人员未受伤或神智较清醒，直接提升；(3) 受伤或已昏迷，井体无垮塌危险，可下井救援；(4) 空间仅容一人上下时，可倒置下降提升被救者；(5) 井口狭小不能下人或已垮塌时，调集挖掘机械到现场，从侧面挖道或打井穿洞救人；(6) 现场医疗人员确定被救者死亡后，应移交公安机关处理。

特别警示：(1) 加强个人防护，支撑固定井壁作业；(2) 井口周围人员要少而精，防止踩塌井口或掉落物品；(3) 救援三角支架固定必须牢固；(4) 井口人员与下井人员保持联系，随时掌握情况；(5) 通过送风机、氧气瓶或空气呼吸器及时向井下输氧送风。

3.2.6.3 高空事故处置要点

灾情特性：(1) 事发高空，救援行动危险性大；(2) 立足点狭小薄弱，随时可能发生坠落；(3) 围观群众多，社会影响大。

处置措施：(1) 自杀倾向、精神不正常或债务纠纷人员高空救援，通知被救者亲属、朋友、同事等到场配合救援；(2) 高空作业意外受困者救援，要不断稳定其情绪；(3) 设立警戒，疏导人群、车辆、障碍物，严禁无关人员和车辆进入；(4) 选择最佳位置设置救生气垫、登高车辆器材；(5) 救援任务完成后，将待救者移交公安机关、待救者单位或亲属。

特别警示：(1) 必须采用双重安全防护；(2) 救生气垫未充装完毕，不得采取行动；(3) 与待救者对话时，语气应尽量委婉、真诚，可请心理学专家参与；(4) 行动中尽量隐蔽靠近待救者；(5) 调请公安、医疗急救等部门协同处置。

3.2.6.4 电梯故障处置要点

灾害特性：(1) 电梯空间小，被困人员情绪紧张，精神压力大；(2) 电梯突然停止运行后施救工作难以确定纵向位置；(3) 坠落后易造成人员伤亡。

处置措施：(1) 迅速调集相应的救援人员、装备，通知电梯公司、物业运营、特种设备管理部门等相关技术人员到场协助救援；(2) 侦察确认故障后电梯停靠位置和被困人员数量与被困人员对话，稳定情绪；(3) 快速利用电梯钥匙或液压扩张工具开门营救被困人员。

特别警示：(1) 液压扩张器等工具在第一时间必须到达现场；(2) 现场必须稳定被困人员的情绪，防止因过度紧张而发生意外事故；(3) 确认被困人员有生命危险等情况，要及时通知医疗部门到场救护；（4）救援行动要防止盲目破拆，进入停止在电梯井空间营救时必须落实安全防护措施，防止轿箱坠落伤人；（5）因停电造成电梯中断，应及时通知电力部门恢复运行。

3.2.6.5　沼气池事故处置要点

灾害特性：（1）沼气属易燃、易爆、有毒物质，易造成人员中毒死亡；（2）沼气池往往建在较为隐蔽或远离人群的地方，当人掉落入其中，难以发现。

处置措施：（1）侦察险情，了解落池人员数量和危及情况；（2）检测气体浓度和扩散范围，划出警戒范围和消除周边火种；（3）落实防护和救护措施，从上风或侧上风方向实施快速营救；（4）利用喷雾水驱散可燃有毒气体。

特别警示：（1）防爆救护装备、医疗急救人员必须在第一时间调集至现场。（2）车辆停靠和进攻路线必须选择在上风或侧上风方向。（3）救援人员必须穿戴防护防爆器具。（4）进入第一现场必须控制人员，落实自我防护、消除险情和准备救人或打捞措施。（5）被救人多，且行动自便时可固定绳索、引导被救者自救；（6）被救者不能自救时，应用多功能担架和躯体固定气囊救助。

3.2.6.6　山地事故处置要点

灾害特性：（1）没有通车道路，人员难以到达；（2）被困高山、峭壁，救援环境复杂、行动受限，施救难度大，时间长。

处置措施：（1）问清事故地点，就近调集相应救援人员、装备，及时通知当场治安、医疗急救部门；（2）侦察了解被困人员地点、人员数量及危及状况，稳定被救人者情绪。

特别警示：（1）相应的登高、保险绳索、多功能担架、躯体固定气囊等救援装备和当场治安、医疗急救部门必须在第一时间至现场。（2）根据险情需要，及时报告政府启动应急预案。（3）要利用扩音设备稳定被困人员的思想情绪，一时难以救出的应提供药物、食品、衣服；（4）救援必须充分利用地形地物，安全设施必须牢固可靠，救援人员采用双保险措施。

3.2.6.7　孤岛遇险事故处置

灾害特性：（1）人员被湍流包围时极易造成人员伤亡；（2）舟船难以靠近，救援行动艰难；（3）环境危险复杂，被救者心理压力大。

处置措施：（1）问清事故地点，了解被困人数量和危及情况；（2）快速调集冲锋舟、橡皮艇、抛绳枪和相应的救援力量到场；（3）用抛绳枪将引绳射到孤岛，建立救生通道；（4）用较大船舶靠近孤岛，再施放冲锋舟或橡皮艇救人；（5）也可采取徒手携绳游至孤岛救人。

特别警示：（1）相应的救援人员、救护装备必须在第一时间至现场，必要时应及时报告政府启动应急预案；（2）实施救援行动前必须制订安全可靠的营救方案；（3）救援人员必须经过专业训练，穿戴救生衣，佩戴安全绳、保险绳；（4）利用安全绳建立救生通道时，绳子两端必须固定牢靠。

3.2.7 群众求助救援

3.2.7.1 居民家中取钥匙救助要点

灾害特性：（1）群众求助多，出警频繁；（2）车辆难靠近，登高器材用不上；（3）窗外攀爬危险性大，要求高。

处置措施：（1）问清地点和门牌号码，实地侦察了解进入室内的途径和现场可利用的设施以及室内有无可能造成的险情；（2）确定进入室内的途径和方法，选择安全绳的固定点；（3）尽量不要破拆，确需破拆时，须经求助人同意或由社区民警、居委会人员在场，并告知破拆的大致范围；（4）不同意破拆时，可提供开锁公司服务信息或在条件允许情况下，采取悬吊等方法由邻近房间进入或使用登高车等方法取钥匙。

特别警示：（1）施救前要核对求助人身份，施救时要有证人在场，施救后要有户主及证人签字确认；（2）选择施救方案时要征得户主同意，涉及左邻右舍必须事先打招呼，必要时可提请专业开锁公司前往救助；（3）实施过程必须制订施救方案，对装备器材进行安全检查，落实安全措施，确保救援行动万无一失。

3.2.7.2 摘除蜂窝救助要点

灾害特性：（1）蜂多集群，易危害附近人员安全；（2）蜂窝所处环境复杂，处置条件受限；（3）蜂警觉性高，攻击能力强，摘除不当人员极易受伤害。

处置措施：（1）侦察蜂窝地点、大小及蜂巢所依托的物体；（2）设置警戒范围，疏散围观人员，关闭邻近房屋的门窗；（3）落实防护措施，采用袋装、火攻或水攻的方法进行处置；（4）摘取下的蜂窝要采用火烧或掩埋方法处理。

特别警示：（1）车辆停靠位置和行动路线要安全可靠；（2）救援人员进入现场必须着防蜂服或隔热服，手脚要进行全封闭防护；（3）事先要准备好消灭散蜂的药剂，被蜂蜇伤的解毒药品；（4）救援人员出现过敏等急性反应时应立即送医院救治。

3.2.7.3 关闭居民水、气阀门救助要点

灾害特性：（1）易造成水患或漏气；（2）易有精神失常或自杀者被困；（3）

易形成燃烧爆炸毁灭现场和证据。

处置措施：(1) 问清事故地点、灾害特性及门牌号码；(2) 调集供气、供水、供电相应救援力量到场参与处置；(3) 关闭室外阀门和开关，采取工艺措施处置；(4) 如果漏气，进入室内要开窗通风，禁止开关电气设备；(5) 必要时经侦检后，由水枪掩护进入室内处置，且尽量不要破拆；(6) 室内有中毒者，要立即进行抢险，并送医院治疗，且保护好现场。

特别警示：(1) 及时通知物管、治安、医疗、燃气、供电或供水等相关人员至现场；(2) 首先关闭室外水（气）总阀；(3) 登高或现场处置必须落实安全防护措施；(4) 燃气现场在探检、警戒，禁绝火种，疏散人员后，实施关阀断气，并用水雾或通风方式驱散燃气；(5) 有可疑迹象时要注意保护现场。

3.2.7.4　锅炉事故处置要点

灾害特性：(1) 锅炉爆炸、影响生产、生活秩序，易造成重大的经济损失；(2) 爆炸威力大，易造成建筑垮塌，人员伤亡；(3) 救助时间长、难度大。

处置措施：(1) 侦察锅炉类型、位置，使用性质、燃料，险情变化和处置环境等情况；(2) 划定警戒区域，设置警戒标志，实施交通管制；(3) 确无爆炸危险时，立即疏散救助靠近锅炉建筑物内的被困人员；(4) 及时切断燃烧，扑灭地上、地下室（沟）火焰，停止锅炉加热；(5) 利用水炮、开花水枪或高压喷雾枪冷却锅炉，降低温度；(6) 爆炸后的现场，按处置油、气、建筑（构）物事故的程序实施。

特别警示：(1) 未炸锅炉事故应在技术人员指导下进行，严禁盲目射水，必要时启动政府预案；(2) 减少作业人员，落实安全防护措施；(3) 油、气现场要严防跑冒滴漏，注意检测蒸气浓度；(4) 危险征兆出现时撤离要迅速。

4 搜救犬救援训练

搜救犬是经过特殊训练，能根据人类气味信息作出规律性应答反应，以搜寻被困、失踪人员为目的的工作犬。在各类抢险救援中，能否在最短时间内成功搜索、定位被困人员是高效处置的关键，而搜救犬执行此类任务，有着能够迅速、准确定位被困人员位置，使用快捷、方便的巨大优势。因此，开展搜救犬训练与管理工作对促进消防抢险救援工作的现代化、科学化发展具有重大意义。

4.1 搜救犬概述

4.1.1 搜救犬的作用

搜救犬的作用：

（1）在地震、台风、海啸、雪灾、泥石流等自然灾害或建筑物倒塌现场搜救失踪、被困人员。

（2）在山地、森林和地下溶洞、坑道等现场搜救失踪、被困人员。

（3）火灾现场探测助燃剂、可燃气体、搜寻生还者或者遇难者尸体。

（4）搜寻和救援落水、溺水者，气味识别、血迹搜索和追踪。

（5）搜救犬根据任务需要还可以承担安检搜爆、缉毒搜毒、巡逻护卫、警戒看守等反恐防暴任务。

4.1.2 搜救犬训练的目的和意义

搜救犬作为一种特殊的消防装备，必须进行严格的训练，培养犬的作业能力，比如气体识别、搜索助燃剂、废墟下搜救等能力。搜救犬训练的目的和意义有：

（1）培养犬良好的行为习性和服从性。服从命令、听从指挥是培养训练犬搜救能力的基础。没有经过训练的犬，行为特点具有自发性、散漫性，没有约束力，不能够按照训导员的要求完成任务，经过训导员严格训练，可以改变犬的一些不良习性，并逐渐具有机警、勇敢、灵活、服从等优秀警用素质，为下一步培养训练搜救能力打下良好的基础。

（2）进一步提高犬的警用素质。犬具有先天的猎取反射和探求反射，对感兴趣的物品具有占有欲，奔跑速度快、能力好和对人类具有依恋性等素质。猎取反射是犬的一种本能，是通过诱导训练来培养犬的追踪、鉴别、搜索能力的基础；探求反射是培养训练犬警戒、气味识别、搜索能力的基础。训练可以开发犬的各项先天素质和培养犬的后天条件反射，可以提高其警用素质，不断地发展和拓展犬的可使用条件，从而更好地作为搜救犬进行培养训练。

（3）形成一定的作战能力。犬具备一定的警用素质后，要根据犬的自身和习性特点，确定培养训练方向，选择合适的搜救科目进行训练，从而使犬在单项或多种科目上形成一定作战能力，如使犬在自身的灵敏听觉、视觉、奔跑能力的基础上，形成对一定目标或对象具有救援方面的能力。

（4）增强人与犬之间的理解和沟通。训练过程是一个训导员与犬进行信息和沟通的过程，通过训练可以使犬熟悉和理解训导员的意图，训导员可以通过观察交流和分析，进一步加深对犬的习性、特点的了解，为训练打下坚实基础。

4.1.3　搜救犬训练的原则

训练原则是在搜救犬训练中，对犬的生物活动规律的科学总结，是搜救犬训导员在训练搜救犬的过程中所必须遵循的行为准则。搜救犬的训练原则是由简到繁、循序渐进、因犬制宜、分别对待。

遵循原则：

（1）训练方法多样化。在搜救犬基础训练过程中，由于犬的个性特征及训练环境条件各不相同，因此同一种训练方法在不同时间、作用于不同犬体，会产生不同的训练效果。

（2）训练组合不规则化。在基础训练过程中，不同的训练内容之间存在一定组合的需要，例如远距离指挥内容中“坐、卧、立”等。在组合过程中，如果将组合方式规律化，对于犬来说会产生一定的不良联系。因此，在基础训练过程中，训练内容的组合安排上，要注意按照不规则的原则安排训练内容。

（3）训练要按“少时多练”规则安排。基础训练中，重复操作是犬形成条件反射的必要条件。在重复次数与训练持续时间的关系上，要强调重复次数的重要性，但是长时间训练会产生不利于犬形成的作业能力。因此，在一定的训练时间内要尽量增加训练次数而减少训练时间，保证训练的效果。

4.1.4　搜救犬训练的主要内容

训练搜救犬，要研究犬的行为产生及其活动规律，懂得条件反射原理，明确训导员和助训员在训练中的作用，掌握训练原则及要领，了解外界条件与训练的关系等，这些就构成了训练搜救犬的基本理论。搜救犬训练内容分共同科目训练和作业能力训练。

（1）共同科目：1）适用环境训练；2）体能训练；3）亲和关系训练；4）气温识别条件反射；5）服从条件反射。

（2）作业能力训练：1）搜救作业能力的建立、巩固和提高；2）根据工作需要，开展专项作业能力训练；3）模拟实战救援的训练；4）根据实际工作需要，拓展科目的专项训练。

4.1.5 搜救犬训练工作的特点

4.1.5.1 训导工作的专业性

搜救犬专业是一项应用性极强的专业，训导员在从事训导工作中所积累的宝贵经验强过任何理论，搜救犬训导是一项具有高度专业性的工作，一名合格的训导员必须经过系统培训，能够掌握专业的理论知识和基本训练方法，熟悉操作程序；能够科学地解决训练、使用和饲养管理中的各项矛盾；能够运用犬的胜利心理和行为理论知识指导实践；能够发现犬本身的特点和生活规律，善于总结和吸收好的方法，加以分析从而解决实践中所遇到的各种矛盾。

4.1.5.2 人犬结合的统一性

在搜救犬的训练工作中，强调人犬结合，但是起主导作用的还是训导员。犬训练成果与技能水平的高低与训导员业务水平的高低有直接关系。训导员在带犬过程中，要熟知犬的喜恶、脾气等性格特点，将犬视为战友进行亲近了解，从而更好地开展训练。同时在作战现场，应当是协同犬实施作战任务，而不是指挥犬实施作战任务，强调的是人犬结合，达到“人犬合一”。

4.1.5.3 从事工作的连续性

一般犬的工作年限为6~8年，为了使犬的使用达到效能最大化，在犬的服役期间，不宜更换训导员，但由于消防部队现役制的性质决定着每名训导员都将面临调职、退役、复员等情况，这就要求在训导员的选拔和使用上，应重点考虑自愿投身搜救犬事业的年轻士兵，并对优秀训导员进行留用，延长他们的服役年限，从而保证每名训导员能够在一只犬服役年限内自始至终不用更换。

4.1.5.4 专业知识的复杂性

搜救犬训练工作涉及生理学、病理学、解剖学、营养学、遗传学、生物学、物理学、化学、刑事侦查学和军事科学等多种学科。因此，把搜救犬工作仅限于训练和使用，而忽略基础及其他工作的认识是不全面的。搜救犬工作区别于其他犬类工作的主要特点是：搜救犬工作是训导员同搜救犬“人犬有机结合”的统一体，它既要求训导员知识全面、反应敏捷、身体强壮，具有不怕吃苦的精神，又要求搜救犬服从性好、素质全面。

4.2　搜救犬的品种及特性

搜救犬的工作主要是利用其灵敏的嗅觉对被困、失踪人员进行搜寻、救助，犬的智商、兴奋性、探求欲、衔取欲以及对使用地区环境气候的适应能力等都应当是需要参考的条件。

4.2.1　搜救犬的常见犬种及特征

搜救犬主要有以下几种：史宾格犬、边境牧羊犬、拉布拉多犬、金毛寻回猎犬、东德牧羊犬、昆明犬、马里努阿犬等。

搜救犬主要特性：

(1) 史宾格牧羊犬：史宾格犬原产于英国，体型小，嗅觉能力强，灵活性好，适用于搜救、搜爆、搜毒，是世界公认的优秀缉毒犬（见图 4-1)。

图 4-1　史宾格牧羊犬

(2) 边境牧羊犬：边境牧羊犬是世界最聪明的犬类，生命力旺盛、个性温和、敏锐、机警，适用于搜救、搜爆、搜毒（见图 4-2)。

图 4-2　边境牧羊犬

（3）拉布拉多犬：拉布拉多犬：拉布拉多犬原产于加拿大，体型中等，性格温驯，服从性好，适用于搜救、搜毒、搜爆（见图 4-3）。

图 4-3 拉布拉多犬

（4）金毛寻回猎犬：金毛寻回猎犬原产于英国，体型中等，性格温驯，服从性好，适用于搜救、搜毒、搜爆（见图 4-4）。

图 4-4 金毛寻回猎犬

（5）东德牧羊犬：原产于东德，体质健壮，驰骋力好，凶猛，忠诚于主人，适用于搜救、追踪、鉴别、护卫、追捕、搜毒、搜爆等工作（见图 4-5）。

图 4-5 东德牧羊犬

(6) 德国牧羊犬：又称西德牧羊犬，是世界公认的一流工作犬，体质健壮，驰骋力好，忠于主人，适用于搜救、护卫、追捕、追踪、鉴别、搜毒、搜爆等工作（见图4-6）。

图4-6 德国牧羊犬

(7) 昆明犬：对高原气候、严寒环境及高温均有较强的适应性，运动能力强，依恋性强，接受训练科目快，兴奋与抑制转换灵活，容易达到平衡，追踪、鉴别、扑咬三方面成绩较全面，是一种优秀的军、警用犬（见图4-7）。

图4-7 昆明犬

(8) 马里努阿犬：原产于比利时，神经类型多为活泼型，兴奋性高、衔取欲强、反应灵敏、精力旺盛、爱运动、耐力持久，适用于搜救、护卫、追捕、追踪、鉴别、搜毒、搜爆等工作（见图4-8）。

4.2.2 最小搜索单元、方法及工作条件

犬搜索能力是指其按照训导员指挥，在各种环境中搜索失踪或藏匿的人员、物品，并能示警反应搜寻目标位置的能力。

(1) 犬搜索的最小单元是3名训导员和3只搜救犬。

(2) 犬搜索的方法：1）自由式搜索；2）验证性搜索；3）配合救援搜索。

(3) 最佳工作条件：搜救能力是搜救犬在消防搜救工作中使用的前提和基

图 4-8　马里努阿犬

础，直接影响和制约犬在搜救工作的使用效果，因此搜救犬在以下几个条件下搜救效果最佳。

1）早上或黄昏气味上升时。

2）气温较低，微风状态下。

3）搜索路径为无滑、稳定的瓦砾表面。

4）小雨天气。

（4）不利工作条件：由于实战环境不利于搜救犬开展实战搜救，因此以下几个条件对搜救犬开展搜救不利。

1）天气炎热、气温 27℃以上或者中午。

2）无风或大风天气。

3）降雪路滑天气。

4）搜索区存在灭火泡沫或其他化学物质气味干扰的情况。

4.2.3　犬搜索的优点和缺点

针对大型地震、坍塌等救援现场，对于人员在狭小、敏锐性不强等危险场所，搜救犬的搜索能力显现非常突出。同时搜救犬的生活习性等因素决定了搜救犬工作的不利方面。

（1）优点：

1）能在短时间内进行大面积搜索。

2）适合在较小空间和不稳定的瓦砾表面进行搜索。

3）犬嗅觉、听觉敏锐，对幸存者定位可靠。

4）对威胁搜救人员安全的区域，搜救犬能进行搜索。

（2）缺点：

1）搜救犬工作时间短，通常工作 20~30min 需要休息 20~30min。

2）至少需要两条搜救犬对搜索目标独立进行搜索。

3）犬搜索效果不仅取决于犬的能力而且也取决于训导员的经验。

4）犬搜索容易受气温、风力等环境影响。

5 地震灾害紧急救援

地震是一种严重的自然灾害。一个中强地震对建筑（构）物将造成严重的破坏。尤其是毁灭性的大地震能将一座或数座城市摧毁，使数十万人遭受灭顶之灾。我国是世界上多地震的国家，也是蒙受地震灾害最为深重的国家之一。随着城市化进程的快速发展，人口数量和密度的不断增加，地震灾害所造成的人员伤亡位于诸灾害之首。地震灾害紧急救援主要是搜索并营救在地震中的失踪人员，最大限度地减轻人员伤亡和经济损失。

5.1 地震灾害救援基础

5.1.1 常用地震术语

常用的地震术语有：

（1）地震：地壳快速释放能量造成大地的震动。

（2）震级：评定地震大小的相对量度。

（3）地震烈度：地震引起的地面震动及其对建（构）筑物的影响程度。

（4）地震动强度：地震时地面运动的位移、速度或加速度值。

（5）地震荷载：地震作用在建（构）筑物或其他物体上的力。

（6）极震区：一个地震产生地表破裂和建筑物破坏或影响最严重的区域。

（7）地震灾害：由地震直接或间接造成的建筑物破坏、人员伤亡以及政治、经济、社会和人文等方面的影响。

（8）地震次生灾害：因地震直接引发的海啸和造成自然环境（滑坡、堰塞湖等）破坏或市政设施等毁坏引发的灾害。

（9）紧急疏散：在地震演练时，哨声 3 声短，每秒一次，重复到场地疏散完毕。

（10）停止行动：在地震演练时，哨声 1 声长，持续 3s。

（11）重新行动：在地震演练时，哨声 1 声长加 1 声短。

5.1.2 地震救援现场营救工作区现场的划分

在实战的地震救援营救现场，对营救工作区有着严格划分标准，一般划分为危险区、安全监视岗位区、医疗救治区、营救设备及支撑材料存放区等，营救区条件的优劣对于救援人员的生命安全和管理制度落实至关重要。

（1）危险区：地震发生后的救援现场对救援人员及其他人员极易造成伤亡的区域。

（2）安全监视岗位区：为了确保救援人员和被救人员的安全，救援队领导安排安全员自始至终负责救援行动的安全监视区域。

（3）医疗救治区：对救援队员和成功被救出人员进行医疗救护的区域。

（4）营救设备及支撑材料存放区：就是救援队伍使用的营救和破拆的装备设备区。

（5）移除建筑垃圾堆放区：为营救被救者或按照救援方案要求，救援现场需破拆或将现场建筑垃圾临时堆放的区域。

（6）进入、撤离路线和安全地带：进入、撤离路线指救援人员营救被困人员进入、撤离的路线；安全地带指救援现场相对安全的地方。

5.2　地震救援行动基地

5.2.1　救援行动基地建设

基于灾后现场各种资源、设施等受到不同程度的破坏，难以保证救援行动的有关需求和救援队伍的后勤保障，现代城市搜救理念不仅要求救援队伍独立开展搜救行动，而且还必须在一定的时间内具有较高的自身条件保障能力。为此，在救援队伍抵达灾害现场后，都会根据救援需求建立各自的救援行动基地，保障救援行动顺利实施。

救援行动基地是救援队伍在灾区的指挥和后勤保障中心，应分为基地功能区、基地设备、基地值守人员。

（1）基地功能区。

1）指挥通讯区：救援队伍指挥部与通讯中心所在地。

2）医疗救护区：救援队员、搜救犬医疗服务处。

3）装备存放区：救援队伍的全部搜救和营救装备的存放、维护场所。

4）后勤供给区：食品、水等存放、供给及加工处理场所。

5）队员集会区：救援队伍集结开会场地，一般位于基地内空旷地段。

6）队员休息区：救援队伍休息、住宿的地方。

7）搜救犬区：搜救犬养护地。

8）车辆停放区：车辆及运输设备停放和燃料供给地。

9）基地进出区：人员、车辆进出口，一般与车辆停放区相邻。

（2）基地设备。基地设备是指用于基地建设、维护基地运转和保障救援队伍生活供给等所需的设备和器材、一般包括标示器材、营地帐篷、动力照明设备、办公设备、生活供给设备、环境卫生设备、安全器材。

（3）基地值守人员。基地内专用功能区需设值守人员，负责功能区设备正常运转和后勤保障。

5.2.2 地震灾害紧急救援预案基本内容

地震救援预案是指在迅速应对地震灾害开展紧急救援行动，最大限度地减轻人员伤亡和经济损失应该采取的对策和救援行动程序。地震灾害紧急救援预案基本内容有以下几个方面：

（1）地震烈度（主要是建筑物的破坏程度）、失踪和人员伤亡情况。

（2）紧急救援响应级别。

（3）任命救援行动队长。

（4）组建成立救援队。

（5）管理组响应预案。

（6）后勤组响应预案。

（7）救援队员个人响应预案。

（8）赴灾区交通工具预案。

（9）救援队集结地点、时间。

5.2.3 地震灾害救援队的组成及职责

地震灾害紧急救援队由管理组和 6 个专业组组成，6 个专业组分别是搜索组、营救组、有害物质检测组、医疗组、后勤保障组、技术组。

5.2.3.1 管理组

管理组为救援队的指挥决策机构，由救援队正、副队长、安全员和联络员各 1 人组成。其主要职责如下：

（1）负责救援队日常工作和接受上级机构的命令。

（2）负责制定并实施救援队发展规划、救援人员培训考核计划。

（3）负责制定装备采购和更新计划。

（4）接受上级分配的任务。

（5）负责组建救援行动队，任命救援行动队长。

（6）组织现场救援行动。

（7）发布救援队相关信息。

5.2.3.2 搜索组

搜索组的主要职责：

（1）参与制定搜索仪器更新计划和负责搜索仪器维护保养。
（2）参与制定搜救犬的购买、繁殖计划，负责搜救犬的驯养工作。
（3）负责灾害事故现场组织并实施物理搜索、仪器搜索和犬搜索行动。

5.2.3.3　营救组

营救组的主要职责：
（1）参与制定救援装备报废、更新计划，负责救援装备维护保养。
（2）负责对拟进入建筑物的勘察、评估和支护。
（3）负责救援通道建立、瓦砾移除等灾害场地营救行动。
（4）协助医疗队对伤员紧急处置和转移。
（5）负责重型营救装备调动、使用。

5.2.3.4　有害物质监测组

有害物质监测组的主要职责：
（1）负责制定侦检仪器、设备购置和更新计划。
（2）负责灾害现场环境调查和有毒有害物质的监测与评估。
（3）制定清除有害物质的方案和防护措施。
（4）负责侦检仪器的使用和维护保养。

5.2.3.5　医疗组

医疗组的主要职责：
（1）负责制定紧急医疗救治所需仪器、器材、药品的购置、储备和更新计划。负责医疗器材的使用和维护保养，负责药品的使用、周转。
（2）负责救援队员的日常医疗保健、疫苗注射和健康档案。
（3）负责灾害现场伤员紧急医疗处置和救治。
（4）指导和协助营救人员营救被困人员。
（5）负责灾害现场救援人员、伤员紧急医疗处置，为搜救犬提供基本的医疗服务。
（6）负责灾害现场医疗设备使用和维护保养。

5.2.3.6　后勤保障组

后勤保障组的主要职责：
（1）负责制定救援装备更新计划、实施采购，装备储备管理、定期维护保养。
（2）负责装备发放、救援行动装备包装运输，负责提出灾害现场资源调用计划。

(3) 负责灾害现场装备管理、分配与协调，负责当地资源调用。

(4) 负责行动基地建设、运行和救援保障。

(5) 负责与当地相关部门建立联系。

5.2.3.7 技术组

技术组的主要职责：

(1) 负责向管理组提供国内外城市搜救救援最新发展动态，协助管理机构制定救援队发展规划和救援人员培训、考核计划。

(2) 负责灾害信息获取、分析整理与编辑。

(3) 协助指挥部制定灾害现场救援方案、救援策略。

(4) 负责灾害现场救援目标的安全性评定和监控。

(5) 协助营救组制定建筑物支护方案（支撑、破拆、加固等）。

5.2.4 国内救援行动基本程序

根据任务要求、灾害类型、规模、受害的大小直接启动救援队的预案，并开展工作：

(1) 搜集灾害信息：

1) 事件类型，事件发生时间、地点。

2) 灾害严重程度、交通等相关情况。

3) 如可能立即派先遣人员开展现场调查，并将获取的信息及时向救援行动人员报告。

4) 查阅灾害场地基础设施、大型和重要建筑规划设计等相关档案资料。

5) 灾害现场可能调用的资源。

(2) 制定救援计划并开展前期准备工作：

1) 根据灾害性质和应急救援预案制定救援实施方案。

2) 确定救援队规模和组成，建立临时应急救援指挥机构。

3) 召开救援队动员会议，通报所获取的相关信息，初步确定集结时间和地点。

4) 救援队员准备个人装备，后勤保障人员集成救援装备。

5) 指挥机构继续收集灾害信息，确保交通工具。

6) 发放个人装备等必需物品。

(3) 集结：

1) 按照规定时间携带装备到指定地点集合。

2) 检查个人装备和救援装备准备及装运情况。

3）通报最新灾害信息及启程信息。

4）通报救援队组织结构、指挥系统。

5）进一步宣贯救援队员道德准则。

6）通报新闻发布程序和规定。

（4）途中：

1）继续收集最新灾害信息，研究救援方案。

2）救援队员休息调整。

（5）到达灾害现场：

1）向国家、省、地方救灾或部队指挥部报到，接受任务。

2）开展救援行动。

3）如必要补充部分给养或调用当地救援资源。

6 中队灭火战斗力编成

6.1 高层建筑中队调派编成及到场展开分工要点

为了进一步规范火场秩序，发挥人员装备的最佳结合，提高火场部队灭火救援战斗力，根据中队人员、车辆配备情况，结合火场实际，火灾扑救工作应按照班组、中队编成调集、控制救人的思想展开。

6.1.1 指导思想

火灾扑救中应始终贯彻“救人第一”的指导思想，遵循“起火层-起火层上一层-起火层上二层-顶层-起火层以上其他楼层-起火层下一层”的搜救顺序，全力搜救遇险人员。

6.1.2 处置原则及力量编成

高层建筑火灾扑救应坚持“以固为主、固移结合”的战术原则，第一时间利用建筑消防设施，开展火情侦察、疏散救人、堵截控火、排烟散热等作战行动，调集两部水罐消防车，1 部抢险救援车和 1 部登高平台消防车（即 2+1+1）。

6.1.3 战术措施及组织指挥

根据火势发展变化，及时采取“强攻近战、上下合击、内外结合、逐层消灭”的技战术措施，以班组为基本战斗单元，快速控制和消灭火灾；辖区中队指挥员在出动途中，应及时向指挥中心、起火单位消防控制室和微型消防站了解、核实现场人员被困情况，查询建筑有关信息，预判灾情规模，进行初战力量部署，明确车辆停靠位置，提示行动注意事项。

6.1.4 模拟警情

火灾初期阶段，燃烧面积较小，无人员被困，用水量不大，需调集两部水罐消防车，1 部抢险救援车和 1 部登高平台消防车。

（1）无水源时，1 部水罐消防车出两支水枪，1 部水罐消防车上的 1、2 号员分别携带 2 盘 ϕ65mm 水带持水枪做好灭火出水准备（打开 1 盘水带连接班长放置的分水器，1 盘作进攻延伸水带备用），3、4 号员分别携带 4 盘 ϕ80mm 水带，将水带依次放置2层、4层、6层、8层、10层各1盘，然后按照由上到下的顺序连接沿楼梯蜿蜒铺设，并负责水带线路的巡视工作（打开的水带直不直，有没有打卷，水带漏水及结扣等影响供水的问题而及时采取措施），第2部水罐消防车1、2号员分别携带 ϕ80mm 水带跑至100m、120m、140m、160m处打开第1盘、第2盘、第3盘、第4盘后连接前方进水口，3、4号员分别携带 ϕ80mm 水带打开第一盘连接消防车出水口，跑至20m、40m、60m、80m处依次打开携带的4盘水带，并连接1、2号员预留的水带接口，双干线为前方水罐消防车供水；抢险救援车分成警戒组、破拆组等（每个战斗小组2到3人，下同），根据现场情况，积极开展警戒、破拆等，协助灭火救援工作。登高平台消防车停在楼下适当位置待命，以上分工是通常情况，火场具体细化分工由该中队指挥员或该车班长根据火场及到场车辆人员的实际情况进行。中队途中及到场后，通讯员向作战指挥中心简要报告到场情况（中队4部消防车20名指战员按照命令到达火场，中队成立了火场指挥部正在进行侦察、警戒、灭火），成立由中队指挥员、班长、通讯员组和单位负责人组成的火场指挥部并进行火情侦察，通过侦查掌握的情况确认是否需要增援，需要增援几个中队，增援什么车辆装备及数量，如需增援，必须由中队火场指挥员向作战指挥中心请求报告。

（2）火场面积较大，用水量较多，有人员被困，有水源时。一般是1部水罐消防车靠近火场停靠，1、2号员分别携带2盘 ϕ65mm 水带持水枪做好灭火出水准备（打开1盘水带连接班长放置的分水器，1盘作进攻延伸水带备用），3、4号员分别携带4盘 ϕ80mm 水带，将水带依次放置2层、4层、6层、8层、10层各1盘，然后按照由上到下的顺序连接沿楼梯蜿蜒铺设，并负责水带线路的巡视工作（打开的水带直不直，有没有打卷、水带漏水及结扣等影响供水的问题而及时采取措施）；第2部水罐消防车占据水源向前车供水（如有内部消火栓，头车水罐消防车1、2号员各携带2盘 ϕ65mm 水带利用消防电梯或楼梯进行出水灭火，水罐消防车占据水源向水泵接合器供水）。抢险救援车根据现场情况，组成警戒小组对火场进行警戒，破拆小组为救人、灭火创造条件，实施破拆，救人小组在水枪的掩护下实施救人（每个战斗小组2到3人，下同）。登高平台消防车停在楼下（一般距建筑物不小于5m，不大于10m）适当位置（尽可能选择可最快接近人员被困的位置，还要考虑场地下面的地下室、管道、暗沟等，能承受大型消防车的压力），做好打开外部通道实施救人灭火的准备，同时拉起警示条幅及手持扩音器喊话，防止跳楼。以上分工是通常情况，火场具体细化分工由该中队干部或该车班长根据火场实际情况进行。中队途中和到场后，通讯员向作战指挥中心简要报告到场情况（中队4部消防车20名指战员按照命令到达火场，中队成立了火场指挥部正在进行侦察、警戒、灭火、救人），成立由中队指挥员、班长、通讯员和单位负责人组成的火场指挥部并进行火情侦察，通过侦查掌握的情况决定是否需要增援，增援多少中队，多少车辆装备，如需增援，必须由中队火场指挥员向作战指挥中心请求报告。需调集其他中队增援时，必须按照支队灭火救援等级调派方案、中队力量编成和火场中队指挥员的请求调集。譬如：增援调集举高喷射消防车或登高平台消防车时，必须同时调集两部大吨位水罐消防车给举高喷射消防车或登高平台消防车供水战斗力编成（1+2 的调集）。同时根据火场实际，指挥员适时考虑为增调战勤保障大队的器材保障车和供气消防车到场做好保障工作（夜间必须调派火场照明车）。

6.2 中队灭火战斗力编成

为进一步做好执勤中队的灭火救援准备工作，全面规范和加强灭火救援作战处置行动，提升消防救援队伍执勤中队处置各类灾害事故的实战攻坚能力，以“打得赢”为目标，坚持“科学编配、快速反应”的原则，依托执勤中队的车辆装备，科学编制灭火作战力量编成、供水作战力量编成、远程供水力量编成、排烟、洗消等力量编成，确保做到一旦发生灾害事故，能够迅速出动，科学有效处置。

6.2.1 灭火作战编成

6.2.1.1 无水源情况力量编成

A 四车四水枪

无水源情况调集四车四水枪力量编成参见表 6-1 和图 6-1。

表 6-1 无水源情况四车四水枪编成

编成	作战车辆	性能参数	人员配备/人	作战效能
灭火	****泡沫消防车	载水 4t，泡沫 1.5t，流量 60L/s	6	总载水量 *t，泡沫 *t，可满足：4 支水枪：出水 * 分钟；3 支水枪：出水 * 分钟；2 支水枪：出水 * 分钟；（达到 15m 充实水柱，每支水枪流量按 6.5L/s 计算）
	***重型水罐车	**	5	
	**水罐（泡沫）车	**	4	
	抢险救援车	**	4	

注：“*”表示不指明具体型号、参数。

编成要求：

（1）1 号车为本单位性能最好的水罐或泡沫消防车（6~7 人）、2 号车为重型水罐（泡沫）消防车（3~4 人）、3 号车为中型水罐（泡沫）消防车（3~4 人）、4 号车为抢险救援车（4~5 人）。

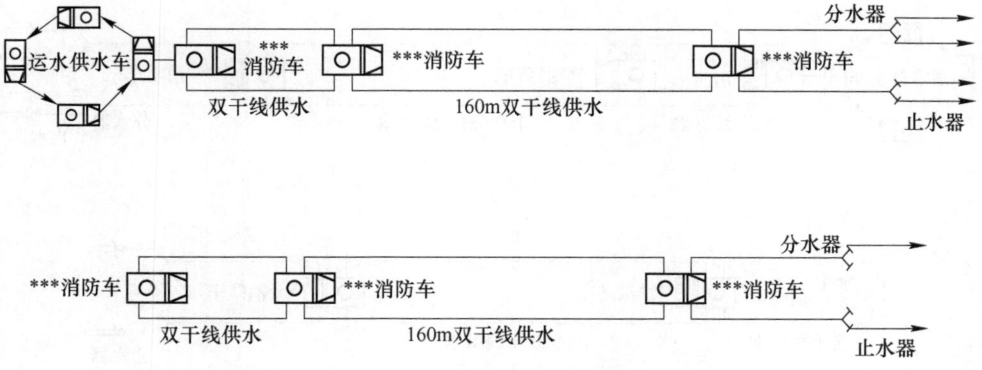

图 6-1 无水源情况四车四水枪编成图
（“＊”表示不指明具体型号）

（2）必须双干线供水，满足 4 支水枪出水要求。

（3）消防车两侧干线出水枪，连接分水器；携带止水器，以便延伸进攻阵地；双干线各自连接分水器出枪，为出 4 支枪做好准备。

（4）进入火场时保持安全距离，1 号车接近即可；2 号车距离 1 号车不低于 80~160m 供水；3 号车距离 2 号车不少于 40m，便于调头转移阵地。

（5）实战中，指挥员要灵活把握，随时与增援队联系，根据增援情况可降低出枪数量，一般不低于 2 支枪，最多不超过 4 支水枪。

B　四车四管枪

无水源情况调集四车四管枪力量编成参见表 6-2 和图 6-2。

表 6-2　无水源情况四车四管枪编成

编成	作战车辆	性能参数	人员配备/人	作战效能
灭火	＊＊＊＊泡沫消防车	载水 4t，泡沫 1.5t，流量 60L/s	6	总载水量＊t，泡沫＊吨，可满足：4 支管枪：出泡沫＊min；3 支管枪：出泡沫＊min；2 支管枪：出泡沫＊min；（每支 PQ8 型管枪泡沫液用量按 0.48L/s 计算）
	＊＊＊重型水罐车	＊＊	5	
	＊＊水罐（泡沫）车	＊＊	4	
	抢险救援车	＊＊	4	

注：表中“＊”表示不指明具体型号、参数。

编成要求：

（1）1 号车为本单位性能最好的水罐或泡沫消防车（6~7 人）、2 号车为重型水罐（泡沫）消防车（3~4 人）、3 号车为中型水罐（泡沫）消防车（3~4 人）、4 号车为抢险救援车（4~5 人）。

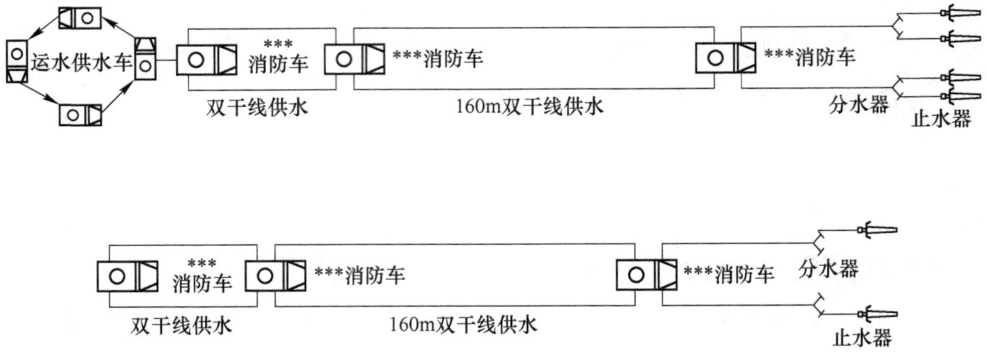

图 6-2 无水源情况四车四管枪编成图
（“＊”表示不指明具体类型）

（2）必须双干线供水，满足 4 支泡沫管枪出泡沫要求。

（3）消防车两侧干线出泡沫枪，连接分水器；携带止水器，以便延伸进攻阵地；双干线各自连接分水器出枪，为出 4 支泡沫枪做好准备。

（4）进入火场时保持安全距离，1 号车接近即可；2 号车距离 1 号车不低于 160m 供水；3 号车距离 2 号车不少于 40m，便于调头转移阵地。

（5）实战中，指挥员要灵活把握，随时与增援队联系，根据增援情况可降低出枪数量，一般不低于 2 支枪，最多不超过 4 支水枪。

6.2.1.2 连接市政供水管网

A 四车四水枪

连接市政供水管网情况下调集四车四水枪力量编成参见表 6-3 和图 6-3。

表 6-3 连接市政供水管网四车四水枪编成

编成	作战车辆	性能参数	人员配备/人	作战效能
灭火	＊＊＊＊泡沫消防车	载水 4t，泡沫 1.5t，流量 60L/s	6	总载水量＊t，泡沫＊t，可满足：4 支水枪：出水＊min；3 支水枪：出水＊min；2 支水枪：出水＊min；（达到 15m 充实水柱，每支水枪流量按 6.5L/s 计算）
	＊＊＊重型水罐车	＊＊	5	
	＊＊水罐（泡沫）车	＊＊	4	
	抢险救援车	＊＊	4	

注：“＊”表示不指明具体型号、参数。

编成要求：

（1）1 号车为本单位性能最好的水罐或泡沫消防车（6~7 人）、2 号车为重

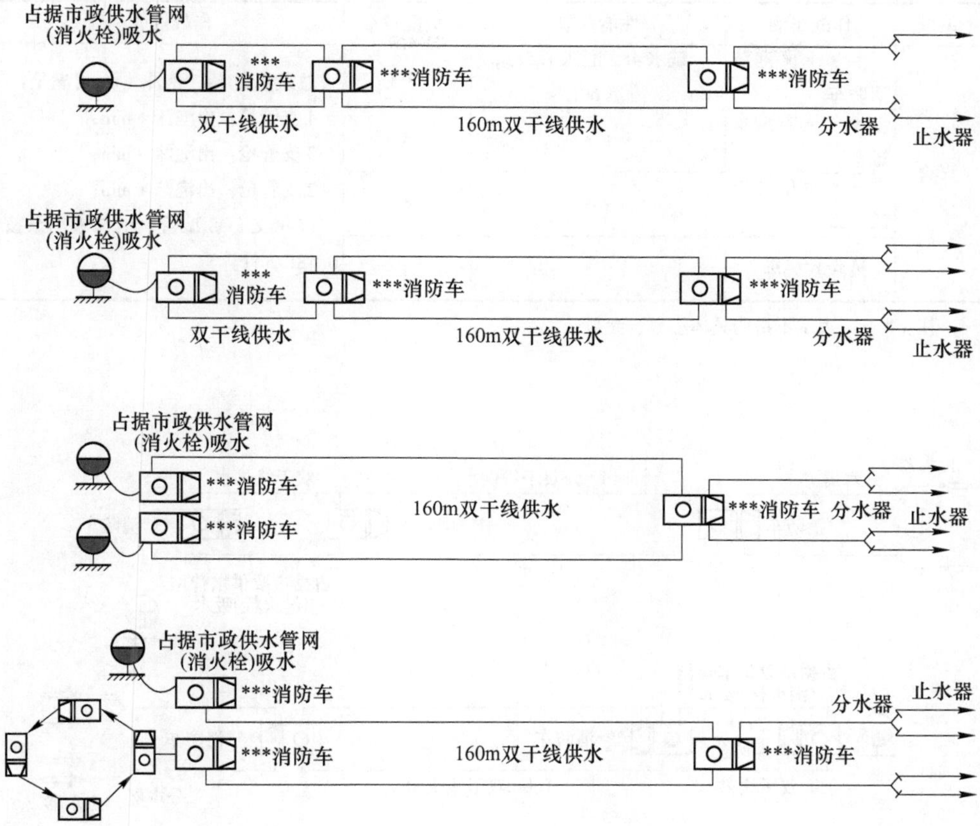

图 6-3　连接市政供水管网情况下四车四水枪编成图
（“＊”表示不指明具体类型）

型水罐（泡沫）消防车（3~4 人）、3 号车为中型水罐（泡沫）消防车（3~4 人）、4 号车为抢险救援车（4~5 人）。

（2）必须双干线供水，满足 4 支水枪出水要求。

（3）消防车两侧干线出水枪，连接分水器；携带止水器，以便延伸进攻阵地；双干线各自连接分水器出枪，为出 4 支枪做好准备。

（4）进入火场时保持安全距离，1 号车接近即可；2 号车距离 1 号车不低于 160m 供水；3 号车距离 2 号车不少于 40m，便于调头转移阵地。

（5）实战中，指挥员要灵活把握，随时与增援队联系，根据增援情况可降低出枪数量，一般不低于 2 支枪，最多不超过 4 支水枪。

B　四车四管枪

连接市政供水管网情况下调集四车四管枪力量编成参见表 6-4 和图 6-4。

表 6-4 连接市政供水管网情况下四车四管枪编成

编成	作战车辆	性能参数	人员配备/人	作战效能
灭火	＊＊＊＊泡沫消防车	载水 4t，泡沫 1.5t，流量 60L/s	6	总载水量＊t，泡沫＊t，可满足： 4 支管枪：出泡沫＊min； 3 支管枪：出泡沫＊min； 2 支管枪：出泡沫＊min； （每支 PQ8 型管枪泡沫液用量按 0.48L/s 计算）
	＊＊＊重型水罐车	＊＊	5	
	＊＊水罐（泡沫）车	＊＊	4	
	抢险救援车	＊＊	4	

注：“＊”表示不指明具体型号、参数。

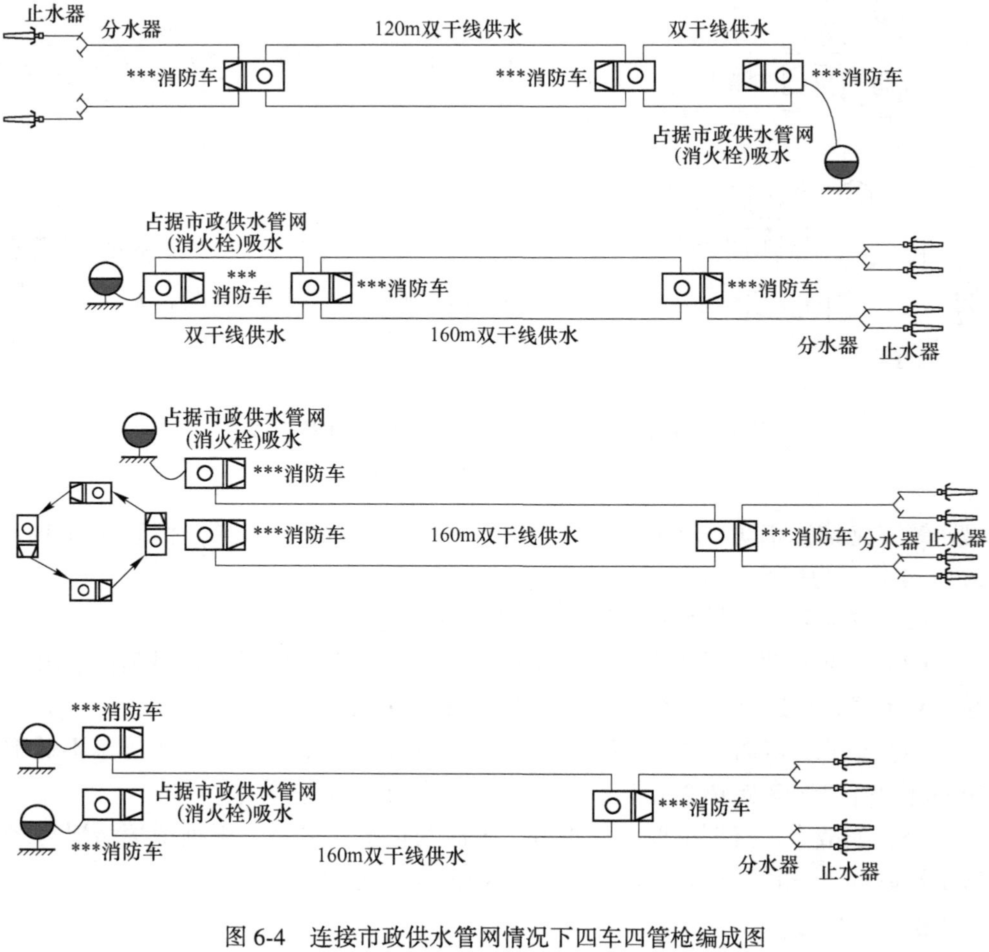

图 6-4 连接市政供水管网情况下四车四管枪编成图
（“＊”表示不指明具体类型）

编成要求：

（1）必须双干线供水，满足4支水枪出水要求。

（2）消防车两侧干线出水枪，连接分水器；携带止水器，以便延伸进攻阵地；双干线各自连接分水器出枪，为出4支枪做好准备。

（3）进入火场时保持安全距离，1号车接近即可，2号车距离1号车不低于80~160m供水；3号车距离2号车不少于40m，便于调头转移阵地。

（4）实战中，指挥员要灵活把握，随时与增援队联系，根据增援情况可降低出枪数量，一般不低于2支枪，最多不超过4支水枪。

C　四车一炮（含移动炮、车载炮）

连接市政供水管网情况下调集四车一炮（含移动炮、车载炮）编成参见表6-5和图6-5。

表6-5　连接市政供水管网情况下四车一炮编成（含移动炮、车载炮）

编成	作战车辆	性能参数	人员配备/人	作战效能
灭火	＊＊＊＊泡沫消防车	载水4t，泡沫1.5t，流量60L/s	6	总载水量＊t，泡沫＊t，可满足40移动炮出水＊min；60车载炮出水＊min
	＊＊＊重型水罐车	＊＊	5	
	＊＊水罐（泡沫）车	＊＊	4	
	抢险救援车	＊＊	4	

注：“＊”表示不指明具体型号、参数。

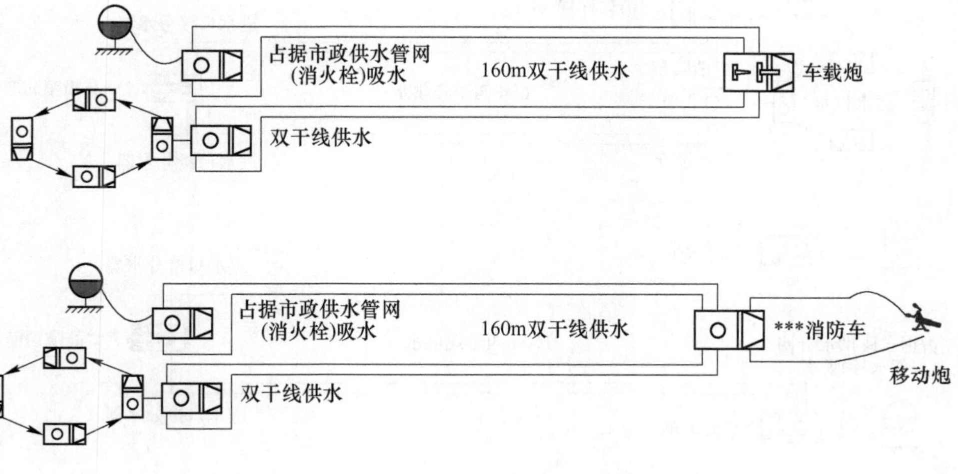

图6-5　连接市政供水管网情况下四车一炮编成图

（“＊”表示不指明具体类型）

编成要求：

（1）1 号车为本单位性能最好的水罐或泡沫消防车（6~7 人）、2 号车为重型水罐（泡沫）消防车（3~4 人）、3 号车为中型水罐（泡沫）消防车（3~4 人）、4 号车为抢险救援车（4~5 人）。

（2）必须双干线供水，以便满足水炮出水需要。

（3）进入火场时保持安全距离，1 号车接近即可；2 号车距离 1 号车不低于 160m 供水；3 号车距离 2 号车不少于 40m，便于调头转移阵地。

（4）实战中，指挥员要灵活把握，随时与后援队联系，根据后援情况及水源情况选择是否出炮。

D 三车一高喷

连接市政供水管网情况下调集三车一高喷力量编成参见表 6-6 和图 6-6。

表 6-6 连接市政供水管网情况下三车一高喷编成

编成	作战车辆	性能参数	人员配备/人	作战效能
灭火	* * * * 高喷消防车	载水 4t，泡沫 1.5t，流量 60L/s 举升高度 * * m	*	总载水量 * t，泡沫 * t，可满足高喷（举高）车水炮出水 * min
	* *	* *	*	
	* *	* *	*	

注：“ * ” 表示不指明具体型号、参数。

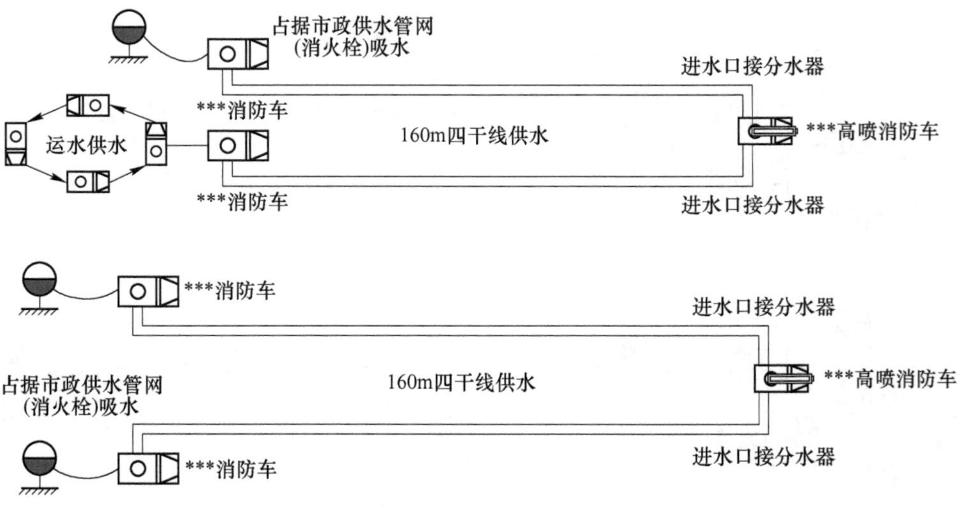

图 6-6 连接市政供水管网情况下三车一高喷编成图

（“ * ” 表示不指明具体类型）

编成要求：

（1）1 号车为本单位高喷车或举高消防车（能出炮），2 号车为重型水罐（泡沫）消防车、3 号车为中型水罐（泡沫）消防车。

（2）必须双干线供水，以便满足高喷炮出水要求。

（3）进入火场时保持安全距离，1 号高喷车接近即可；2 号车距离 1 号车不低于 80~160m 供水；3 号车距离 2 号车不少于 40m，便于调头转移阵地。

（4）实战中，指挥员要灵活把握，随时与后援队联系，根据后援情况及水源情况选择是否出炮。

6.2.1.3　现场水源充足

A　四车四水枪

现场水源充足情况下四车四水枪编成参见表 6-7 和图 6-7。

表 6-7　现场水源充足情况下四车四水枪编成

编成	作战车辆	性能参数	人员配备/人	作战效能
灭火	* * * * 泡沫消防车	载水 4t，泡沫 1.5t，流量 60L/s	6	总载水量 * t，泡沫 * t，可满足： 4 支水枪：出水 * min； 3 支水枪：出水 * min； 2 支水枪：出水 * min； （达到 15m 充实水柱，每支水枪流量按 6.5L/s 计算）
	* * * 重型水罐车	* *	5	
	* * 水罐（泡沫）车	* *	4	
	抢险救援车	* *	4	

注：“ * ”表示不指明具体型号、参数。

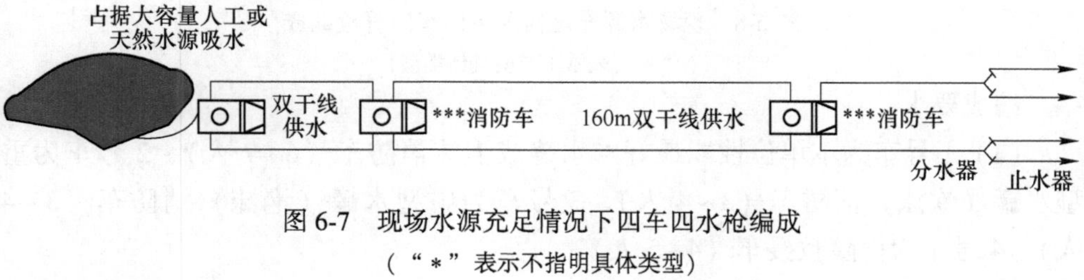

图 6-7　现场水源充足情况下四车四水枪编成
（“ * ”表示不指明具体类型）

编成要求：

（1）1 号车为本单位性能最好的水罐或泡沫消防车（6~7 人）、2 号车为重型水罐（泡沫）消防车（3~4 人）、3 号车为中型水罐（泡沫）消防车（3~4 人）、4 号车为抢险救援车（4~5 人）。

（2）必须双干线供水，满足 4 支水枪出水要求。

（3）消防车两侧干线出水枪，连接分水器；携带止水器，以便延伸进攻阵地；双干线各自连接分水器出枪，为出 4 支枪做好准备。

（4）进入火场时保持安全距离，1 号车接近即可；2 号车距离 1 号车不低于 80~160m 供水；3 号车距离 2 号车不少于 40m，便于调头转移阵地。

（5）实战中，指挥员要灵活把握，随时与增援队联系，根据增援情况可降低出枪数量，一般不低于 2 支枪，最多不超过 4 支水枪。

B　四车四管枪

现场水源充足情况下四车四管枪编成参见表 6-8 和图 6-8。

表 6-8　现场水源充足情况下四车四管枪编成

编成	作战车辆	性能参数	人员配备/人	作战效能
灭火	＊＊＊＊泡沫消防车	载水 4t，泡沫 1.5t，流量 60L/s	6	总载水量＊t，泡沫＊t，可满足： 4 支管枪：出泡沫＊min； 3 支管枪：出泡沫＊min； 2 支管枪：出泡沫＊min； （每支 PQ8 型管枪泡沫液用量按 0.48L/s 计算，用水量充足时，出泡沫时间决定于车载泡沫量）
	＊＊	＊＊	＊	
	＊＊	＊＊	＊	

注：“＊”表示不指明具体类型、参数。

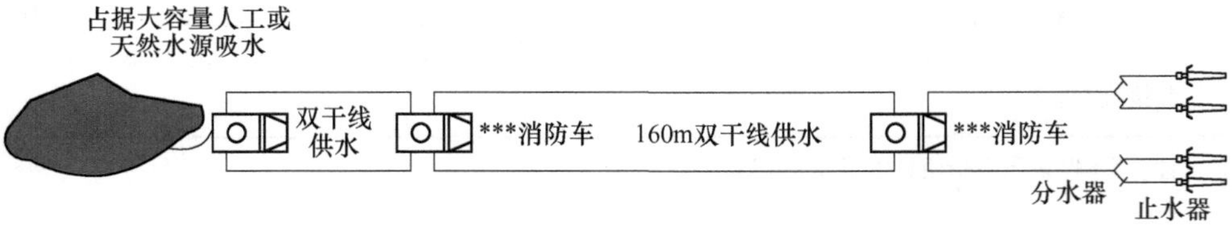

图 6-8　现场水源充足情况下四车四管枪编成
（“＊”表示不指明具体类型）

编成要求：

（1）1 号车为本单位性能最好的水罐或泡沫消防车（6~7 人）、2 号车为重型水罐（泡沫）消防车（3~4 人）、3 号车为中型水罐（泡沫）消防车（3~4 人）、4 号车为抢险救援车（4~5 人）。

（2）必须双干线供水，满足 4 支泡沫管枪出泡沫要求。

（3）消防车两侧干线出泡沫枪，连接分水器；携带止水器，以便延伸进攻阵地；双干线各自连接分水器出枪，为出 4 支泡沫枪做好准备。

（4）进入火场时保持安全距离，1 号车接近即可；2 号车距离 1 号车不低于 80~160m 供水；3 号车距离 2 号车不少于 40m，便于调头转移阵地。

（5）实战中，指挥员要灵活把握，随时与增援队联系，根据增援情况可降低出枪数量，一般不低于 2 支枪，最多不超过 4 支水枪。

C　四车一炮（含移动炮、车载炮）

现场水源充足情况下四车一炮（含移动炮、车载炮）编成参见表 6-9 和图 6-9。

表 6-9　现场水源充足情况下四车一炮
（含移动炮、车载炮）**编成**

编成	作战车辆	性能参数	人员配备/人	作战效能
灭火	＊＊＊＊泡沫消防车	载水 4t，泡沫 1.5t，流量 60L/s	6	总载水量＊t，泡沫＊t，可满足 40 移动炮出水＊min；60 车载炮出水＊min
	＊＊＊重型水罐车	＊＊	5	
	＊＊水罐（泡沫）车	＊＊	4	
	抢险救援车	＊＊	4	

注：“＊”表示不指明具体类型、参数。

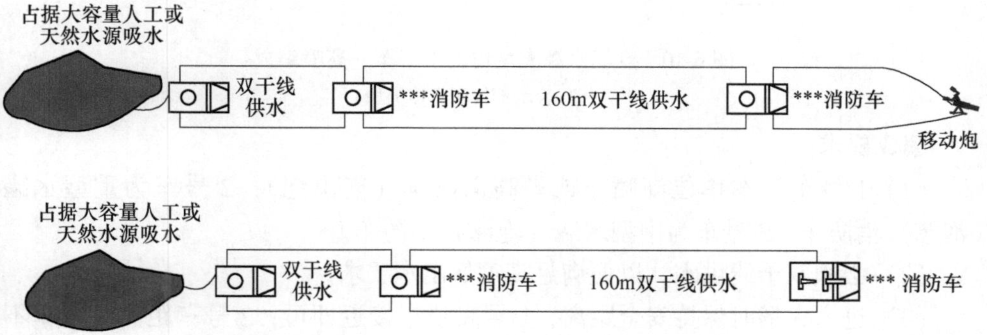

图 6-9　现场水源充足情况下四车一炮（含移动炮、车载炮）编成
（“＊”表示不指明具体类型）

编成要求：

（1）1 号车为本单位性能最好的水罐或泡沫消防车（6~7 人）、2 号车为重型水罐（泡沫）消防车（3~4 人）、3 号车为中型水罐（泡沫）消防车（3~4 人）、4 号车为器材车（4~5 人）。

（2）必须双干线供水，以便满足水炮出水需要。

（3）进入火场时保持安全距离，1 号车接近即可；2 号车距离 1 号车不低于 80~160m 供水；3 号车距离 2 号车不少于 40m，便于调头转移阵地。

（4）实战中，指挥员要灵活把握，随时与后援队联系，根据后援情况及水源情况选择是否出炮。

D　三车一高喷

现场水源充足情况下三车一高喷编成参见表 6-10 和图 6-10。

表 6-10 现场水源充足情况下三车一高喷编成

编成	作战车辆	性能参数	人员配备/人	作战效能
灭火	* * * * 高喷消防车	载水 4t，泡沫 1.5t，流量 60L/s 举升高度 * * m	*	总载水量 * t，泡沫 * t，可满足高喷（举高）车水炮出水 * min
	* *	* *	*	
	* *	* *	*	

注：“ * ”表示不指明具体类型参数。

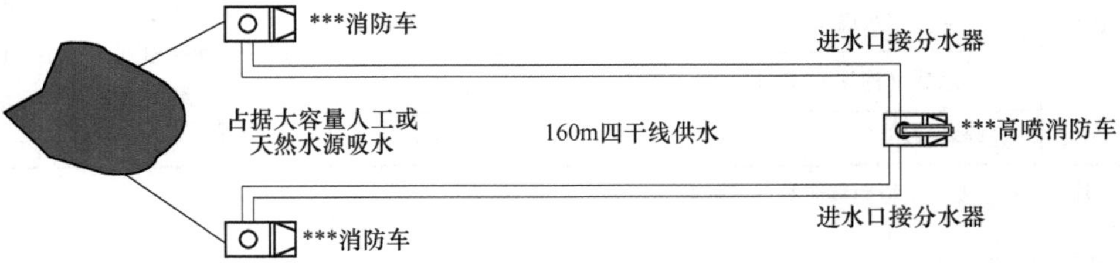

图 6-10 现场水源充足情况下三车一高喷编成
（“ * ”表示不指明具体类型）

编成要求：

（1）1 号车为本单位高喷车或举高消防车（能出炮），2 号车为重型水罐（泡沫）消防车、3 号车为中型水罐（泡沫）消防车。

（2）必须双干线供水，以便满足高喷炮出水要求。

（3）进入火场时保持安全距离，1 号高喷车接近即可；2 号车距离 1 号车不低于 80~160m 供水；3 号车距离 2 号车不少于 40m，便于调头转移阵地。

（4）实战中，指挥员要灵活把握，随时与后援队联系，根据后援情况及水源情况选择是否出炮。

6.2.2 供水作战编成

四车供水编成参见表 6-11 和图 6-11。

表 6-11 四车供水编成

编成	作战车辆	性能参数	人员配备/人	作战效能
供水	* * * * 泡沫消防车	载水 4t，泡沫 1.5t，流量 60L/s	6	总载水量 * t，泡沫 * t
	* *	* *	*	
	* *	* *	*	
	* *	* *	*	

注：“ * ”表示不指明具体类型、参数。

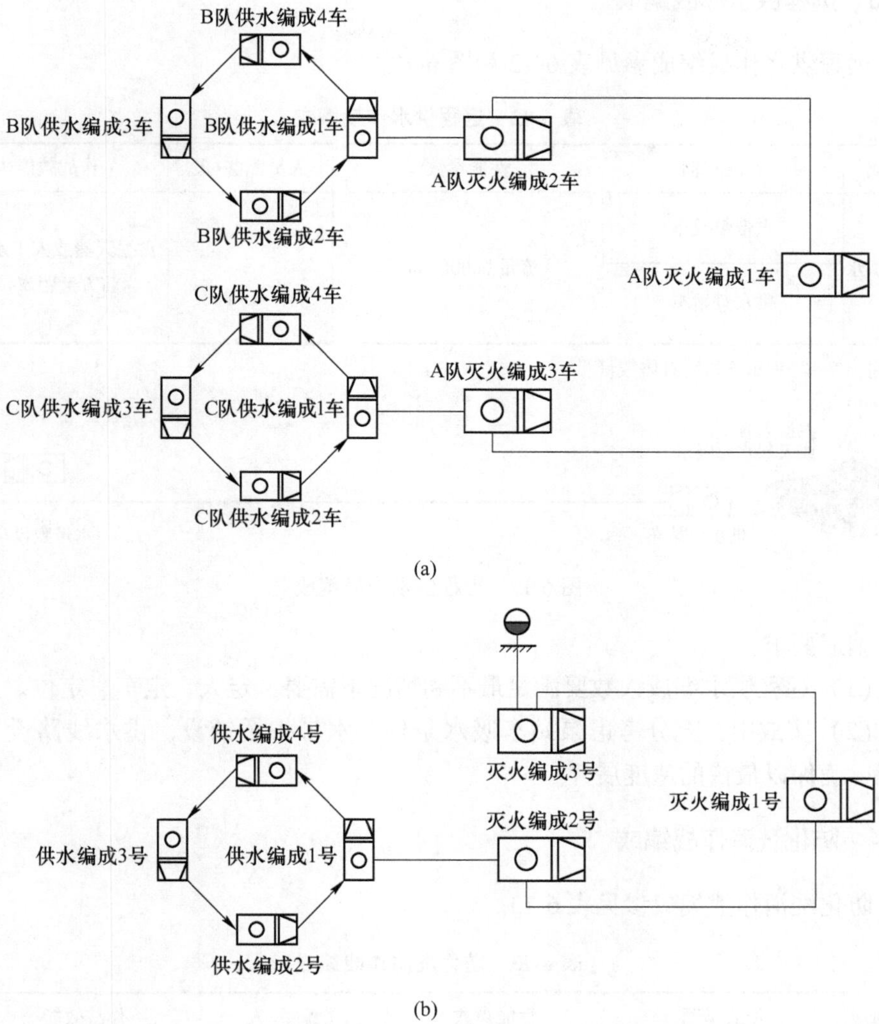

图 6-11　四车供水编成

(a) 无水源情况下供水编成；(b) 灭火编成占据消火栓情况下供水

编成要求：

(1) 供水编成为 3~4 部水罐（泡沫）消防车，其中灭火编成负责出水炮或水枪进行主战，供水编成分不同情况进行供水。

(2) 必须双干线供水，以便满足前方出水要求。

(3) 实战中，灭火编成 1 号车接近即可，2 号车距离 1 号车不低于 80~160m 供水，3 号车距离 2 号车不少于 40m，便于调头转移阵地。

(4) 供水编成在车辆集结地点待命负责为指定车辆运水供水。

6.2.3 远程供水作战编成

远程供水作战编成参见表 6-12 和图 6-12。

表 6-12 远程供水作战编成

编成	作战车辆	性能参数	人员配备/人	作战效能
远程供水	水带敷设车	流量 6600L/min	* *	占据天然或人工水源，为前方远距离供水
	供水泵站车			

注："*"表示不指明具体数量。

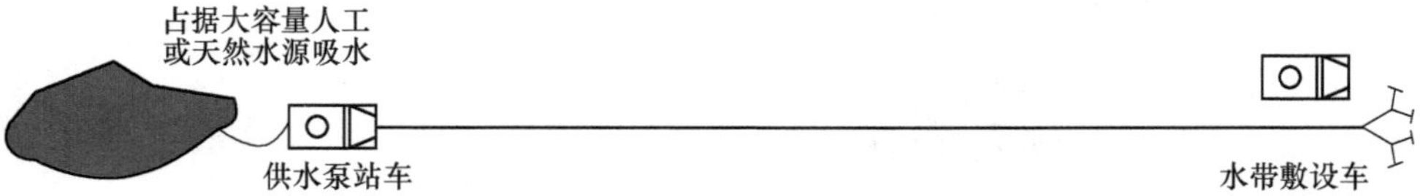

图 6-12 远程供水作战编成

编成要求：

(1) 远程供水编成人数要满足最不利情况下需要，定人、定车、定位。

(2) 实战中，充分考虑泵站车吸水条件、水带护桥铺设、供水线路设置等情况，确保以最快的速度展开。

6.2.4 防化洗消作战编成

防化洗消作战编成参见表 6-13。

表 6-13 防化洗消作战编成

编成	作战车辆	性能参数	人员配备/人	作战效能
防化洗消	防化洗消车		* *	能够完成灾害现场洗消任务
	* * * 水罐消防车	载水 4t，泡沫 1.5t，流量 60L/s	* *	

注："*"表示不指明具体类型、数量。

编成要求：

(1) 防化洗消车负责搭建洗消帐篷，并对参战指战员和器材装备进行洗消。

(2) 水罐车负责为洗消车供水，确保洗消用水不间断。编成要完成灾害现场。

(3) 编成人员要定人定车定位。

6.2.5　排烟作战编成

排烟作战编成见表6-14。

表6-14　排烟作战编成

编成	作战车辆	性能参数	人员配备/人	作战效能
排烟编成	排烟消防车		* *	能够完成灾害现场排烟任务
	* * * 水罐消防车	载水4t，泡沫1.5t，流量60L/s	* *	

注："*"表示不指明具体类型、数量。

编成要求：

（1）排烟编成人员要掌握排烟车性能和操作方法，要定人、定责、定位，确保完成火灾现场排烟任务。

（2）水罐车负责为排烟车供水。

第2篇 JIEJING DIAOPAI ZHIHUI

接警调派指挥

7 接警调度及舆情处置

7.1 火警和应急救援分级

7.1.1 火警和应急救援分级

根据灾害事故的严重程度及影响性对火警和应急救援进行的分级。火警从低到高分为一至五级，分别用绿、蓝、黄、橙、红五种颜色代表其危险程度；应急救援从低到高分为一至四级，分别用蓝、黄、橙、红四种颜色代表其危险程度。

7.1.2 火警分级

7.1.2.1 一级火警（绿）

一级火警主要包括无人员伤亡或被困且燃烧面积小的普通建筑火警、带电设备/线路或其他类火警。

7.1.2.2 二级火警（蓝）

二级火警主要包括：有较少人员伤亡或被困的火警；燃烧面积大的普通建筑火警；燃烧面积较小的高层建筑、地下建筑、人员密集场所、易燃易爆危险品场所、重要场所、特殊场所火警等；到场后现场指挥员认为一级火警到场灭火力量不能控制的火警。

7.1.2.3 三级火警（黄）

三级火警主要包括：有少量人员伤亡或被困的火警；燃烧面积小的高层建筑、地下建筑、人员密集场所、易燃易爆危险品场所、重要场所、特殊场所火警等；到场后现场指挥员认为二级火警到场灭火力量不能控制的火警。

7.1.2.4 四级火警（橙）

四级火警主要包括：有较多人员伤亡或被困的火警；燃烧面积较大的高层建筑、地下建筑、人员密集场所、易燃易爆危险品场所、重要场所、特殊场所火警等；到场后现场指挥员认为三级火警到场灭火力量不能控制的火警。

7.1.2.5 五级火警（红）

五级火警主要包括：有大量人员伤亡或被困的火警；燃烧面积大的高层建筑、地下建筑、人员密集场所、易燃易爆危险品场所、重要场所、特殊场所火警等；到场后现场指挥员认为四级火警到场灭火力量不能控制的火警。

7.1.3 火警升级

遇有下列情况之一时，火警等级应自动升高一级：重大节日、重要政治活动时期或发生在政治敏感区域、重要地区的火警；风力 6 级以上或者阵风 7 级以上、冰冻严寒等恶劣气候条件下发生的火警；当日 22 时至次日凌晨 6 时发生的火警；报告同一地点火警的电话持续增多，成灾迹象明显的火警；其他情况认为需要升级的火警。

7.1.4 应急救援分级

7.1.4.1 一级应急救援（蓝）

无人员伤亡或被困的应急救援；灾情危害程度不大，在短时间内能及时排除的小型建筑物倒塌事故、损害较轻的交通事故、一般性自然灾害、一般性群众遇险、群众求助、其他救助等。

7.1.4.2 二级应急救援（黄）

二级应急救援主要包括：有较少人员伤亡或被困的应急救援；灾情危害程度较大，发生事故情况特殊，在短时间内难以排除的少量危险化学品泄漏、较严重的交通事故、较大型建筑物倒塌事故、小面积爆炸事故、小规模公共突发事件、自然灾害和群众遇险等；到场后现场指挥员认为一级应急救援到场力量不能控制的灾情。

7.1.4.3 三级应急救援（橙）

三级应急救援主要包括：有少量人员伤亡或被困的应急救援；灾情危害程度较严重，处置难度较大，在短时间内难以排除的重大交通事故、大型建筑物倒塌、较大规模公共突发事件和自然灾害、群众遇险、以及大量危险化学品泄漏，对人员、财产威胁严重或可能出现二次污染等情况特殊、灾情严重的灾害事故；到场后现场指挥员认为二级应急救援到场力量不能控制的灾情。

7.1.4.4 四级应急救援（红）

四级应急救援主要包括：有较多人员伤亡或被困的应急救援；灾情危害程度特别严重，处置难度特别大的危险化学品泄漏、毒气扩散，大量建构筑物发生倒塌，特大爆炸事故，恐怖事件，严重自然灾害等；到场后现场指挥员认为三级应急救援到场力量不能控制的灾情。

7.1.5 应急救援升级

遇有下列情况之一时，应急救援等级一般自动升高一级：

(1) 重大节日、重要政治活动时期或发生在政治敏感区域、重要地区的应急救援。

(2) 当日22时至次日凌晨6时发生的应急救援。

(3) 报告同一地点灾情的电话持续增多，成灾迹象明显的应急救援。

(4) 其他情况认为需要升级的灾害事故。

7.1.6 火警和应急救援定级

火警和应急救援定级由接警调度员根据灾害危险情况，在充分考虑火警和应急救援升级因素的基础上，对照火警和应急救援分级标准，准确做出判断，确定火警和应急救援等级。各级指挥员到场后，根据现场侦察和灾情发展情况，确定是否需要提高火警和应急救援等级。当需要提升等级时，经现场消防最高指挥员批准，并通知指挥中心提升火警或应急救援等级。

7.2 接处警日常用语

7.2.1 接处警规定

接处警规定：

(1) 接处警工作应遵循“快速准确、文明依法、方便群众、热情服务”的原则。

(2) 接处警必须做到有警必接、有令必行，接警员在电话接警时，电话铃响三声内必须接听，并使用文明规范用语，对群众的报警要记录详细，不得以任何理由推诿、拖延、拒绝出警。

(3) 受理火警的主要任务是掌握发生火灾的确切地点、具体部位、燃烧物质、火灾类型规模，为调集灭火救援力量提供基本信息。

(4) 听到报警电话铃响，接听后应讲“您好，119”，首先确定报警类型：火灾事故、灾害事故、遇险紧急救助、突发事件、勤务保卫等其他情况。

（5）接警人员应用发问的方式引导报警人有层次的报清火警。询问火灾地点、火灾种类和规模，报警人姓名和联系方式等，分类如下：

1）如果是一般居民火灾，要询问是平房还是楼房，在第几层，是否有人员被困、受伤或死亡及人数，着火面积，燃气管道，煤气罐是否有泄漏、爆炸危险。

2）如果是草垛火灾，问清燃烧面积，距离建筑物多远，是否有蔓延危险。

3）如果是社会救助，问清所需救助的原因及具体情况。

4）如果是爆炸、投毒、可燃气（液）体泄漏，运输的罐车倾覆等抢险救援，问清现场面积，罐体容量，所装物质是什么，罐体泄漏的部位受损的情况，有无人员被困，伤亡情况，以及事故现场周围的环境。

5）如果是重点单位、大型商场、酒店、人员密集场所发生的火灾，要问清燃烧物质、起火部位、燃烧面积、有无人员被困、数量、伤亡情况。

6）根据报警的具体情况分级调派出动力量，通知值班领导、相关部门科室、辖区大队、社会联动单位（如：燃气公司、供电公司、派出所、防火处、110、120、自来水等）。

7）询问内容接警人员应以确实掌握基本情况为原则适时发问，必要时可打断对方答话插问。需要注意的是，提问的语气既要急促又要镇定平和。

7.2.2 接警规范用语

接警时使用普通话，语气要亲切、自信。为了能够相互沟通，如报警人使用地方语言，可以使用与报警人相同的语言进行接警。

（1）值班人员接通报警电话时，首先应该说“您好！我是119，请讲”，然后主动引导报警人讲清案由、时间、地点等要素。

（2）在报警人心情焦急、紧张的情况下，接警调度员的语气要委婉，用“不要着急，我们的车辆已经出动，会尽快赶到现场，请在路口接车”等语言。

（3）当报警人一时难以正确表述警情时，可用“您讲的基本情况我已经了解了，还有几个情况要向您核实”。

（4）当报警人再次催促或重复报警时，则用“我们已经通知辖区中队，现在消防车已经出动，正在赶往现场”。

（5）当接到群众（非当事人）的报警电话时，应该主动说“感谢您报火警”。

（6）当接到群众求助电话时，应尽力为群众排忧解难，用“不要着急我们马上来”回答。如果是难以解决的求助问题，就说“很抱歉，这个问题难以解决，我们可以帮您联系一下，同时也请您向××部门求援”。

（7）当接到群众咨询电话时，应该热情地为群众解答，如果不属于消防范畴的问题，可用“对不起，这个问题我们不太了解，请您向了解这个问题的××

部门咨询”。

（8）当接到一些语言粗鲁、不礼貌的报警电话，应该劝诫对方，可用“请注意语言文明”“这里要受理全市的119电话，要是没事请您挂机”。

（9）当接到群众反映管辖范围内的情况时应讲：“您反映的情况，我们已经登记，我们将通知相关部门处理”。

（10）当接到群众反映不属于管辖范围的情况，应讲：“对不起，您反映的情况，属于××部门管辖，请您与××单位联系，请他们帮助您解决，联系电话是×××（或地址）”。

（11）当接到群众举报、揭发时应讲：“谢谢您举报（提供）的情况，我们将尽快予以核实”。

7.2.3 调度规范用语

在下达指令、接收指令时，语言要简洁明了、准确清晰，避免使用繁琐语言。

（1）作战指挥中心使用电台呼叫处警单位时，应说：“××中队，指挥中心呼叫！收到请回答！”，邀请呼叫两遍。如果是独立接警的中队呼叫处警单位时，应说：“××中队，××通讯室呼叫！收到请回答！”，同样是呼叫两遍。

（2）当被呼叫单位接到呼叫时，应说：“××中队收到，指挥中心请讲！”该执勤车如果在出警状态，应说：“××中队收到，目前我中队正在××地点出警，请讲！”。

（3）当出警单位使用电台呼叫指挥中心时，应说：“指挥中心，××中队呼叫！请回答！”，被呼叫的指挥中心应回答：“指挥中心收到，请讲！”。

（4）听完指挥中心下达的命令后，出警单位应回答：“明白！马上出警（出动）”；如果指令没有听清楚，应回答：“请重复”。

信息化系统设备操作流程要严格落实“四定”：“四定”即定人、定岗、定位、定语。定人是指大队明确一名专兼职通信参谋，中队明确一名专兼职信通主管干部和三名专兼职接警调度员。定岗是指按照“平时、战时”岗位分工，合理安排调配人员，履职尽责。定位是指在视频监控系统、华平指挥视频系统、视频会议系统的视频区域内对值班备勤、点名验收、哨兵占位、远程拉动、体技能训练、办公秩序进行规范整改，通过调整摄像头设备，实现人员占位合理、设备器材物品摆放有序、呼叫应答图像声音清晰连贯。定语是指规范汇报用语，做到姿态端正，精神饱满，警容严整，报告词简洁、准确、规范。

7.2.4 文明礼貌用语

（1）日常文明用语：您好、请、谢谢、对不起、再见。

（2）接电话用语：

1）您好！这里是消防救援支队（大队、中队），请问您找谁？

2）请问您是哪一位……请讲。

3）请问您有什么事？（有什么能帮您？）请稍等，我记录一下。

4）您放心，我会尽力办好这件事。

5）不用谢，这是我们应该做的，再见。

6）××同志不在，我可以替您转告吗？（请您稍后再来电话好吗？）

7）对不起，这类业务我们不负责，请您向××部门咨询，他们的号码是……

8）对不起，您打错号码了，我是消防救援支队（大队、中队）……没关系。

9）再见。

（3）打电话用语：

1）您好！请问您是××单位吗？

2）我是消防救援支队（大队、中队），请问怎么称呼您？

3）请帮我找一下××同志，谢谢！

4）（若打错联系电话）对不起，我打错电话了。

（4）待客用语：

1）请进！

2）您好！同志您办什么事情？（或请问您找谁？）

3）请稍等，我马上为您办理。

4）他（她）不在，请问有事需要转告吗？

5）消防救援支队（大队、中队）××科室在×楼，具体办公地点在××地方。

6）对不起，让您久等了。

7）请坐（请喝茶）。

8）我就是，请问有事需要办理吗？

9）您反映的情况，我们尽快办理。

10）对不起，这个问题因情况特殊无法立即办理，请留下您的联系电话，再答复您好吗？

11）不用谢，请慢走。

（5）到外单位办事用语：

1）对不起，打扰一下。

2）请问××处（室）在哪间办公室？

3）请问××同志在吗？

4）非常感谢您（麻烦您啦）。

5）请留步。

(6) 文明礼貌忌语：

1）有事快说。

2）不知道，问别人去。

3）快下班了，明天再来。

4）说了半天，您怎么还不明白。

5）这事我不管，想找谁找谁去。

6）他不在，到外边等着去。

7）你这人怎么事儿这么多。

8）你懂不懂，这是政策规定。

9）上面都写着呢，自己看去。

10）谁给你说的（谁答应你的）找谁去。

11）有话就说，你管我姓什么。

12）你着什么急，没看我正忙着哩。

13）刚才给你说过了，怎么还问？

7.2.5 呼号与呼叫原则

7.2.5.1 呼号规定

呼号规定见表7-1。

表7-1 呼号规定

数字	0	1	2	3	4	5	6	7	8	9
谐音	洞	幺	两	三	四	五	六	拐	八	勾

7.2.5.2 呼叫与应答

支队本级作战：支队内部呼叫为“对方呼号两次+自己呼号+呼叫”。回答为“自己呼号+听到，请讲”。如：“洞洞号、洞洞号，幺洞洞呼叫”“洞洞号收到，请讲”“某某情况，请指示”“如何做”“幺洞洞明白”。特殊情况下，改为明语呼叫。

跨区域作战：支队级之间为明语呼叫，支队内部呼叫仍遵守上述原则，增援支队内部频点由支队作战指挥中心按照作战分工临时指定。

7.2.5.3 呼叫要求

呼叫要求：

（1）坚持“先听后发”原则，呼叫时要严格执行代码通讯，讲话时，嘴与话筒的距离约10cm，发射键要按紧、压实，讲完话立即松开。

（2）坚持“先按后说”原则，吐字清晰、语言连贯、言简意赅。

（3）指挥中心和各中队要严格守候一级网频点，不得随意更改信道。不得长时间发射信号、乱嚷乱叫，不得使用无线电台播放歌曲、聊天。

（4）无论是演练或是实战，都要严格按照呼叫代码准确呼叫，及时反馈信息；合理使用一二三级网，充分利用无线资源。

7.2.5.4 预备口令

预备口令是指为统一规范支队口令，将下达命令、应答命令、执行命令和汇报情况四个环节口令进行统一规划设定，预备口令适用于指战员。

指挥中心：某单位，某单位，支队指挥中心呼叫。

某单位：某单位收到，指挥中心请讲。

指挥中心：按照×××指示，命令你单位全体指战员1min内到车库（训练场）集合，并向指挥中心汇报。

某单位：某单位明白，值班员某某某。

指挥中心：命令下达完毕，立即执行。

某单位：是。(具体内容省略)

某单位：支队指挥中心，支队指挥中心，某单位呼叫。

指挥中心：指挥中心收到，某单位请讲。

某单位：某单位全体指战员（列队完毕），应到×××，实到×××，请指示，指导员（中队长）某某某。

指挥中心：开始下达科目。

预备口令使用范围：通讯室点名，拉练，车场日，交接班，队列提问，警容风纪检查，训练检查，执勤检查。

要求：各大中队要严格依据此提纲，细化充实，熟练掌握，严格执行。

7.2.6 呼叫规范用语

7.2.6.1 拉动演练

各中队要充分结合现场无线通信组网手势操，充分体会无线一、二、三级网的使用范围，切实做到“什么时候用什么网”，充分发挥无线通信系统效能，提高支队级火场通信水平，保障通信畅通。

A 接处警

（1）模拟报警电话打入指挥中心，作战指挥中心通讯员及时受理报警，问清“报警人姓名、单位名称、着火部位、过火面积、有无人员被困，提示到路口接车”。

（2）按照支队级预案要求，一次性调齐出动力量和相关单位。在发调度出警单同时用电台一级网频道呼叫：“某洞洞、某洞洞……洞洞号呼叫”，涉及中队依次回答“某洞洞收到，请讲”“某单位某地点某部位发生火灾或者事故，有（无）人员被困，按支队级预案出警”，涉及中队回答“某洞洞明白”。

（3）指挥中心立即报告支队指挥员，“指挥员同志，某单位某地点某部位发生火灾或者事故，有（无）人员被困，已按支队级预案派警，请指示”，指挥员“按预案要求，调集勤务保障组和相关单位，出动指挥车，及时反馈信息”，指挥中心“洞洞号明白”。

（4）指挥中心调集勤务保障组和相关单位，“勤务保障组、110、122、供水、供电、供气……119 呼叫”。勤务保障组和各单位依次回答“某某收到”，指挥中心“某单位某地点某部位发生火灾或者事故，有（无）人员被困，请立即出动”，各单位依次回答“某某明白”。

B　到场情况

（1）途中各中队依次向指挥中心汇报，“洞洞号，某洞洞已到某地”，指挥中心“注意行车安全，迅速赶赴现场”，中队回答“某洞洞明白”。

（2）首战中队到场后汇报，“洞洞号，某洞洞到达现场”，指挥中心“按预案进行预先展开，实施侦察、警戒、救人、灭火”，首战中队回答“某洞洞明白”。

（3）首战中队向指挥中心报告按预案要求侦察、警戒、救人、灭火情况，“洞洞号，某洞洞呼叫”，指挥中心“洞洞号收到，请讲”，首战中队“某洞洞汇报现场情况，包括侦察情况、警戒情况、救人情况、灭火情况”，指挥中心“洞洞号明白”。

（4）现场通信员向指挥中心汇报，“洞洞号，洞洞号，洞勾呼叫”，指挥中心“洞洞号收到，请讲”，现场通信员“指挥部已成立”，指挥中心“保证通信畅通，及时反馈信息”，现场通信员“洞勾明白”。

（5）其余中队依次向指挥部汇报到场情况，“洞勾，某洞洞到达现场”，指挥部“按预案指定位置停车”，中队回答“某洞洞明白”。

（6）勤务保障组、110、122、供水、供电、供气……依次向指挥部汇报到场情况，“洞勾，某某到达现场”，指挥部“按预案指定位置停车”，中队回答“某某明白”。

（7）首战中队向到场支队指挥员当面汇报现场情况，包括侦察情况、警戒情况、救人情况、灭火情况。

C 战斗部署

支队指挥员按照预案依次向各中队进行战斗部署，“某洞洞……”，回答“某洞洞明白”。各中队利用三级网进行战斗指挥。考核组利用手持电台实施监听全过程，检查2个作战单位落实指挥部命令、部署作战任务情况后，考核组组长下达“继续演练”。

D 连贯作业

支队指挥员按照预案进行战斗部署，利用无线电台完成命令的上传下达。

E 原地待命

考核组组长下达“停水”的指令后，原地待命，接受检查。

F 演练结束

进行演练讲评，清点通信器材。

7.2.6.2 一般情况

呼叫方：××单位或××呼叫××单位或××人，收到请讲话（重复一次或数次）结束时用“完毕”。

被叫方：××单位或××人听到，请讲。结束用“完毕”。

呼叫方：语气平稳把呼叫内容讲清（尽量简明扼要），结束用“完毕”。

被叫方：××单位××人明白，结束用完毕。

7.2.6.3 紧急情况或紧急集合

呼叫方：各单位听到请回答（如某中队要求增援），××现场出现紧急情况，请马上支援。重复呼叫结束用“完毕”。

被叫方：××岗××人收到，马上到达，完毕。(听到后立即跑步赶往现场，以最快方法并相互用对讲机联络，以免有其他人员未听清。距离远通信不便时，要用接力方式传达到位。)

A 指名呼叫

格式：先呼叫两遍对方的名字，报两遍自己的名字。

举例：“汤姆，汤姆，这里是杰瑞呼叫，这里是杰瑞呼叫。”

呼叫以后等待30s，才能进行第二次呼叫，因为对方可能要停到一个安全的位置，保持身体平衡，并取下对讲机，都需要花一定的准备时间。

B 广泛呼叫

格式：先呼叫两遍“CQ”，报两遍自己的名字。

举例：“CQ，CQ，这里是杰瑞呼叫，这里是杰瑞呼叫。”

用于不指名的呼叫，任何听到你呼叫的人都可以回答你。

C　答复呼叫

格式：先报两遍对方的名字，再报两遍自己的名字，然后告知信号情况。

举例："杰瑞，杰瑞，这里是汤姆，这里是汤姆，你的信号很清晰/略有干扰较难听清。"

特别要注意的是，如果没有听清是否在叫你，就不要回答或询问，耐心等待对方的下一次呼叫。"某某，你是不是在叫我？"就不是一种良好的做法。

D　插入呼叫

格式："请求插入，请求插入。"

如果频道已被占用，而自己又急于使用，可以在对方通话间隔请求插入。如果没有被许可，就不要继续打扰。因为公共频道对先使用者具有优先权。

举例："……"

"请求插入，请求插入。"

"插入者请说。"

"谢谢，我呼叫一个朋友：汤姆，汤姆，这里是杰瑞呼叫，这里是杰瑞呼叫。"

"……"

"我们转到三频道去。"

"……"

"插入完毕，频道还给你们，非常感谢。"

E　代为中转

由于免执照频段的法定功率限制，很多时候会超出通话范围，这时候如果有第三方在中间的有利地形，可以在经得呼叫人同意的情况下代为中转。

举例：

"汤姆，汤姆，这里是杰瑞呼叫，这里是杰瑞呼叫。"

(30s秒以内无人应答。)

"杰瑞，杰瑞，这里是史努比，这里是史努比，你的信号清晰，我的位置比较高/比较靠近汤姆，是否需要帮你转达给汤姆。"

"史努比，史努比，这里是杰瑞，这里是杰瑞，请告知汤姆：过了桥以后往右走，我在路边等他。"

"杰瑞，杰瑞，这里是史努比，这里是史努比，完全抄收，请稍等。"

"汤姆，汤姆，这里是史努比呼叫，这里是史努比呼叫。"

"史努比，史努比，这里是汤姆，这里是汤姆，你的信号很清晰。"

"汤姆，汤姆 这里是史努比，这里是史努比，杰瑞叫我转告你：过了桥以后往右走，杰瑞在路边等你。"

“史努比，史努比，这里是汤姆，这里是汤姆，完全抄收谢谢转达并代我告知杰瑞：因队伍中有人受伤，我会比预计时间晚到达20min。”

“汤姆，汤姆，这里是史努比，这里是史努比，完全抄收，请稍等。”

“杰瑞，杰瑞，这里是史努比呼叫，这里是史努比呼叫。”

“史努比，史努比，这里是杰瑞，这里是杰瑞，你的信号很清晰。”

“杰瑞，杰瑞，这里是史努比，这里是史努比，汤姆已抄收并叫我转告你：因队伍中有人受伤，汤姆会比预计时间晚到达20min。”

“史努比，史努比，这里是杰瑞，这里是杰瑞，完全抄收，谢谢转达，再见。”

“汤姆，汤姆，这里是史努比呼叫，这里是史努比呼叫。”

“史努比，史努比，这里是汤姆，这里是汤姆，你的信号很清晰。”

“汤姆，汤姆，这里是史努比，这里是史努比，杰瑞已抄收，还有其他事情吗？”

“史努比，史努比，这里是汤姆，这里是汤姆，谢谢你的转达，没有其他事情了，再见。”

F　遭遇干扰

如果通话过程被无意或者恶意干扰，不要去质问干扰源（因为干扰源可能功率比你大，你能听到他，而他听不到你），而是转换频道，或者保持沉默。对恶意干扰者绝对不要去搭理、规劝或对骂，静默就是最好的处理办法。

7.2.6.4　接警工作中的语言艺术

语言是人类敞开心扉的交流形式，是人类搭架心灵桥梁的快捷方式。语言艺术是人类情感交集的抒发模式，是人类释放悲喜的表达公式。语言艺术是艺术的一个门类，它是运用语言的手段创造审美形象的一种艺术形式。接警时，报警人通常受现场环境情绪影响，不能一次性描述清楚现场警情信息，需要接警调度员的启发、安抚、引导、询问，采取一定技巧，才能问清所有接警要素，完成接警工作。

接警调度员接处警应当运用普通话，接听电话时主动说“您好，××（市、县）119指挥中心”，在受理报警电话时应当做到：

（1）适时回应。接警调度员和报警人利用电话交流时，接警调度员要懂得回应。如果报警人说了一大堆话，接警调度员未进行引导，也没有适时回应，那会让报警人觉得很尴尬或者产生不良情绪，这样就不能在45秒内完成接处警任务。

（2）尊重对方。接警时的态度十分关键。在接警时应该平等、谦虚、友好地和对方交流，要尊重对方，这样对报警人情绪的稳定至关重要。

（3）懂得倾听。倾听也是接警中要注意的一个点。接警时要以听为主，以问和记录为辅，要充分考虑报警人切身感受，通过倾听去设想和体会报警人所处的现场环境。

（4）以报警人为中心。接警时，接警调度员要以报警人为中心，站在报警人的角度来实施心理疏导，将心比心，依法依规做好做实警情受理工作，展示消防救援队伍良好的形象窗口。

7.2.6.5　报警人心理分析和引导

报警人报警时可能的心理特点：紧张状态、恐惧状态、乐观状态、淡漠状态。报警人报警时心理的影响因素：高温、浓烟、噪声、活动空间狭小、外界干扰、危险情况、战斗状态、初次遇到灾害现场。

接警调度员要熟练掌握报警人可能存在的心理特点和影响因素，通过报警时的语气、语速、语调、语言迅速判断报警人的现状，实时分析，积极引导，在规定时限内完成警情受理任务。

接警调度员心理训练指有意识的外部和内部活动，主要通过语气、语速、语调、语言对报警人的心理过程和个性心理进行影响和调节的活动过程。接警调度员一般要参加认知能力训练、情绪稳定训练、意志品质训练、分析综合能力训练、直觉判断能力训练、逻辑思维能力训练、团体协作能力训练等心理训练。

接警调度人员通过报警定位和报警人所述的情况，辨别警情真伪，引导报警人客观真实地反映灾害事故情况，确定灾害类型和灾害事故等级。必须掌握消防心理学相关知识，增强自我调控能力，练好“五个”基本功，即听、说、记、写、感。

听，即能听懂普通话，了解119落地辖区内的主要方言和外语，能辨听领导的声音，领会领导意图，能把握先听后说原则。

说，即能说普通话，能够应对接处警中的方言和外语，分析汇总能力和语言表达能力强，能向领导描绘现场情况，掌握普通话技巧，能妥善应对骚扰电话，心理素质好。

记，即熟记领导的电话号码、常用信息和交待的事宜，熟记辖区道路、水源、重点单位、消防实力、联动单位、应急电话，熟记警情调度和辅助指挥的原则、方法、要求、流程。

写，即能提供质量较高的接警经过，能按领导要求搜集相关文字资料并汇总，能有条理地记录自己的值班日志。

感，即政治敏感性强，有原则性，预感预判能力强。

7.3 接处警流程

7.3.1 接处警工作的步骤

接处警工作步骤，即警情受理程序，一般由询问、判断、确定、处理和跟踪组成。

7.3.1.1 询问

询问的方法可以分为问候与引导、询问与倾听、安抚与疏导、打断与压制和记录与提示。

(1) 问候与引导。通常由接处警系统自动进行或由接警员人工进行。问候是明确报警电话、规范接警用语、缓解报警情绪、提升消防形象的语言。一般为“消防，请讲”“这里是消防报警台，请讲”等。引导是接警员引领报警人快速明确灾害信息的语言。一般为“请您报清地址”“是否有人员被困”“出现明火还是烟雾”等。问候与引导的方法应结合本地实际，做到用语规范，简明清晰。

(2) 询问与倾听。接警员要把握询问要素，边询问边记录，专注耐心地倾听喊叫声、爆炸声、报警人语气或语速等语音环境，对周围情况准确做出判断。

(3) 安抚与疏导。告知报警人“您别急，消防车辆已派出，我现在所问问题不影响消防车辆过来，请您配合一下!”“同志，您现在听我说，请您别着急，您把地址告诉我，我才能把消防车派过来!”等，不断重复，直至稳定住报警人情绪。

(4) 打断与压制。当常规的安抚语言无法引导报警人按照正常思路进行问答，那么接警员应当果断震慑对方，增强语言压制力，占据话语的主动权，让报警人跟着接警员的思路走，做到一问一答，直至顺利完成受理工作。

(5) 记录与提示。接警员要及时准确地将报警内容输入到计算机中或填写到接警单上，并启动录音录时等相关设备。记录内容要简明扼要、完整规范。

在警情受理中，接警员应适时提醒报警人注意安全、辅助自救、路口接迎。例如，告知报警人“同志，若可以撤离，用湿毛巾捂住口鼻，在确保安全的情况下，撤离到安全的区域。若无法逃离现场，请您千万注意自身安全，用湿毛巾捂住口鼻的同时用湿被或打湿衣服盖住身体，匍匐低姿态移动等方法，确保自身安全。在阳台摇动衣物或手电，大声呼救”“请您在路口或明显位置等待并指引消防车辆”等。

7.3.1.2 判断

判断主要内容包括灾害类型、灾害地址、调集力量、车辆种类、增援力量、指挥力量、联动力量等。

7.3.1.3　确定

明确肯定警情的性质、要素和规模。

(1) 警情性质的确定。依照消防法定职责和警情受理范围，对警情种类进行的判断。

(2) 警情要素的确定。一方面在询问的过程中，通过复述警情要素来核对灾害情况；另一方面在报警电话挂断后，应继续通过手机报警定位、图像监控、回放录音、回拨报警电话或受理后续重复报警等途径核对警情，确保警情信息的准确和翔实。

(3) 警情规模的确定。内容为被困及伤亡人数、灾害类型、受灾面积、政治影响和社会影响等方面。

7.3.1.4　处理

作战指挥中心必须在最短时间内将重大警情报告上级消防指挥中心和地方政府。紧急情况下，应先行向上级消防指挥中心电话报告灾情的时间、地点和人员伤亡情况及参战力量等基本信息。对于重大火灾等情况，要确定专人搜集信息，随时与上级消防指挥中心保持联络，做好后续信息的催报、补报工作。

7.3.1.5　跟踪

作战指挥中心要及时对处置时间长、参战力量多、人员伤亡大、灾害面积大、领导有批示、指示的重大警情，进行不间断的信息追踪，直至整个作战行动结束。

7.3.2 调度原则和方法

7.3.2.1　调度原则

接警调度员要熟知各类灾害事故的处置流程，严格遵循“辖区首调，就近调派；加强首批，增援及时；依法用警，科学合理”的原则，合理使用初期处置权。前期处置时，要果断，所有的调度指挥都要有制度依据，坚决杜绝想当然，拍脑门办事。先定规矩，后画方圆，适时修订，处置周全。

(1) 辖区首调，就近调派。指挥中心接警调度人员接到火灾或灾害事故的报警后，按照管辖区域第一时间将辖区消防中队调派到场。若距离灾害现场最近的消防中队不是辖区消防中队，应就近调派增援消防中队，缩短消防车到场的时间。就近调派的同时，调派辖区消防中队，以便进行现场的协调与处置。消防重点单位或区域发生火灾或重大灾害事故时，应加强第一出动力量，在调派辖区消防中队的同时，就近调派增援力量到场协助处置。

(2) 加强首批，增援及时。第一出动力量通常是最先到达现场，最早投入灭火救援行动的首批力量。加强首批力量的调派是有效控制灾情发展的关键和前提。接警调度人员要本着“宁可不用，不可不备”的思想，按照“五个第一时间”的要求，加强首批力量的调派。同时，应根据续报警情的综合分析、上级部门的指示和现场指挥员要求，及时增派灭火、应急救援所需的各种力量到达现场。在交通拥堵路段和时段，为防止某一方向的道路塞车还应遵循“一点报警，多点出动”的原则，缩短消防车到场时间。

(3) 依法用警，科学合理。接警调度人员要全面了解灾害现场情况，对灾害现场充分分析研判，并根据不同灾害类型特点，依据有关法规和规定，调度相关灭火救援警力。有针对性的科学合理的调度特种车辆和装备，既要强调适度合理，又要体现灵活性，既要反对片面强调“强化精确调度”，也要防止一味追求“宁多勿少”。力求科学合理，最大限度地发挥人员、车辆和装备的效能。

7.3.2.2 调度方式

A 集中调度

集中调度由消防总（支、大）队的作战指挥中心集中组织实施，基本职责为：对外完成接警任务，对内实施调度指挥。

B 独立调度

由消防中队（站）的通信室独立组织实施。值班通信员受理灾害事故报警后，如果确定灾害事故地点属本中队辖区内的，应立即发出出动信号，并向执勤的中队指挥员和上级消防通信指挥中心报告情况。同时，保持与现场的通信联络，及时上报相关信息，并按中队现场指挥员的要求及时请求增援，直至灭火救援战斗行动结束。待中队出动力量归队后，向上级消防通信指挥中心报告归队时间。

C 集中调度结合独立调度

集中调度结合独立调度是上述两种调度方式的组合。采用集中接警的，消防调度按前者方式组织；采用分散接警的，消防调度按后者方式组织，但必须在中队力量出动后的第一时间内向上级作战指挥中心报告情况。

7.3.2.3 调度方法

调度方法有：

(1) 按照掌握的报警信息调度。

1）一般单位、居民住宅发生火灾或灾害事故时，作战指挥中心可首先调派责任区消防中队的力量。

2）消防重点单位或地区发生火灾或重大灾害事故时，已制定预案的应按预案调度第一出动的力量；没有预案的应根据报警和平时掌握的情况，加强第一出动的力量。

3）为保证灭火战斗顺利进行，根据《中华人民共和国消防法》的规定，火场指挥员有权根据扑救火灾的需要“调用供水、供电、医疗救护、交通运输等有关单位协助灭火救助”。

（2）按照灭火救援预案调度。根据灭火救援预案针对灾害事故的不同类型、发生的规模和危害，以及保卫对象的特点、设定的处置力量进行调度。

（3）按照上级领导的指示调度。受理火警并完成第一出动调度工作后，火警处理情况应立即报告当日值班总、支队（大队）指挥员。指挥员根据自己的经验和对情况的判断，做出调派力量方案，如调集专家、灭火剂、战备物资等赶赴现场。调度人员应无条件地按照指挥员指示，立即发出增援指令。

（4）按照灾情变化调度。第一出动调出后，在其到场之前根据收到的后续火警报告或了解的情况。当判断调出的第一出动力量不足时，应主动进行调整力量补充。

（5）按照现场指挥员的命令调度。按现场指挥员要求，根据平时规定的增援顺序或就近调集的原则立即发出调度指令，不能迟误拖延。

接警调度员要实时了解现场是否有人员被困，是否存在爆炸、坍塌危险等相关警情，并及时报告指挥员。要适时向参战人员提供现场水源分布情况，发布扑救注意事项、安全提示等信息。根据现场的需要，调派辖区中队到场的同时，要及时通知公安、交通、供水、电力、供气、通信、医疗救护等相关社会力量到场参与处置。特殊警情的，要根据其特点，按照领导指示调集其他执勤力量或社会联动力量到场处置，同时要报告当地政府、公安机关及应急部门。接警调度员接到现场指挥员处置结束后，要做好相关记录，报告相关人员，并提醒参战中队注意安全。对于重要警情要做好网络舆情监测工作。接到本辖区以外的报警或增援请求时，要立即向上级指挥中心报告，同时报告值班领导或全勤指挥部，按照命令或指示调派力量出动。情况紧急的可边出动边报告。参战力量在出警途中遇到其他警情或发生交通事故，接警调度员接报后要立即调派其他中队赶赴现场，并报告全勤指挥部。接警调度员要做好接警、调度、增援、到场、结束等时间记录以及重要警情时间节点表。建立接处警资料档案，包括值班记录、接处警记录、重要警情时间节点表、重要警情信息收集和发送内容、警情统计分析、装备管理维护登记表等资料，并对这些资料分类存档，便于查阅。接警调度员要做好日常信息资料的收集，应建立作战资料库、消防安全重点单位资料库、灭火救援力量资料库、中队灭火作战预案、各社会联动单位数据库、道路水源数据库等。

7.3.3 接警调度技巧

接警调度员必须在119火警电话铃声响起3声内接听电话，要文明礼貌，语言规范，并用普通话告知报警人所拨打的电话。(如：您好，这里是119指挥中心，请讲。)

接警调度员要首先询问警情的基本要素：地址和警情类别。初步判定火警和灾害事故级别，按照等级调派要求，迅速调派首批力量赶赴现场。

接警调度员在调派首批力量赶赴现场后，要继续询问详细地址和灾害类型、有无人员被困、燃烧物质、火势等现场情况，确定火警和灾害事故级别，按照等级调派要求，第一时间补齐力量赶赴现场。

普通警情即一级、二级火警，按照等级调派力量赶赴现场后，接警调度员要将行车路线、现场情况和处置要点告知参战中队指挥员。

重要警情即三级（含三级）以上火警，接警调度员和备勤人员要全部到位，按照职责分工调派全勤指挥部及相关人员赶赴现场，继续询问现场警情，通过视频、网络等手段收集相关警情信息，向参与处置相关人员发布警情信息、作战提示，做好上传下达等相关工作。

首批力量到场前，接警调度员要继续询问报警人或回拨报警人电话现场情况，或通过网络、视频监控等手段了解警情，及时告知参战中队指挥员。根据掌握警情信息或领导指示，及时调整火警等级，调派力量赶赴现场。

首批力量到场后，现场指挥员若需要增援，接警调度员要及时调派增援力量赶赴现场，同时报告全勤指挥部及相关领导，并向增援力量发布警情信息、行车路线、现场情况、作战提示等内容。

7.3.3.1 119模拟接警用语及流程

业务处理原则：先重点后一般；先局内后局外；先火警后普通；先派队后详问，参见图7-1。

7.3.3.2 119模拟调度用语及流程

119指代指挥中心呼号；牢记支队火警和应急救援分级定级标准，掌握支队调度原则和战斗编成，119模拟调度用语及流程如图7-2所示。

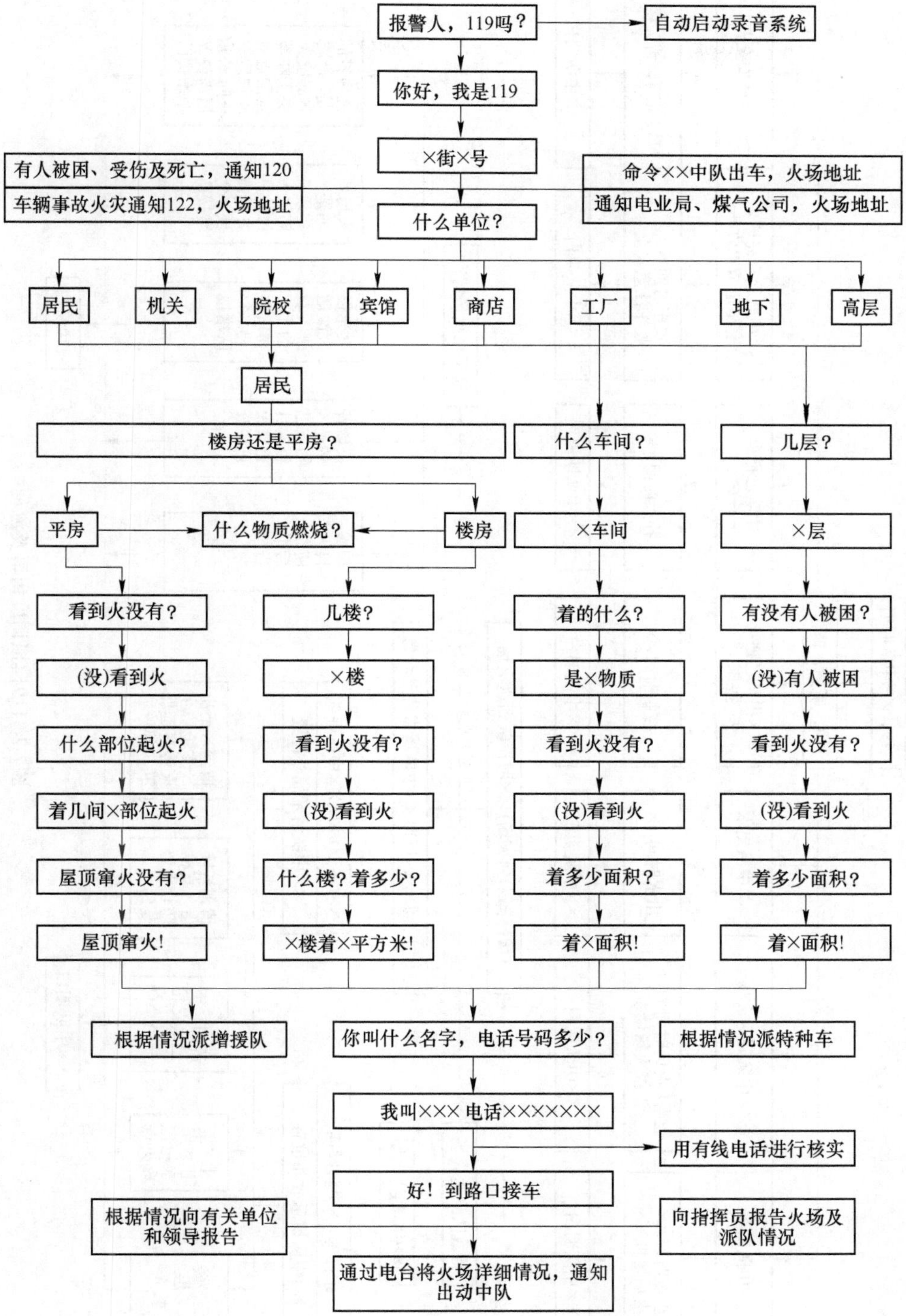

图 7-1 119 模拟接警用语及流程

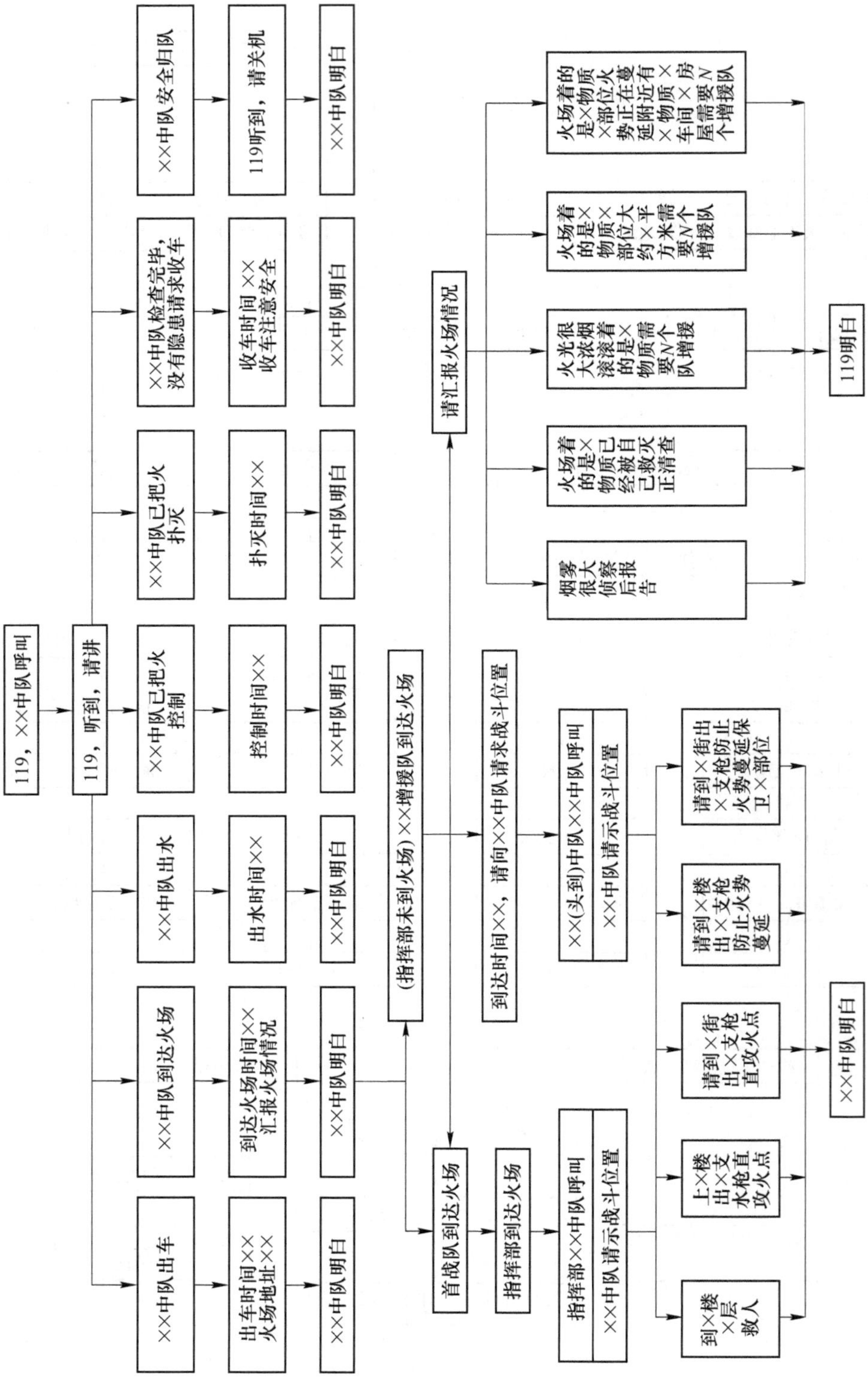

图7-2 119模拟调度用语及流程

7.4　灾害事故种类和等级划分

7.4.1　常见事故的种类

随着我国经济建设的快速发展，高层建筑、地下工程、石油化工企业、公众聚集场所等重要场所与日俱增，各类火灾和其他灾害事故频发，消防救援队伍所面临的形势和任务日趋严峻。警情调度作为灭火救援的首要环节，直接关系到灭火救援的成败，起着至关重要的作用。

7.4.1.1　火灾的分类

火灾的分类：

（1）高层建筑火灾：包括高层民用建筑、高层工业建筑。

（2）地下建筑火灾：包括地下商场、地下仓库、地下车库、地铁、隧道等火灾。

（3）化工火灾：包括石油化工装置、炼油厂、油气储罐、危险化学品仓库、危险化学品储罐、油（气）类运输工具等火灾。

（4）人员密集场所火灾：包括商场、宾馆、酒店、娱乐场所、办公场所、住宅宿舍、体育场馆、交通枢纽和学校医院等火灾。

（5）交通工具火灾：包括汽车火灾、火车火灾、船舶火灾、飞机火灾等。

（6）特殊火灾：包括带电设备、线路火灾，强风情况下有毒区域火灾等。

（7）其他火灾：包括小型工厂企业、小商铺、小摊档、单层、多层民用建筑、草地、露天堆垛等火灾。

（8）其他重要场所火灾：包括重要政府机关和单位、文物古建筑、物资仓库、洁净厂房等火灾。

7.4.1.2　应急救援的分类

应急救援的分类：

（1）危险化学品泄漏事故：包括液化石油气泄漏、城市燃气泄漏、油气井喷、放射性物质、沙林等事故处置。

（2）交通事故救援：包括公路交通、铁路交通、船舶、飞行器、公路、铁路隧道、地铁等事故处置。

（3）建筑物倒塌事故：包括地面建筑倒塌、地下建筑倒塌、施工中建筑倒塌、火灾情况下建筑倒塌等事故处置。

（4）自然灾害事故：包括洪涝灾害、地震灾害、台风灾害、海啸灾害、雪灾、地质灾害等事故处置。

（5）公共突发事件处置：包括恐怖袭击、群体性治安事件、重大环境污染、公共卫生事件、城市给水管网爆裂等事件处置。

（6）群众遇险救援：包括水域救援、高空救援、电梯救援、山地救援、井下救援、孤岛救援等处置。

（7）群众求助救援：包括居民家中取钥匙，摘除蜂窝，关闭居民水、气阀门及锅炉事故等处置。

（8）其他救助：包括自杀、跳楼（桥、塔）等。

7.4.2 非警务报警分流对接

依据公安部（公督【2016】683 号文件）《减轻基层公安机关 110 接处警工作负担专项治理工作方案》及《河北省人民政府办公厅关于在全省施行非警务报警与公共服务平台分流对接的通知》精神，非警务类报警将向 12345 等其他公共服务平台进行分流，由相关部门负责处理，具体职责划分如下：

110（报警服务台）：受理刑事案件、治安案（事）件、交通事故、火灾事故、群体性事件报警，其他需要公安机关处置的与违法犯罪有关的报警；危及人身或财产安全迫切需要处置的紧急求助；对正在发生的民警严重违法违纪行为的投诉。

12345（市政府公开电话群众服务热线）：受理群众在日常生活中遇到的需要政府解决困难、问题的求助，群众对政府职能部门、公共服务单位及其工作人员的投诉，群众对政策、政务信息的咨询。

120（急救中心）：受理突发性疾病患者求助、各类紧急突发事件紧急医疗救援。

12315（工商部门热线）：受理工商部门职责范围内消费者对购买、使用商品或接受服务的投诉，受理对销售假冒伪劣商品、虚假宣传、不正当竞争或其他违反工商行政管理法律、法规的经营违法行为的举报。

12318（文化市场举报热线）：受理营业性演出活动、歌舞娱乐和游艺娱乐等场所经营活动、互联网上网服务营业场所经营活动等事项的求助、咨询、举报、投诉。

12319（城市管理服务热线）：受理市政管理、市容环境卫生、违章占道经营、园林绿化、道桥管理、排水、照明等事项的求助、咨询、举报、投诉。

12301：旅游咨询投诉热线。

12305：邮政业消费者申诉中心。

12313：烟草热线。

12320：卫生和计划生育阳光热线。

12330：知识产权维权援助与举报投诉热线。

12331：食品药品投诉举报热线。
12316："三农"热线。
12333：人力资源社会保障服务热线。
12336：国土资源违法举报电话。
12338：妇女维权服务热线。
12348：法律热线。
12349：居家养老服务平台
12350：安全生产热线。
12351：工会热线。
12355：青少年服务台。
12358：价格监督举报热线。
12365：质检热线。
12366：税务热线。
12369：环保热线。
12398：电力监管举报投诉热线。
95598：国家电网服务热线。
96303：投诉出租车及乘车时遗失物品。
2057777：市燃气总公司热线。
2358680：劳动监察大队受理讨要工资。
2057900：市自来水总公司热线。

7.5 灾情判断与等级调派

7.5.1 火灾的发展规律和不同阶段

7.5.1.1 室内火灾的发展过程

室内火灾的发展过程分为三个阶段：初起阶段、发展阶段、下降阶段。

(1) 火灾的初起阶段。火灾初起时，随着火苗的发展，燃烧产物中有水汽、二氧化碳产生，还产生少量的一氧化碳和其他气体，有热量散发，火焰温度可能在500℃以上，室温略有增加。这一阶段火势发展的快慢随着引起火灾的火源、可燃物的特点不同而呈现不同的趋势。

(2) 火灾发展阶段。火灾发展阶段，也称为自由燃烧阶段，当温度升到一定程度，辐射热急剧增加，辐射面积增大，燃烧会扩大到整个室内，并有可能出现轰燃。火灾发生后，周围环境温度逐步上升，物质分解生成烟和毒性气体，并随热气流上升到顶部；热的烟粒子向四周辐射热量，引起室内可燃物分解，产生大量可燃气体。室内的上层气温达400~600℃即发生轰燃，火灾达到全面发展阶段，系统处于高温状态。火焰包围所有可燃物，燃烧速度最快，环境温度明显上升，温度可达700℃以上。此时火灾的发展情况取决于通风口面积和高度及表面绝热性能等因素。

(3) 火灾下降阶段。随着燃烧的进行，可燃物减少，如果通风不良，有限空间内氧气被渐渐消耗，则可燃物不再发出火焰，已燃烧的可燃物呈阴燃状态，室内温度降至500℃左右。但是，这样的高温仍能使可燃物分解出较轻的气体，如氢气、甲烷等。这时，如果不合理通风，突然引入较多的新鲜空气，则仍有发生爆燃而造成更大损失。如果火灾烧穿门窗、屋顶，则在可燃物全部燃尽后，才进入下一阶段。

7.5.1.2 室外火灾的发展过程

室外火灾一般无明显发展阶段之分。室外火灾由于供氧充足，起火后很快便会发展到猛烈阶段。

7.5.2 根据事故的不同阶段进行调派

7.5.2.1 火情预判

在消防车行驶途中、接近火场、到达火场的三个不同时间段内，即使未观察到燃烧迹象，都要向作战指挥中心分别报出“未发现情况”的信息。报告的主要内容为：如发现燃烧迹象，应报清烟雾颜色、烟（火）柱的对流态势、火点高度、光照度（夜间）范围的大小，烟柱上部是否有火星飞舞等主要情况。深黑色烟一般是油类、石油产品、高分子有机化合物，如油罐（池）火灾、柏油池火灾、油毛毡棚火灾、屋顶冷却塔火灾、屋顶浇柏油引起火灾等。一团团火光夹带火星，多半为稻草一类粗纤维作物火灾；火光上部火星飞舞，多半为竹席结构火灾。烟柱高、对流强、倾斜式螺旋形翻滚说明火灾从内部发展并已窜顶。随着消防力量逐步接近现场，途中情况将一次比一次准确。

7.5.2.2 第二火场

一般情况下，作为首战力量出动后，报警点火场最重要，要继续前往报警点火场，并报告作战指挥中心，请求增派力量前往第二火场。如第二火场燃烧明显、危险性大，报警点火场途中接获信息不变，应将主要力量直接赶赴第二火场，留部分力量继续前往第一火场，并报告作战指挥中心。如第一火场已被群众扑灭或一接警就明确燃烧对象（如草坪、废料焚烧等）应果断改赴第二火场，并报告作战指挥中心，第一火场由作战指挥中心直接处置。发现第二火场后，直接报告作战指挥中心，由作战指挥中心直接处置。

7.5.2.3　交通事故

直接造成对方人员伤害，事故车辆保持现场，应将伤员设法送医院，一般情况下应拨打 120 急救或拦截社会车辆救助；现场交通堵塞，确实无车，可利用其他消防车送医院，其余车辆继续前往火场，但现场应留班长或干部进行处理，并及时向作战指挥中心报告情况。一般碰擦事故，无人员伤害，消防车应继续前往火场，但现场必须留下消防指战员、协助交警处理交通事故。事故虽无人员伤害，但车辆损坏严重，应及时报告作战指挥中心。事故车和部分人员应留下，其他车辆继续前往火场。

7.5.2.4　途中堵车

当作战指挥中心接到途中消防力量报告交通堵塞的消息时，指挥中心应协调交警部门疏导交通，保障通向灾害现场各个方向的道路通畅；查看实时路况信息，提供躲避拥堵的行车路线；就近调派不同方向的增援力量前往。

7.5.2.5　补充调派增援力量

根据行进途中了解到的情况，一般通过手机、350 兆电台、车载数据终端等具体手段和方法实现调度指挥，补充调派增援力量。

在行进途中，指挥中心和中队通信室的调度指挥作用发挥了 99%以上：（1）要和事主联系了解现场情况；（2）要和当地政府及公安机关联系，通知联动单位到场了解情况，及时采取果断措施；（3）查询最佳行进路线，发挥导航引领的作用，乡镇的道路最重要，可以找辖区民警指引路线，因为他们掌握辖区情况，以便快捷地到达现场；（4）根据现场情况及时向指挥员进行作战提示，一般是安全防护、燃烧物质、火势大小、采取的措施；（5）及时了解周边水源情况、市区消火栓（消防水鹤）分布、重点单位消火栓情况。

作战提示中关于现场需要的相关资料可以从各种网络媒体上查询，通过多种方式发送给现场指挥员。例如氯气应该怎么防护，氨气怎么防护，只要查到这个常识，就可以通过短信、电话、电台、网络等方式给指挥员发过去，实现同步共享。大队级指挥中心和独立接警中队通信室的调度指挥作用需要结合本地实际，掌握作战程序、明确报告流程、调度执勤中队、了解灾情实况，规范作战安全提示。作战提示主要包括：物质、增援、联动、应对措施。

7.5.2.6　现场情况的具体应用

A　做好态势标绘

火灾现场情况复杂，如果指挥中心依靠火场人员单一的语言描述来了解火情，会与现场的实际情况存在一定的偏差，火场态势标绘可通过形象、具体的态势标绘将火场原貌呈现给指挥人员，从而解决了这一难题。火场态势标绘利用野外工作人员在三维电子地图或纸质地图上的标绘火场态势和人力分布，通过传输系统及时将态势信息传输到指挥中心，保证了数据信息的准确性和实时性。火情现场的观测人员通过观察到在火场位置，边缘的形状，灭火力量分布情况，现场的天气、风向等因素。通过系统的标绘功能绘制火场态势图。基本标绘包括点、线、面、文字等图形标绘；火场态势标绘包括火点、火线、火面、火头、火尾等火场专题，风向、温湿度等气象标绘，专业队、消防救援队伍、联动单位等灭火力量标绘。

B 掌握灭火救援进程

通过前后方信息反馈，可及时调整参战力量，掌握灭火救援进程，充分发挥指挥中心和通信室的信息中枢作用。

C 做好数据统计分析

通过现场信息收集，可及时录入相关系统进行数据统计分析，为领导科学决策提供客观依据，为指挥中心和通信室辅助决策提供数据支撑。

火场主要情况报告应由到场的最高指挥员报告，其他指挥员、通信员应及时提醒总指挥员报告，火场各阶段的相关情况；消防车到场、出水灭火，消防车撤离、归队、恢复战备等情况可由通信员报告。

D 现场监护

由于灾害事故现场具有临时性、不固定性和危险性，所以在灭火救援战斗中要对人员和财产进行现场保护，以确保人员和财产的安全。通过分析数据、研判现场，及时提醒现场安全员做好监护工作。重点是督促现场指战员履职尽责、按灭火救援战斗规程操作。另外，要防止无关人员进入现场，以免造成伤害。

7.5.3 越级调度原则

越级调度原则：

（1）发生一般灾害事故时，采取逐级报告的方式进行，即依次报告指挥长、值班首长、带班首长、灭火救援指挥部副部长、灭火救援指挥部部长，分管副支队长、支队长、政委，支队其他领导。

（2）发生较大以上灾害事故、敏感时段和敏感地区发生一般灾害事故、上级主要领导到达灾害事故现场，以及消防救援队伍内部发生指战员伤亡或重大安全事故时，采取从上至下报告方式进行，即依次报告支队长、政委，值班首长，指挥长，分管副支队长，灭火救援指挥部部长、灭火救援指挥部副部长，支队其他领导；发生反恐排爆案件时，依次报告支队长、政委，值班首长，指挥长，分管副支队长和灭火救援指挥部部长、灭火救援指挥部副部长。

（3）在某些特殊情况，比如上级领导通过某种方式获知警情，直接命令辖区中队出动力量，出动单位应当在出警的同时向上级作战指挥中心报告。

7.5.4 梯次增援圈

一级警情中报警人描述明确的单辆汽车、垃圾堆、一般性群众遇险、群众求助等，在经常性战备调派基础上，按照辖区中队第一出动调派，临近中队实行第一出动预备增援，特种车辆按需调派。基本上是4车编成加强第一出动。

除此之外的所有警情，以灾害现场位置为圆心，以距离最近中队为半径画圆，圆内中队出动最大限度执勤力量；以临近距离中队为半径画圆，圆环内中队实施第一梯次预备增援，最大限度执勤力量待命；以较远距离中队为半径画圆，圆环内中队实施第二梯次预备增援，根据任务需要待命；后续预备增援以此类推；特种车辆按需调派，企事业专职消防队、乡镇消防队、义务消防队等其他执勤力量一并考虑；包含现场保卫力量和动态执勤力量。集中接警区域画圆半径充分考虑5分钟最远行车距离，城区主干道畅通情况等因素。分散接警区域画圆半径充分考虑县市区大中队驻地，高速公路、省道、县道畅通情况等因素，结合执勤实力调整变化实时更新。

按照“1分钟、3分钟、5分钟、10分钟”的时限目标，将现场工作人员、定点看守人员、动态执勤人员列入核心圈，如遇警情最大限度出动；临近距离中队同属第一梯次增援，同时最大限度出动；较远距离中队同属第二梯次增援，同时最大限度预备增援待命，特种车辆按需调派。

7.5.5 层次通信指挥

层次通信指挥分为层次通信和层次指挥两个方面，按照支队《值班指挥专业化实战考核评分标准》，层次通信分为通信组织、音视频组会、途中通信、到场报告、上传图像、语音组网、现场值守、规范用语。层次指挥分为攻坚组、战斗小组、前指、后指、指挥中心五个层级，实行灭火救援战斗行动首接负责制。

7.5.5.1 层次通信的要求

层次通信的要求：喊得出，听得清，看得见，传得准。

7.5.5.2 层次通信的原则

A 现场通信组网指挥示意图

核心内容：依托动中通卫星通信指挥车和便携中继台、350兆电台、公网集群电台，实现现场层次通信指挥，攻坚组、战斗小组、前指、后指、指挥中心五个层次保证通信联络快速、准确、不间断。

收发原则："心有上级，倾听本级，服务下级"。

频道划分：手持电台 1~3 频道支队全勤指挥部使用，4 频道支队首长使用，5 频道命令广播，6~12 频道战斗 1~7 组使用，13~16 频道跨区域作战使用。

B 规范用语

战时用语：简练简练再简练，要情重复一两遍，先听清再说清，有请示有汇报有落实。

平时用语：平时主要指视频点名、战备督导、远程拉动，开头和结尾很重要，定点和定位很重要。

C 使用排故常识

简单故障排除，重启，拆电池，查看按钮，查看软件，拨打故障电话。

应急通信保障优先级：视频、声音、数据、代码。

7.5.5.3 通信训练和演练

实现"第一时间通信联络、上传图像"和"持续通信保障"的目标，确保重大灾害事故发生时"拉得出、连得上、通得了"。

（1）通信装备操作规程包括：摩托罗拉 GP328 和好易通 TC610P 电台耳机使用方法、支队消防通信装备测试程序等。

（2）全勤指挥部现场指挥通信程序等。

（3）通信操法包括：语音综合管理平台通信操、支队便携中继台通信操、微波单兵图传设备应用操、现场层次指挥通信操、现场音视频采集录制回放操、支队级现场无线通信组网操、中队级现场无线通信组网操等。

（4）通信演练程序包括：支队便携中继台现场组网通信演练程序、支队级现场通信演练程序、支队级远程通信演练程序等。

（5）通信演练预案包括：支队应急拉动通信演练预案等。

（6）通信保障理论包括：支队现场通信组网示意图、支队 350MHz 无线电台频点分配表等。

7.5.6 市级微型消防站联勤联战制度

河北省印发了《河北省微型消防站建设指导意见（试行）》，为深入推进社会消防安全管理创新，积极引导和规范志愿消防队伍建设，加强了全省微型消防站建设，通过建设"有人员、有器材、有战斗力"的微型消防站，进一步整合多种形式消防力量，将防火、灭火和宣传功能有机整合，以救早、灭小和"3min 到场"扑救初起火灾为目标，着力提高了社会火灾防控整体水平和部局局长提出的"三知、四会、一联通，处置要在 3 分钟"的要求。特制订微型消防站联勤联训制度。(“三知”是指微型站队员要知道消防设施位置，知道疏散通道和出口，知道建筑布局和功能；“四会”是指会组织疏散人员，会扑救初期火灾，会穿戴防护装备，会操作消防器材；“一联通”是指微型站与指挥中心，微型站与单位内部，微型站与队员之间要保持联络畅通。)

（1）重点单位是微型消防站的建设管理主体，微型消防站建成后，应向辖区消防救援大队备案。平时接受辖区消防救援大队工作指导，战时纳入当地灭火救援联勤联动体系，参与周边区域灭火救援处置工作。值班人员要做到履职尽责、认真值守、及时响应、用语规范，圆满完成上级交给的训练、执勤以及灭火任务。

（2）做好单位内防火巡查、宣传教育，对于发现的火灾的隐患和违法行为予以整改和制止。做好设备台账记录和档案管理，对消防设施设备、器材装备和通信线路及时进行维护保养，保证完好有效。

（3）值班人员应24h在岗在位，严格遵守交接班制度，认真履行岗位职责，做好应急准备。值班电话响铃三声内必须接听。联勤联动微信群必须及时回应。

（4）接到单位内部火情信息后，及时启动预案，站长负责指挥初期火灾扑救和人员疏散，值班员负责拨打119火警电话报警，同时向辖区消防救援大队报告。

（5）接到消防救援支队出动命令后，必须立即出动，同时向单位值班领导进行报告，灭火救援作战时接受辖区消防救援大队指挥，编入辖区中队（站）作战单元。

（6）每月向辖区消防救援大队报送执勤实力表，当日执勤实力如有变动及时向消防救援支队作战指挥中心报告，值班电话：×××××××，警用传真：×××××××。

7.5.7 力量调派编成表

不同级别力量调派编成参见表7-2~表7-4。

表7-2 支队级五级火警分级调派力量编成表 ×年×月×日

级别	性质				
	一级（绿色）	二级（蓝色）	三级（黄色）	四级（橙色）	五级（红色）
非高层建筑	2水-1抢	4水-2抢 1登	10水-2抢 1登	15水-3抢 2登	20水-3抢 2登-3高
高层建筑	2水-1抢 1登	4水-2抢 1登-1烟	10水-2抢 2登-1烟	15水-3抢 3登-1烟	20水-3抢 4登-1烟

续表 7-2

级别	性质				
	一级 （绿色）	二级 （蓝色）	三级 （黄色）	四级 （橙色）	五级 （红色）
露天堆垛 其他火警	2 水-1 抢	4 水-2 抢	10 水-2 抢	15 水-3 抢	20 水-3 抢
一般单位 带电设备/线路	2 水-1 抢	4 水-1 抢 1 泡	7 水-2 抢 3 泡	10 水-2 抢 5 泡	15 水-3 抢 10 泡
重要场所	2 水-1 抢 1 烟	4 水-1 抢 1 泡	7 水-2 抢 3 泡	10 水-3 抢 5 泡	15 水-4 抢 10 泡
易燃易爆 化学危险品场所	2 水-2 抢 4 泡	4 水-3 抢 6 泡-1 干	7 水-4 抢 8 泡-2 干 1 化	7 水-5 抢 10 泡-2 干 1 化-1 供	15 水-8 抢 15 泡-2 干 2 化-1 供
地下建筑	2 水-2 抢 1 烟	4 水-3 抢 2 泡-1 烟	6 水-4 抢 4 泡	10 水-5 抢 5 泡	20 水-8 抢 5 泡-1 运
人员密集场所	2 水-1 抢 1 烟	4 水-2 抢 2 泡-1 烟	6 水-4 抢 4 泡-1 烟	10 水-4 抢 5 泡-1 烟	20 水-4 抢 5 泡-1 烟
注： “水”：指水罐消防车。 “泡”：指泡沫消防车。 “抢”：指抢险救援消防车。 “供”：指远程供水/泡沫系统。 “登”：指登高平台消防车。 “高”：指举高喷射消防车。 “烟”：指排烟消防车。 “化”：指防化洗消消防车。	说明 1. 高层建筑是指建筑高度大于 27m 的住宅建筑和建筑高度大于 24m 的非单层厂房、仓库和其他民用建筑。 2. 地下建筑主要指地下、半地下建筑（包括建筑附属的地下室、半地下室）等。 3. 易燃易爆化学危险品场所主要指易燃易爆化学危险品生产、经营、储存、运输等。 4. 人员密集场所是指公众聚集场所，医院的门诊楼、病房楼，学校的教学楼、图书馆、食堂和集体宿舍，养老院，福利院，托儿所，幼儿园，公共图书馆的阅览室，公共展览馆、博物馆的展示厅，劳动密集型企业的生产加工车间和员工集体宿舍，旅游、宗教活动场所等。 5. 重要场所主要指党政机关、文物古建筑、保密单位等。 6. 带电设备\ 线路主要指供电系统中的送电途径和变压、配电及用电设施等。 7. 其他火警主要指露天商铺（摊位）、城市绿化、田间农作物、生活垃圾等。 （此表每月一更新，配合车辆装备统计分析系统使用。）				

表 7-3 支队级四级应急救援分级调派力量编成表

性质	级别			
	一级 （蓝色）	二级 （黄色）	三级 （橙色）	四级 （红色）
群众求助	1 水-1 抢	2 水-2 抢	3 水-3 抢	4 水-4 抢

续表 7-3

性质	级别			
	一级 （蓝色）	二级 （黄色）	三级 （橙色）	四级 （红色）
群众遇险	1 水-1 抢	4 水-2 抢	6 水-4 抢	10 水-6 抢 1 运
公共突发事件	1 水-1 抢	4 水-2 抢	6 水-4 抢 1 运	15 水-6 抢 1 运
其他救助	1 水-1 抢	4 水-2 抢	6 水-4 抢	8 水-4 抢
自然灾害	1 水-1 抢	2 水-2 抢 1 运	3 水-4 抢 1 运	3 水-10 抢 1 运
危险化学品泄漏	2 水-1 抢 2 泡-1 化	4 水-2 抢 4 泡-1 干-1 化	6 水-3 抢 6 泡-2 干-1 化 1 供	8 水-4 抢 10 泡-2 干-2 化 1 供
建筑物倒塌	3 水-1 抢	6 水-2 抢	8 水-3 抢 1 运	10 水-4 抢 1 运
交通工具	2 水-1 抢	4 水-2 抢 2 泡	6 水-4 抢 4 泡	10 水-6 抢 6 泡

注：

“水”：指水罐消防车。

“泡”：指泡沫消防车。

“抢”：指抢险救援消防车。

“供”：指远程供水/泡沫系统。

“化”：指防化洗消消防车。

“运”：指运兵消防车。

说明

1. 危险化学品泄漏主要指液化石油气泄漏、城市燃气泄漏、石化装置管道泄漏、油气井喷、有毒有害物质泄漏等。

2. 交通工具主要指公路交通、轨道交通、船舶、飞行器等。

3. 建筑物倒塌主要指地面建筑倒塌、地下建筑倒塌、施工建筑倒塌、火灾情况下建筑倒塌等。

4. 自然灾害主要指洪涝灾害、地震灾害、台风灾害、海啸灾害、冰雪灾害、地质灾害等。

5. 公共突发事件主要指群体性治安事件、重大环境污染、公共卫生事件、恐怖袭击等。

6. 群众遇险主要指水域、高空、电梯、山岳、井下、孤岛等。

7. 群众求助主要指居民取钥匙、摘除蜂窝、关闭居民水（气）阀门等。

8. 其他救助主要指自杀、跳楼（塔、桥）等。

（此表每月一更新，配合车辆装备统计分析系统使用。）

表 7-4 支队分级调派响应运行流程表

响应		流程				
		一级	二级	三级	四级	五级
		一级	二级	三级	四级	
中队	火警	1	1-3	3-5	5-10	10 以上
	应急救援	1	1-3	3-5	10 以上	

续表 7-4

响应		流程				
		一级	二级	三级	四级	五级
		一级	二级	三级	四级	
人员	火警	15-30	30-60	60-100	100-150	150 以上
	应急救援	15-30	30-50	50-100	100 以上	
预备增援	常规装备	常规 1：1 预备			—	—
	特种装备	—	特种车辆装备预备			
保障	通信保障	远程实施	信通科组织第二梯队通信保障分队实施			
	宣传保障	—	—	预备增援	到场实施	
	战勤保障	—	预备增援	到场实施		
	医疗保障	—	—	预备增援	到场实施	
	生活保障	—	—	预备增援	到场实施	
联动	110	通知民警协助	主管领导协助	主管副局（区县）长协助	副市长/局长协助	
	社会联动单位	通知工程人员协助	主管领导协助	主管副局（区县）长协助	副市长/局长协助	
	灭火救援专家组	远程协助	远程协助	到场协助		
支队机关	火警	—	三级响应		二级响应	一级响应
	应急救援	—	三级响应	二级响应	一级响应	
作战指挥中心	火警	—	报 110	报总队		
	应急救援	—	报 110	报总队		
大中队	火警	—	报支队			
	应急救援	—	报支队			
网络舆情	火警	四级	三级	二级	一级	
	应急救援	四级	三级	二级	一级	
	其他	四级：非主流媒体，未跟帖。三级：非主流媒体，已跟帖。二级：非主流媒体，有扩散趋势。一级：非主流媒体，已扩散。 作战指挥中心负责涉消舆情进行监测和跟踪，启动四级响应机制。宣传科负责舆情处置应对，其他科室负责处置舆情信息时提供决策支持。大队负责舆情处置，中队负责舆情监控				

续表 7-4

<table>
<tr><td colspan="2" rowspan="3">响　应</td><td colspan="5">流　程</td></tr>
<tr><td>一级</td><td>二级</td><td>三级</td><td>四级</td><td>五级</td></tr>
<tr><td>一级</td><td>二级</td><td>三级</td><td colspan="2">四级</td></tr>
<tr><td rowspan="3">警情信息</td><td>途中情况</td><td colspan="5">校对警情、途中信息</td></tr>
<tr><td>现场情况</td><td colspan="5">到场信息、首次信息、出水信息、续报信息、火势扩大信息、特殊情况信息、增援信息、控制信息、停水信息、收残信息、调防信息、撤离信息、熄灭信息</td></tr>
<tr><td>归建情况</td><td colspan="5">撤回信息、归队信息、恢复战备信息、系统录入信息</td></tr>
<tr><td rowspan="2">要情信息</td><td>交接班</td><td colspan="5">每周视频调阅中队通信室值班记录</td></tr>
<tr><td>七类系统</td><td colspan="5">中队信通主管干部每日汇总报送</td></tr>
</table>

8 值班指挥专业化

8.1 值班信息收集

8.1.1 值班信息的组成

目前，消防信息共有 19 种类型，主要内容见表 8-1。

表 8-1 消防信息一览表

序号	类 型	主 要 内 容
1	录音录时信息	通道号、主叫电话号码、时间（开始录音时间、结束录音时间、录音时长）、通道模式（有线、无线）、录音文件名、附加信息等
2	出车单	灾害地点、报警电话、报警人、灾害类型、灾害等级、报警时间、下达命令时间、行车路线、出动车辆数量、出动车辆属性（编号、牌号、类型）、区域范围内的消防水源、地图信息（可选）等
3	常用电话号码	各级指挥机关及负责人和相关救援单位等的电话号码
4	火灾类型信息	普通建筑火灾、高层建筑火灾、地下空间火灾、油类火灾、气体火灾、露天堆场火灾、交通工具火灾、一般性火灾等
5	灾害事故类型	交通事故、倒塌事故、市政公用设施故障事故、危险化学品泄漏事故、爆炸事故、自然灾害、恐怖事件等
6	消防地理信息	道路、消防水源、消防站、消防安全重点单位、灭火救援有关单位（政府部门、救灾相关单位、城市公共安全应急联动机构）等地图信息及其属性数据
7	气象信息	气象、温度、湿度、风向、风力等
8	消防水源信息	消火栓的编号、名称、位置、状态、管网形式、口径、压力、流量（或储水量）、使用方法，天然水源及供水码头，缺水区域等
9	消防实力信息	消防队（站）名称及属性、值班领导姓名、通信员姓名、战斗员人数、车辆数量、车辆编号、车辆类型、车辆状态、车辆位置等
10	车辆状态信息	待命、出动、执勤、检修、途中、到场等
11	器材信息	器材类别、名称、放置地点、数量、状态等

续表 8-1

序号	类　型	主 要 内 容
12	危险化学品信息	名称标识（中文名、英文名、分子式等）、理化性质（外观与形状、主要用途、闪点、熔点、沸点、相对密度、溶解性、爆炸极限等）、包装与储运（危险性类别、危险货物包装标志、储运注意事项等）、危害特点（燃烧爆炸危险性、扩散性、毒性及健康危害性、带电性等）、灭火处置方法等
13	灭火作战预案信息	单位（区域）概况、火灾特点、力量部署、扑救对策、供水方案、注意事项、战斗保障及各种图形、图片、图像信息等
14	抢险救援预案信息	灾害特点、情况设定、力量调集、处置程序、处置方法、注意事项、战斗保障及各种图形、图片、图像信息等
15	消防勤务预案信息	活动概况、指挥机构、重点目标、力量部署、注意事项、勤务保障及各种图形、图片、图像信息等
16	跨区域灭火救援预案信息	灭火救援区域、力量编成、调集程序、增援路线、指挥机构、任务分工、战斗保障及图形、图片、图像信息等
17	灭火救援作战记录信息	编号、灾害地点、报警人、灾害类型、灾害等级、有无人员被困或伤亡、报警时间、第一出动时间及到场时间、出水时间、增援出动时间及到场时间、控制时间、结束时间、各级指挥员姓名、出动队别及数量、出动人数、出动车辆类型及数量、使用消防水源情况、使用灭火剂情况、使用灭火救援器材情况、损失情况、伤亡情况、灭火救援作战图像和图表资料等
18	值班信息	调度员值班、战训值班、领导值班等
19	统计信息	火灾报警次数、出动次数、出水次数、出动队次、出动人数等；抢险救援的报警次数、出动次数、出动队次、出动人数等；一般救助及勤务的报警次数、出动次数、出动队次、出动人数等数据的日统计、月统计、季度统计和年统计

8.1.2　值班信息的来源

8.1.2.1　信息收集的重点

火灾信息、灾害事故应急救援信息、指战员伤亡信息，地方党委、政府领导视察工作、慰问指战员、作出批示指示等信息，国家法定节假日、重点时段、重大活动消防安全保卫信息，以及其他必须及时报告的信息。

8.1.2.2 信息收集的要素

信息收集的要素：

(1) 接警情况：接警时间（月、日、时、分）；接警单位；起火单位名称、地址。

(2) 调派力量情况：专职消防中队、消防车、消防救援指战员（专职队、合同制消防员）数量；首批到场力量和增援力量情况；到达时间、中队数、消防车数；总、支队全勤指挥部到场情况；社会力量调用情况。

(3) 着火情况：起火建筑（设施）内部、周围人员被困，起火建筑面积、层数，危险物品储量，倒塌、泄漏、爆炸等次生灾害危险，火势发展的趋势，毗连建筑、设备附近是否有受到火势威胁群众，火灾事故可能造成的严重后果等情况。

(4) 灭火救援情况：所采取的灭火和搜救措施；消防水源及使用情况；控制火势时间（时、分）；扑灭火灾时间（时、分）；疏散、搜救人员数量；消防救援指战员抢救、保护财产价值；着（过）火面积。

(5) 党政、应急部门领导指导情况：主要领导到场情况及做出的批示、指示。

(6) 人员伤亡和财产损失情况：

1) 群众伤亡情况：死亡人员的姓名、性别、年龄、身份、健康状况等；伤员伤势、救治情况等。

2) 消防救援指战员情况：姓名、性别、年龄、入队时间、政治面貌、所在单位、职务、消防衔等；受伤指战员伤势、救治情况；其他消防员伤亡情况。

3) 财产损失情况：烧毁（损）财物名称和数量，直接财产损失等。

(7) 火灾调查情况：起火单位隶属关系、经济类型、生产经营性质、消防监督管理、火灾原因等基本情况。

(8) 消防救援队伍重大工作部署和重要活动。

8.1.3 值班信息记录

值班信息记录分为警情信息记录、要情信息记录、舆情信息记录。

8.1.3.1 警情信息记录

警情信息记录分为三个阶段，即行进途中跟踪、现场情况调度、归建情况掌握。

A 行进途中跟踪

行进途中跟踪一般由支队指挥中心实施。出动命令发布后至到达现场前，即进入行进途中跟踪阶段。指挥中心、大队通信室需要对整个作战行动实施计划、组织、调度、控制。接警调度员必须熟悉道路、水源、重点单位、辖区基本道路情况，位置、主要行车路线、道路维修状况，熟练掌握视频监控、电子地图、GPS 定位仪等软硬件设备的使用操作方法，确保出警车辆迅速赶赴灭火救援现场。

主要核对：校对警情、途中信息。

B　现场情况调度

自首战力量到场至灭火救援战斗结束之间的调度指挥叫做现场情况调度。指挥中心要向首战指挥员或者最高指挥员主动了解现场情况。现场通信员每 10 分钟要向指挥中心或通信室汇报一次现场情况，并将指挥中心或通信室命令反馈给现场指挥员。另外，指挥中心和通信室也可利用公安监控、卫星视频、微波视频、3G 视频、卫星电话等实时掌握现场情况。

主要核对：到场信息、首次信息、出水信息、续报信息、火势扩大信息、特殊情况信息、增援信息、控制信息、停水信息、收残信息、调防信息、撤离信息、熄灭信息。

C　归建情况掌握

当灭火救援任务结束至完全恢复执勤时，即进入归建阶段，这是执勤车辆恢复到战备状态的过程。主要包括归建途中、调（换）防、恢复战备、系统录入四个环节。

主要核对：撤回信息、归队信息、恢复战备信息 、系统录入信息。

8. 1. 3. 2　要情信息记录

一般利用计算机、电话、传真、电台和音视频综合管理平台上传下达。

8. 1. 3. 3　舆情信息记录

一般利用计算机、电话、微信上传下达。

8. 2　火场文书记录

8.2.1　什么是火场文书

火场文书就是灾害事故现场所有作战和指挥情况的完整记录。

8.2.2 火场文书记录要点

8.2.2.1 火灾信息报告记录要点

火灾信息报告记录要点有：

(1) 接警：______月______日______时______分______秒，接警单位名称。

(2) 起火单位：______市，______县（市、区、旗），______乡（镇），______街（道、路、巷），单位名称（住宅）、门牌号。

(3) 调派队伍形式和数量：消防救援队伍、专职、其他形式。消防车______辆、消防员______人。其中，指战员______人，合同制消防员______人，公安干警______人，其他消防员______人。

(4) 首批力量到场：______时______分，______个中队，指战员______人、车辆______辆、合同制消防员______人；现场指挥员的姓名、职务。

(5) 增援力量到场：______时______分，______个中队，指战员______人、消防车______辆、合同制消防员______人；总、支队指挥员到场（或赶赴火场）时间，人员、职务。

(6) 火灾现场情况：起火建筑内部人员被困情况；起火建筑面积、层数，危险物品的储量情况；是否有倒塌、泄漏、爆炸等次生灾害的危险；毗连建筑、设备附近是否有群众受到火势威胁，火灾事故可能造成的严重后果等。

(7) 群众伤亡情况：死______人，重伤______人。死亡人员的姓名、性别、年龄、身份、健康状况等；伤员伤势、救治情况。

(8) 消防指战员伤亡情况：姓名、性别、年龄、入队时间、政治面貌、所在单位、职务、消防衔等；受伤指战员伤势、救治情况；其他消防员伤亡情况。

(9) 现场疏散、救人情况：疏散人员______人，抢救人员______人，对失踪人员的搜救情况，采取的措施。

(10) 灭火措施和施救的基本情况。

(11) 火势发展的趋势；蔓延主要方向（方面）；着（过）火面积约______平方米。

(12) 火场消防水源及使用情况。

(13) 专家和社会力量调用情况。

(14) 党政、应急部门主要领导到场情况及作出的批示、指示。

(15) 控制火势：______时______分；扑灭火灾：______时______分。

(16) 抢救财产价值______万元，保护财产价值______万元。烧毁（损）财物名称和数量；直接财产损失______万元。

(17) 起火原因。

(18) 起火单位情况：隶属关系、经济类型、生产经营性质、消防监督管理情况。

第 1 项至第 14 项为正在发生的重要火灾应向总队指挥中心报告的基本内容。确实不能一次完整上报的，应根据上述内容，及时进行修正、补充、完善，每隔 1 小时传真向总队指挥中心续报一次现场最新情况信息。

第 1 项至第 18 项为灭火结束后 1 小时内，向总队指挥中心报告的基本内容。确实不能按照上述内容完整上报的，应尽快掌握了解、整理汇总现场情况，传真向总队指挥中心续报。

8.2.2.2　抢险救援信息报告记录要点

抢险救援信息报告记录要点：

(1) 接警：______月______日______时______分______秒，接警单位名称。

(2) 事故单位：______市，______县（市、区、旗）乡（镇），______街（道、路、巷），单位名称（住宅）、门牌号。

(3) 调派队伍形式和数量：消防救援队伍、专职、其他形式。消防员______人、消防车______辆；其中，指战员______人，合同制消防员______人，公安干警______人，其他消防员______人。

(4) 首批力量到场：______时______分，______个中队，指战员______人、消防车______辆、合同制消防员______人；其中特种车辆的种类、数量；现场指挥员的姓名、职务。

(5) 增援力量到场：______时______分，______个中队，指战员______人、消防车______辆，合同制消防员______人，其他增援力量情况；总、支队指挥员到场（或赶赴火场）时间，人员、职务。

(6) 事故类型。

(7) 事故灾害现场情况：建筑倒塌和设备容器泄漏、爆炸等次生危险；受威胁区域和人群；空气、水等受污染情况；事故灾害可能造成的严重后果。

(8) 群众伤亡情况：死______人，重伤______人，受伤人员伤势、救治情况。

(9) 消防指战员伤亡情况：姓名、性别、年龄、入队时间、政治面貌、所在单位、职务、消防衔等。受伤指战员伤势、救治情况。

(10) 抢险救援措施和施救的基本情况；个人防护情况。

(11) 专家和社会力量调用、参与情况。

(12) 处置完毕：______时______分；抢救______人，疏散______人，抢救财产价值______万元，保护财产价值______万元；直接经济损失______万元。

(13) 事故原因。

(14) 事故单位情况：隶属关系、经济类型、生产经营性质；建筑面积、结构、使用性质。

(15) 党政、应急部门主要领导到场情况及作出的批示、指示。

第 1 项至第 11 项为正在进行的抢险救援向总队指挥中心报告的基本内容，确实不能一次完整上报的，应根据上述内容，及时进行修正、补充、完善，每隔 1 小时，传真向总队指挥中心续报一次现场最新情况信息。

第 1 项至第 15 项为抢险救援结束后 1 小时内，向总队指挥中心报告的基本内容。确实不能按照上述内容完整上报的，应尽快掌握了解、整理汇总现场情况，传真向总队指挥中心续报。

8.2.3 救援现场作战命令传达

救援现场作战命令传达一般包括现场指挥网和灭火救援战斗网。

火场指挥网适用于保障灭火作战中火场范围内各级消防指挥人员手持电台之间的通信联络。与企事业单位专职消防队、抢险急修队等灭火协作单位的火场协同通信也可在该网中实施。灭火救援战斗网适用于火场各参战消防中队内部，中队前、后方指挥员之间、指挥员与战斗班班长之间、班长与水枪手之间、消防战斗车辆驾驶员之间以及特勤抢险班战斗员之间的通信联络。

一般依托超短波电台、公网集群电台、短波电台、4G 图传设备、微波图传设备实现。

事故现场和后方指挥部的联络通常是指城市消防管区覆盖网，适用于保障城市消防作战指挥中心与所属消防支（大）队、消防站固定电台、车载电台之间的通信联络。

一般依托卫星通信设备、POC 手机、超短波电台、公网集群电台、短波电台、4G 图传设备、微波图传设备实现。

8.3 信息上报的程序、时限及要求

8.3.1 信息报告流程

凡发生上述火灾事故以及消防救援队伍参与处置的灾害事故，辖区内的县级消防救援大队要立即上报地（市）级消防救援支队，地（市）级消防救援支队要立即上报省级消防救援总队，省级消防救援总队要立即上报应急管理部消防救援局。

发生特大火灾事故和造成重大人员伤亡或社会影响较大的灾害事故后，地（市）级消防救援支队要在上报省级消防救援总队的同时，立即上报应急管理部消防救援局。省、地（市）级消防救援总、支队要确定专人总体负责信息的收

集和上报工作，并与应急管理部消防救援局总值班室随时保持联系。

对正在发生的规模较大、有可能造成重大人员伤亡或重大政治、社会影响的火灾事故，当地消防救援部门要立即向上级消防救援部门报告。省级消防救援总队要立即确定专人建立与事故现场的直接联系，随时向应急管理部消防救援局总值班室报告现场火灾发展和扑救情况。

消防救援队伍在灭火救援中，无论何种原因造成消防救援指战员伤亡的，县级消防救援大队要立即上报地（市）级消防救援支队，地（市）级消防救援支队要立即上报省级消防救援总队，省级消防救援总队要立即上报应急管理部消防救援局。同时，要及时跟踪续报医疗救治和善后处理等情况，请示报告流程如图8-1 所示。

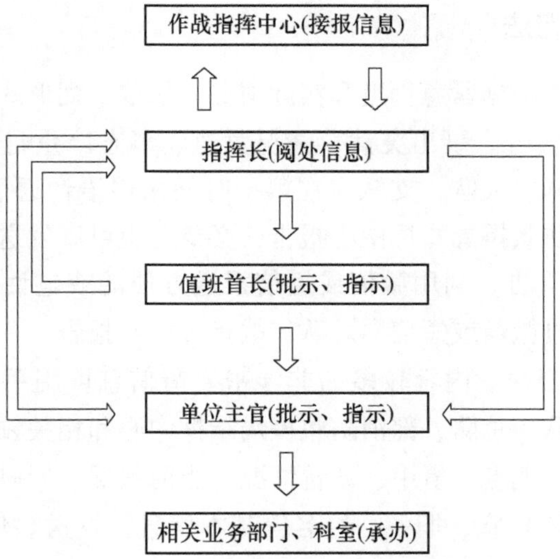

图 8-1 请示报告流程图

（1）上报时限要突出“快”。各级作战指挥中心接到上级领导电话指示、批示、指令等警情信息时，向职能部门及有关领导上报要快，信息报送要快，确保及时掌握、办理、反馈、上报。在涉及重要领导、重大事件、重大会议的电话指示、批示和需要及时上报重要信息时，必须立即向主官同时汇报。

（2）内容把握要突出“准”。接上级指示、批示、指令精神要准，搜集上报各类信息、数据要准。对下级上报的重要警情信息必须准确记录，准确无误地传到相关部门、相关领导。在搜集灭火救援灾害信息时，要高标准、高效率、高质量，准确、全面、客观地进行报送。严禁报送不实、虚假、未经领导签发的信息，相关数据、调查结果必须实事求是，并做好与当地政府、公安机关报送口径的协调。

（3）审核审批要突出“严”。报送审批程序要严，信息管理要严，报告制度要严。在信息报送中，必须执行逐级请示、逐级审批制度。较大和节假日期间亡人火灾、特殊区域（藏区、灾区）和特殊时间（专项整治、等级备战）火灾信息必须第一时间同时向部门领导、分管领导、主官报告，报送相关的信息内容由主官签发。对已搜集、报送的各类信息（音响、图像）分类存放，严格管理，不得擅自向新闻媒体、互联网或其他单位提供，如有需要，必须经单位主官同意后方可。

（4）处理方法要突出“灵”。鉴于各类警情信息内容不同，上报时限和办理程序上则有所侧重，处理信息方法上则要求灵活多变。对一般类警情信息，要记好台账，做到心中有数；对重要警情信息必须及时办理，及时反馈；对重大警情信息，必须第一时间收集、整理、跟踪、反馈，按照要求程序和时限报批。

8.3.2 信息报告的方法

消防救援信息可根据紧急程度和实际情况，采取下列形式报告：

（1）电话口头报告。事出突然、情况紧急、事态严重且来不及整理文字材料的，消防救援中队、大队、支队应在第一时间采用语音通话方式分别向大队、支队、总队、部消防救援局指挥中心报告，必要时也可以发送短信。

（2）微信短信报告。利用微信或短信报送方便的或电话口头不易表述清楚的，应第一时间通过微信或短信向总队作战指挥中心报告。

（3）手机短信报送。内容较多的非涉密要情信息可用手机短信在第一时间向中队、大队、支队、总队、部消防救援局指挥中心和相关领导逐级报告。编辑短信时要写清时间、地点、事由、处置情况、当前状况、影响、拟办意见、编辑短信人员所在处（科）室、职务、姓名等基本信息，发送短信后要将短信内容、上级部门和领导指示记录存档。

（4）音视频传输报告。重特大火灾扑救和特殊灾害事故抢险救援处置过程中，中队、大队、支队、总队指挥中心应根据要求和现场实际情况，及时将现场音视频传输到大队、支队、总队、部消防救援局指挥中心。

（5）书面材料报告。能够提供详细情况或按要求提供全面情况时，采用《值班信息快报》《每日消防救援信息》等形式报告。《值班信息快报》用于报送重要火灾、重大事故处置、地质和自然灾害事故抢险救援、消防救援人员伤亡事故、突发性和群体性事件处置及领导视察工作和慰问消防救援队伍情况等，通过传真和作战指挥中心信息直报系统同步报总队作战指挥中心。

（6）网络系统报送。发生火灾后，接处警消防救援中队应在灭火救援归队后 48 小时内录入火灾扑救基本情况，消防救援大队（科）应在火灾发生后 72 小时内录入消防监督和火灾原因调查基本情况，以便系统实时统计汇总。

8.3.3 信息报告的时限

8.3.3.1 重要火灾

(1) 死亡3人以上的火灾，支队作战指挥中心应在火灾发生后立即通过电话向总队作战指挥中心报告火灾发生的时间、地点和所了解的人员伤亡情况及参战力量等基本信息，并于1小时内上报《值班信息快报》。

(2) 死亡1至2人的火灾，支队作战指挥中心应在火灾扑灭1小时内向总队作战指挥中心上报《值班信息快报》。

(3) 调集2个以上中队或6部以上消防车扑救的火灾，以及支队全勤指挥部出动，支队指挥中心应立即向总队指挥中心电话报告，并打开4G无线图传设备保持音视频连通。

(4) 其他重要火灾情况，支队作战指挥中心应在了解基本情况后，第一时间向总队作战指挥中心上报《值班信息快报》。

8.3.3.2 重大事故处置

(1) 死亡10人以上、参战力量较多、有较大社会影响的灾害事故，支队作战指挥中心应第一时间通过电话向总队作战指挥中心报告，并于1小时内上报《值班信息快报》。

(2) 死亡3人或伤亡10人以上的，支队作战指挥中心应在抢险救援结束2小时内上报《值班信息快报》。

(3) 调集2个以上中队或6部以上消防车参与处置的抢险救援，以及支队全勤指挥部出动，支队作战指挥中心应立即向总队指挥中心电话报告，并打开4G无线图传设备保持音视频连通。

(4) 其他事故处置情况，支队作战指挥中心应在了解基本情况后，第一时间向总队作战指挥中心上报《值班信息快报》。

8.3.3.3 地质和自然灾害事故抢险救援

(1) 支队应在第一时间通过电话向总队作战指挥中心报告情况，并于1小时内上报《值班信息快报》。

(2) 对于总队调集力量跨区域增援的，参与救援的支队指挥中心应于20分钟内向总队作战指挥中心上报《值班信息快报》，报告力量调集情况，每30分钟通过电话向总队作战指挥中心报告一次灾情和救援队伍行进情况。

(3) 对正在抢救被埋压生还人员或救出生还人员情况，现场指挥员应第一时间通过电话向总队作战指挥中心报告，支队作战指挥中心应于 1 小时内上报《值班信息快报》。

8.3.3.4 消防救援队伍人员伤亡事故

（1）灭火救援过程中指战员、合同制消防员和文职雇员伤亡、被困（埋压、失踪等）时，支队作战指挥中心应在第一时间通过电话向总队作战指挥中心报告，并于 1 小时内上报《值班信息快报》。同时，每小时电话向总队作战指挥中心报告一次搜救进展情况；

（2）消防救援指战员、合同制消防员和文职人员确认死亡的，支队作战指挥中心应在第一时间电话向总队作战指挥中心报告，并于 1 小时内上报《值班信息快报》。

8.3.3.5 网络舆情信息

一旦发现涉消网络舆情，各支队作战指挥中心要实时跟踪监控，掌握事态发展趋势。可能对河北省消防救援队伍产生负面影响的舆情，应立即电话报告总队作战指挥中心。

8.3.3.6 突发性和群体性事件处置

参与涉疆、涉藏事件、突发性、群体性事件及反恐处突事件处置的，支队作战指挥中心应在接到调动命令的第一时间电话向总队作战指挥中心报告，应于 1 小时内上报《值班信息快报》。

8.3.3.7 领导视察工作和慰问消防救援队伍

县级以上领导的批示、指示，检查指导工作、视察慰问消防救援队伍的信息，应于当日通过《值班信息快报》报告。

8.3.3.8 上级领导指示要求上报的信息

支队作战指挥中心在 30 分钟内电话报告情况，并于 1 小时内上报《值班信息快报》。

8.3.3.9 法定节假日、重点时段、重大活动消防救援安全保卫信息报送程序和时限

（1）综合情况应于节假日最后一天 8：00 前，通过业务工作管理系统报告。

（2）重大活动消防安全保卫情况应按要求报告。

8.4 各类情况的处理

8.4.1 电话记录和传真收发记录

电话、短信信息主要是指因事出突然、情况紧急、事态严重且来不及整理文字材料而采取的代替文字材料的一种公文类型，其特点是短、平、快。电话、短信报告信息要把报告事件的时间、地点、人物、事件、原因以及结果叙述清楚，内容不宜过长。

值班人员在接听电话（传真）时，应在电话铃响发出“嘟、嘟、嘟”三声内接听。在不明来电人身份的情况下，不得将领导同志的电话、住址告诉来电者。

对于重要电话，应在总队值班电话记录本上做好或要求对方做好电话记录（对需要报领导审阅的应使用专门的电话记录本记录），并在记录完后进行核对，确保准确无误，同时，应进行电话录音，并作为重要资料存档。对传真件应核对是否清楚，如有必要应与对方进行校对或重新传真。

8.4.2 来文、领导批示的记录与存档

8.4.2.1 日常报送文件

掌握《每日消防信息》定义和内容范围，以及批示、指示、消防救援要情、火情速报、抢险救援、各地动态、重大专项活动和舆情信息等栏目写作要求。

掌握《值班信息快报》定义和内容范围，以及《××节灭火、抢险救援出动及消防监督检查情况统计表》《××节期间灭火救援出动及消防监督检查情况统计表》《强降雨灾害受灾地区火灾防控和消防宣传及抢险救援情况统计表》《消防救援队伍参加抗旱救灾情况统计表》《消防救援队伍参加强降雪降温天气抢险救援情况统计表》《日常值班安排表》《关于调整当日值班人员的报告》《灾害事故应急统计表》等表格的填写方法和要求。

熟悉《值班日志》《周工作情况》《每月消防信息研判》《网情摘报》《预警通告》的文件格式、写作要求、主要内容、报送范围和注意事项。

8.4.2.2 日常收发公文

收文处理的一般程序为：签收、外收文登记、启封、内收文登记、分办、摘编、拟办、批办、承办、注办、组织传阅、催办、查办，处置办毕公文。发文处理的一般程序为：拟稿、会签、核稿、签发、注发、缮印、用印或签署、分装、发出、处置办毕公文。

（1）对各级领导的重要指示、交办的各项事务、各地上报的临时性事务、各地重大火灾事故和突发性事件及各地每日一报情况等，要认真做好值班记录。对需要处理的，要记录处理意见、重要处理过程、处理结果。

（2）重要来电、传真、来信或文件，应填写《值班信息处理单》，及时呈送值班领导审阅，并根据值班领导意见呈送支队部门领导、分管领导和支队主官逐级审签。工作时间外、节假日不便及时送达的，应电话报告有关领导，将处理结果详细登记，并在下一个工作日送呈有关领导补签。重大紧急信息应立即向值班领导、支队分管领导和支队主官报告，不得延误。

（3）其他一般性信息应根据内容及时通知相关部门或处室处理，并记录处理结果。

8.4.2.3 电话、传真、批示的处理流程

值班员要按要求规范处理来文、来电，处理流程如图 8-2 所示。

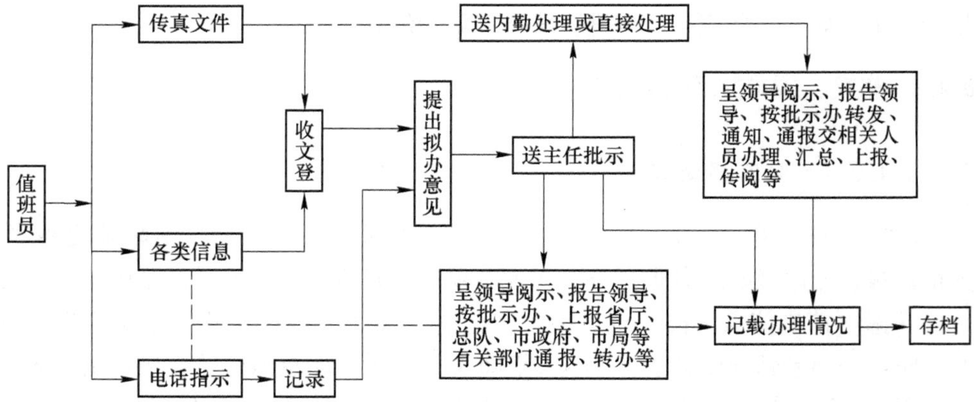

图 8-2 来文来电处理流程图

（实线为文电处理流程，虚线为文电类型引导）

A 接转日常电话

接转日常电话有 3 种形式：总机接转、值班电话接转、119 接转。

（1）总机接转：要注意用语文明和语言表达方式，和对方做好准确沟通，明确对方意图。必要时，可提示对方下次有事应该拨打哪个电话。在处理事务的同时，做好电话通知记录，每班次都要核对一次纸质记录和电话录音记录，并存档。

（2）值班电话接转：同总机接转。

（3）119 接转：提醒对方注意，这是 119 专线，不能随意拨打，有事请拨打总机或值班电话。

B 接收下达命令

接收下达命令有8种常见工具：总机、值班电话、电台、短信、网络、“红线”、手抄、口述。

(1) 总机接转命令：接受命令时，要严肃认真，语音洪亮，吐字清晰，语音表达准确。问清事由、人员、范围、时限、地点、着装、携带物品、下达命令人员所在处（科）室、职务、姓名等基本信息，并按照相关流程处理。记录命令要用命令记录本，并存档。涉密命令按相关要求执行。

(2) 值班电话接转命令：同 (1)。

(3) 电台接转命令：同 (1)，注意要用电台呼叫用语，必要时使用密语。

(4) 短信接转命令：抄写时要全部记录对方号码，接收号码，时间，内容等。发送时，注意发送是否成功。

(5) 网络接转命令：记录完全，保持网络系统运行良好。

(6) 红线接转命令：严格执行“红线”有关要求。

(7) 手抄接转命令：手稿做好保密处理，杜绝泄密。

(8) 口述接转命令：按命令要求向直接首长汇报，不得转述。

C 接打电话的要求

值班人员使用普通电话通话时，通话的态度、语气往往是容易使对方注意的；又由于受到通话时间、通话声音的限制，所以通话人的反应要快，办事能力要强。这样，就要求通话人双方都应当做到以下几项要求：

(1) 动作迅速。值班人员在电话机旁，动作一定要做到敏捷迅速，电话铃响，应马上去接。一般而言，在铃响三遍之前，就应摘机接听。接听过程中，记录速度也要跟上，不得漏记关键内容。挂、打电话时，动作也要迅速。

(2) 态度和蔼。接听电话，要认真听清对方的每一句话，并按规定做好记录，切不可漫不经心，丢三落四，漏掉主要内容。如遇电话受杂音干扰，或因对方表达不清而情况不明时，要耐心询问，努力把问题搞清楚，对方通报的主要数据、重要情况记录完毕后，应向对方复述一遍，供其核查，如果有误记，应立即改正。电话接通后，应先搞清楚受话人确是原拟通话人后，方可交谈工作。重要情况和事项不能随便托人转告。传达指示、发布通知、通报情况等重要电话，应当按照拟定的草稿逐条告知对方，不得遗漏。关键数据和人名、地名等，应复述多遍，以便对方听清记下。

(3) 头脑敏捷。所谓“头脑敏捷”是指通话时双方都要反应迅速，头脑清楚。这是因为接听电话不比当面听话，当面听话不仅听得清楚，而且可以凭面部表情、手势动作来判断对方的意图。在普通电话上就只能听到一种比当面说话小得多的声音，通话时间又不能过长，如果头脑不灵活一点，势必问来问去还是弄不清楚，到最后，可能是电话听了，而事情办错了。

D 打出电话的程序

打出电话前应做好准备，重要电话应列出提纲，人名、地名、时间、数据要核实无误，必需的资料应放在手边。挂打电话时，态度也要认真，拨号时应当全神贯注，尽量避免错号和漏号。对不经常联系的人员，打电话前应先熟悉一下对方的号码，或在电话表上做记号，以免看错、拨错。拨通电话后，应先问好，接着自报单位、姓名，邀请谁接电话等。说话应吐字清晰、音量适中、速度不紧不慢。重要内容提请对方记录，记完再请对方复述核实。如果要求的通话人不在或不便接电话，简单事项可请接听人记下转告，或者请转告回电或另约时间再打。通话结束，应礼貌地说“谢谢”或“再见”，方可打断。

E 接听电话的程序

电话铃响三遍内必须接听电话。接听电话时，首先应说您好或首长好，紧接着自报单位。应养成一手拿话筒、一手拿笔、随时准备记录的习惯。电话记录应记清对方单位、姓名、回电号码、内容要点、来电时间（准确到几点几分），最后是接话人签名。六个要素一个都不能少。在通话时，如果对方接连讲话，接听人应“嗯嗯”作答，不可不声不响，使对方误会以为不再听，重要的内容特别是人名、地名、时间、数字等一定要记录准确，并由接听人复述一遍，让对方核实无误。通话完毕，应礼貌地说“谢谢”或“再见”，接听人等对方先挂电话才可挂断，应贯彻“谁打出电话谁先挂断”的原则。

F 电话后续处理

无论是上级或下级打来的电话，都会有许多内容要报告给领导，但也不必接一次电话就汇报一次。除了重要紧急的电话不得延误外，一般应将若干个电话内容相对集中处理，有条理地做一次性报告，并说出自己的看法和意见，帮助领导处理问题。在处理电话过程中，通话内容要准确无误，尽量简单明了，同时还要注意礼貌。打电话时，既要加强请示报告，不在重大问题上擅自做主，又要发挥自己的主观能动性。凡是自己有把握处理的电话，可以根据实际情况适当处理，而不必事无巨细地都向领导报告。对电话内容的落实情况要搞好信息反馈。凡是上级电话指示中明确指出要有落实措施、结果并限定日期报告的，要按期报告。对下级的请示、报告的处理，一定要有时效观念，及时给予答复。涉及有关专业部门处理的事项，应在转达后，检查督促这些部门及时答复。

G 电话机使用维护注意事项

正确使用对于延长电话机的寿命、保障通信联络的顺畅十分必要。在使用电话机时，不要用力拍压各按键按钮；不要随便玩弄电话机、乱拨号盘；话筒应轻拿轻放；话筒线不要打结、扭绞在一起；使用话筒时，注意不要生拉硬拽；打完电话后，要将话筒切实放好；不要随意移动电话机的位置。

第 3 篇 WEIXIAN HUAXUEPIN MIEHUO JIUYUAN CHUZHI

危险化学品灭火救援处置

9 危险化学品基础知识

9.1 危险化学品概述

9.1.1 危险化学品概念、分类及特性

9.1.1.1 危险化学品概念

危险化学品在不同场合的表述不一，在生产、经营、使用场所将之称为化工产品，一般不单称危险化学品。按照流通环节，在运输过程中，包括铁路运输、公路运输、水上运输、航空运输将之称为危险货物；在储存环节，称为危险物品或危险品。在国家法律法规中的名称也不一样，如在《中华人民共和国安全生产法》中称“危险物品”，在《危险化学品安全管理条例》中称“危险化学品”。

A 化学品

化学品指各种化学元素、由元素组成的单质、化合物及其混合物，无论是天然的还是人造的都称为化学品。按此定义可以说，人类生存的地球和大气层中所有的有形物质包括固体、液体和气体都是化学品。

B 危险货物

危险货物指具有爆炸、易燃、毒害、感染、腐蚀、放射性等危险特性，在运输、储存、生产、经营、使用和处置中，容易造成人身伤亡、财产损毁或环境污染而需要特别防护的物质和物品。

C 危险化学品

危险化学品的定义：“化学品中具有易燃、易爆、有毒及有腐蚀性等特性，会对人（包括生物）、设备、环境造成伤害和侵害的化学品属危险化学品。”比较严格的定义是：“化学品中符合有关危险化学品（物质）分类标准规定的化学品（物质）属于危险化学品。”目前，国际通用的危险化学品标准有两个：（1）《联合国危险货物运输建议书》规定了9类危险化学品的鉴定指标；（2）联合国《全球化学品统一分类和标签协调制度》（GHS）规定了26类危险化学品的鉴定指标和测定方法。我国现行的分类标准《危险货物分类与品名编号》。《危险货物分类和品名编号》（GB 6944—2005）则主要依据前者编写，还包括实验测定

方法和一些附加说明。

D 易燃易爆化学物品

易燃易爆化学物品指国家标准《危险货物品名表》（GB 12268—2012）中，以燃烧、爆炸为主要特性的压缩气体和液化气体、易燃液体、易燃固体、自燃物品和遇湿易燃物品、氧化剂和有机过氧化物、毒害品、腐蚀品中的部分易燃易爆化学品等。

E 易燃易爆危险物品

易燃易爆危险物品包括易燃易爆化学物品和民用爆炸品。

9.1.1.2 危险化学品分类

危险化学品种类繁多，性质各异，而且一种危险化学品常常具有多重危险性。例如，二硝基苯酚既有爆炸性、易燃性，又有毒害性；一氧化碳既有易燃性，又有毒害性。但是，每一种危险化学品，在其多重危险性中必然有一种是主要的，也就是对人类危害最大的危险。因此，在对危险化学品分类时，应遵循“择重归类”的原则，即根据该危险化学品的主要危险性来进行分类。具体可分为：爆炸品，压缩气体和液化气体，易燃液体，易燃固体、自燃的物品和遇湿易燃物品，氧化剂和有机过氧化物，毒性物质和感染性物质，放射性物质，腐蚀性物质，杂项危险物质共 9 项，并规定了品名和编号。

A 爆炸品

a 爆炸品的概念及分类

爆炸品指在外界作用下（如受热、受摩擦、撞击等），能发生剧烈的化学反应，瞬时产生大量的气体和热量，使周围压力急剧上升，发生爆炸，对周围环境造成破坏的物品，也包括无整体爆炸危险，但具有燃烧、抛射及较小爆炸危险的物品。爆炸品的热感度实验爆炸点在 350℃ 以下，撞击感度实验爆炸率在 2% 以上，爆速在 3000m/s 以上。爆炸品实际是炸药、爆炸性药品和其制品的总称。如：叠氮钠、黑索金、2，4，6-三硝基甲苯（TNT）、三硝基苯酚等。

b 爆炸品主要特性

（1）爆炸性强。爆炸品都具有化学不稳定性，在一定外因的作用下，能以极快的速度发生猛烈的化学反应，产生的大量气体和热量，在短时间内无法逸散开去，致使周围的温度迅速升高并产生巨大的压力从而引起爆炸。当炸药爆炸时，能引起位于一定距离之外的炸药也发生爆炸，这种现象称为殉爆。殉爆发生的原因是冲击波的传播作用，距离越近冲击波强度越大。

（2）敏感度高。各种爆炸品的化学组成和性质决定了它具有发生爆炸的可能性，但如果没有必要的外界作用，爆炸是不会发生的。也就是说，任何一种爆炸品的爆炸都需要外界供给它一定的能量——起爆能。不同的炸药所需的起爆能不同，某一炸药所需的最小起爆能即为该炸药的敏感度（简称感度）。起爆能与敏感度成反比，起爆能越小，敏感度越高。

（3）爆炸品除具有以上所述的爆炸性强和敏感度高的特性外还有其他几个性质：

1）很多炸药，例如TNT、硝化甘油、雷汞等都具有一定的毒性。

2）有些爆炸品与某些化学药品如酸、碱、盐发生化学反应的生成物是更容易爆炸的化学品。例如，苦味酸遇某些碳酸盐能反应生成更易爆炸的苦味酸盐；雷汞遇盐酸或硝酸能分解，遇硫酸会爆炸。

3）某些爆炸品与一些重金属（铅、银、铜等）及其化合物的生成物，其敏感度更高。例如，苦味酸受铜、铁等金属撞击，立即发生爆炸，为此，苦味酸等不得用金属容器包装；雷汞与铜作用的生成物具有更大的敏感度等。

（4）某些爆炸品受光照易于分解。如叠氮银、雷酸银等。

（5）某些爆炸品具有较强的吸湿性，受潮或遇湿后会降低爆炸能力，甚至无法使用。如硝铵炸药等应注意防止其受潮后失效。

B　压缩气体和液化气体

a　概念和分类

气体是在温度小于50℃时，包装容器内蒸气压力大于300kPa，或在标准大气压101.3kPa、温度为20℃时，在包装容器内完全处于气态的物质。气体包括压缩气体、液化气体、溶解气体和冷冻液化气体，一种或多种气体与一种或多种其他类别物质蒸气的混合物，充有气体的物品和烟雾剂。当本类物品受热、撞击或强烈震动时，容器内压会急剧增大，致使容器破裂爆炸，或导致气瓶阀门松动漏气，酿成火灾或中毒事故。

气体按其性质分为3类：

（1）易燃气体：在20℃和101.3kPa条件下，与空气的混合物按体积分类占13%或更少时可点燃的气体，或不论易燃下限如何，与空气混合，燃烧范围的体积分数至少为12%的气体。

（2）非易燃无毒气体：在20℃压力不低于280kPa条件下运输或以冷冻液体状态运输的气体，并且是窒息性气体、氧化性气体或不属于其他项别的气体。

（3）毒性气体：已知的对人类具有毒性或腐蚀性强到对健康造成危害的气体或半数致死浓度LC50值不大于5000mL/m^3，因而推定对人类具有毒性或腐蚀性的气体。当存在两种或两种以上的气体或气体混合物时，比较其危险性的大小时，有毒气体危险性大于易燃气体、不燃气体和不燃无毒气体，其中易燃气体危险性又大于不燃无毒气体。

b 主要特性

（1）物理性爆炸。贮存于钢瓶内压力较高的压缩气体或液化气体，受热膨胀后，压力升高，当超过钢瓶的耐压强度时，钢瓶即会发生爆炸。钢瓶爆炸时，易燃气体及爆炸碎片的冲击能间接引起火灾，带来更大的危害。

（2）易燃易爆性。可燃气体的主要危险性是易燃易爆，所有处于燃烧浓度范围之内的可燃气体，遇着火源都能引起着火或爆炸，有的可燃气体遇到极微小能量的着火源，在其作用下即可引爆。

（3）扩散性。由于气体的分子间距大，相互作用力小，所以非常容易扩散。

（4）可缩性和膨胀性。气体胀缩性主要是气体状态变化，其特点是：1）当压强不变时，气体温度与体积成正比，即温度越高，体积越大；2）当温度不变时，气体体积与压力成反比，即压力越大，体积越小；3）在体积不变时，气体的温度与压力成正比。

（5）腐蚀、毒害性和窒息性。1）腐蚀性：主要是一些含氮、硫元素的气体具有腐蚀性，如硫化氢、硫氧化碳、氨、硫化氢等，都能腐蚀设备，削弱设备的耐压强度，严重时可导致设备系统裂隙、漏气，引起火灾等事故；2）毒害性：除氧气和压缩空气外，气体大都具有一定毒害性；3）窒息性：除氧气和压缩空气外，其他气体都有窒息性。

（6）带电性。气体的带电性是指高压气体的喷出带电。压缩气体或液化气体如氢气、乙炔、乙烯、天然气、煤气、液化石油气等，当从容器、管道口或其破损处高速喷出时能产生静电。带电量越大，产生的静电位越高，静电放电的可能性越大，火灾的危险性也就越大。如液化石油气喷出时产生的静电电压可达9000V，其放电火花足以引起燃烧。因此，压力容器内易燃的压缩或液化气体在容器、管道破损喷出时或放空速度过快时，都容易产生静电，引起火灾或者爆炸事故。

C 易燃液体

a 概念及分类

易燃液体类危险化学品包括易燃液体和液态退敏爆炸品。易燃液体是在其闪点温度（其闭杯试验闪点不高于60.5℃，或其开杯试验闪点不高于65.6℃）时放出易燃蒸气的液体或液体混合物，或是在溶液或悬浮液中含有固体的液体，包括在温度等于或高于其闪点的条件下提交运输的液体，以液态在高温条件下运输并在温度等于或低于最高运输温度下放出易燃蒸气的物质。

液态退敏爆炸品是指溶解或悬浮在水中或其他液态物质中形成一种均匀的液体混合物，以抑制其爆炸性质的爆炸性物质。易燃液体在常温下易挥发，其蒸气与空气混合能形成爆炸性混合物。按闪点分为低闪点液体（闪点小于-18℃）、中闪点液体（闪点大于等于-18℃且小于23℃）和高闪点液体（闪点大于等于

23℃且小于61℃）。

b 主要特性

（1）易燃性。易燃液体几乎都是有机化合物，分子主要由碳原子和氢原子组成，易和氧反应而燃烧。并且，由于易燃液体的闪点低，其燃点也低（燃点一般约高于闪点1~5℃），因此易燃液体接触火源极易着火而持续燃烧。

（2）易爆性。易燃液体挥发性大，当盛放易燃液体的容器有某种破损或不密封时，挥发出来的易燃蒸气扩散到存放或运载该物品的库房或车厢的整个空间，与空气混合，当浓度达到一定范围，即达到爆炸极限时，遇明火或火花即能引起爆炸。

（3）高度流动扩散性。易燃液体的分子多为非极性分子，黏度一般都很小，不仅本身极易流动，还因渗透、浸润及毛细现象等作用，即使容器只有极细微裂纹，易燃液体也会渗出容器壁外，其表面积扩大，并源源不断地挥发，使空气中的易燃液体蒸气浓度增高，从而增加了燃烧爆炸的危险性。

（4）受热膨胀性。易燃液体的膨胀系数比较大，受热后体积容易膨胀，同时其蒸气压亦随之升高，从而使密封容器中内部压力增大，造成“鼓桶”，甚至爆裂，在容器爆裂时会产生火花而引起燃烧爆炸。

（5）忌氧化剂和酸。易燃液体与氧化剂或有氧化性的酸类（特别是硝酸）接触，能发生剧烈反应而引起燃烧爆炸。

（6）毒性。大多数易燃液体及其蒸气均有不同程度的毒性，例如，甲醇、苯、二硫化碳等，不但吸入其蒸气会中毒，有的经皮肤吸收也会造成中毒事故，应注意防护。

（7）带电性。大部分易燃液体如醚类、酮类、酯类、芳香烃类、石油及其产品等都是高电阻率的电介质，在灌注、输送或流动过程中，都有因摩擦产生静电而发生火灾、爆炸的危险。

D 易燃固体、自燃物品和遇湿易燃物品

a 概念及分类

易燃固体燃点低，对热、撞击、摩擦敏感，易被外部火源点燃，燃烧迅速，并可能散发出有毒烟雾或有毒气体的固体。如红磷、硫磷化合物（三硫化二磷），含水量小于15%的二硝基苯酚等充分含水的炸药，可以擦燃的火柴、硫黄、镁片，钛、锰、铁等金属元素的粒（粉或片），硝化纤维的漆纸、漆片，生松香、安全火柴、棉花、亚麻、黄麻、木棉等均属此项物品。

自燃的物质是指自燃点低，在空气中易发生氧化反应，放出热量，而自行燃烧的物品包括：（1）发火物质，指即使只有少量物品与空气接触，在不到5min内便能燃烧的物质，包括混合物和溶液（液体和固体）；（2）自热物质，发火物质以外的与空气接触不需要能源供应便能自己发热的物质。

遇湿易燃物品指遇水产生易燃气体的物质与水相互作用易变成自燃物质或能放出危险易燃气体的物质。有些不需明火，即能燃烧或爆炸。如：钠、钾等。

b 主要特性

（1）易燃固体的主要特性。1）易燃性。易燃固体在常温下是固态，当受热后可熔融、蒸发、气化、再分解氧化直至出现火焰燃烧。2）可分散性与氧化性。固体具有可分解性。一般来讲，物质的颗粒越细其表面积越大，分散性就越强。当固体粒度小于0.01mm时，可悬浮于空气中，这样能充分与空气中的氧接触发生氧化作用。3）热分解性。某些易燃固体受热后不熔融，而发生分解现象。有的受热后边熔融边分解，如硝酸铵（NH_4NO_3）在分解过程中，往往放出NH_3或NO_2、NO等有毒气体。一般来说，热分解温度的高低直接影响其危险性的大小，受热分解温度越低的物质，其火灾爆炸性危险就越大。

（2）易于自燃的物质危险特性。1）极易氧化。自燃的发生是由于物质的自行发热和散热速度处于不平衡状态而使热量积蓄的结果。如果散热受到阻碍，易促进自燃，其原因是自燃物质本身的化学性质非常活泼，具有很强的还原性，与空气中的氧能迅速作用产生大量的热。2）易分解。某些自燃物质的化学性质很不稳定，在空气中会自行分解，积蓄的分解热也会引起自燃，如硝化纤维素、赛璐珞、硝化甘油等。

（3）遇水放出易燃气体的物质危险特性。遇水放出易燃气体的共性是遇水分解，遇酸或氧化剂反应更加剧烈。分解产生大量的易燃气体和热量，如果存在于容器或室内易形成爆炸性混合物而导致危险，如活泼金属、金属氢化物、硫氢化物。

E 氧化剂和有机过氧化物

a 概念及分类

氧化性物品是指具有强氧化性能，分解温度较低，遇险酸碱、潮湿、强热、摩擦、冲击或与易燃物、还原剂接触能发生反应，并引起着火或爆炸的物质；有机过氧化物，指分子组成中含有过氧键的有机物，其本身易燃易爆、极易分解，对热、震动和摩擦极为敏感。

b 主要特性

（1）最突出的性质是遇易燃物品、可燃物品、有机物、还原剂等会发生剧烈化学反应引起燃烧爆炸。

（2）遇高温易分解放出氧和热量，极易引起燃烧爆炸。

（3）许多氧化性物质和有机过氧化物对摩擦、撞击、震动极为敏感。储运中要轻装轻卸，以免增加其爆炸的可能性。

（4）遇酸反应剧烈，甚至发生爆炸。例如，过氧化钠（钾）、氯酸钾、高锰酸钾、过氧化二苯甲酰等，遇硫酸立即发生爆炸。

（5）有些氧化性物质和有机过氧化物特别是活泼金属的过氧化物如过氧化钠（钾）等，遇水分解放出氧气和热量，有助燃作用，使可燃物燃烧，甚至爆炸。这些氧化剂应防止受潮，灭火时严禁用水、酸碱、泡沫、二氧化碳灭火剂扑救。

（6）有些氧化性物质和有机过氧化物具有不同程度的毒性和腐蚀性。例如，铬酸酐、重铬酸盐等既有毒性，又会灼伤皮肤，活泼金属的过氧化物有较强的腐蚀性。操作时应做好个人防护。

（7）有些氧化性物质和有机过氧化物与其他氧化剂接触后能发生复分解反应，放出大量热量而引起燃烧爆炸。如亚硝酸盐、次亚氯酸盐等遇到比它强的氧化剂时显还原性，发生剧烈反应而导致危险，所以各种氧化剂亦不可随意混储混运。

F 毒害品和感染性物质

a 概念及分类

毒害品指经吞食、吸入或皮肤接触后可能造成死亡或严重受伤或健康损害的物质。毒性物质的毒性分为急性口服毒性、皮肤接触毒性和吸入毒性，分别用口服毒性半数致死量 LD50、皮肤接触毒性半数致死量 LD50，吸入毒性半数致死浓度 LC50 衡量。

感染性物质指进入肌体后，累积达一定量，能与体液和组织发生生物化学作用或生物物理学作用，扰乱或破坏肌体的正常生理功能，引起暂时性或持久性的病理改变，甚至危及生命的物品。

b 主要特性

（1）毒性物质主要特性。几乎所有的有毒的物质遇火或受热分解时会散发出毒性气体；有些有毒的物质还具有易燃性；很多本类物质被认为是海洋污染物。

（2）感染性物质主要特性。对人体或动物造成危害。

G 放射性物质

a 概念及分类

放射性物品是指放射性活度大于 7.4×10^4 Bq/kg 的物品。放射性活度是度量放射性物品放射性的一个物理量。放射性活度的单位用贝可（Bq）或居里（Ci）表示，表示每秒内某放射性物品发生核衰变的数目或每秒射出的相应离子数目。放射性物品指比放射性大于 70kBq/kg（2μ Ci/kg）的物品。

b 主要特性

（1）具有放射性，能自发、不断地放出人们感觉器官不能觉察到的射线。放射性物质放出的射线可分为 4 种：α 射线，也叫甲种射线；β 射线，也叫乙种射线；γ 射线，也叫丙种射线；还有中子流。但是各种放射性物品放出的射线种类和强度不尽一致。如果这些射线从人体外部照射时，β、γ射线和中子流对人的危害很大，达到一定剂量时易使人患放射病，甚至死亡。如果放射性物质进入体内时，则α射线的危害最大，所以要严防放射性物品进入体内。

（2）许多放射性物品毒性很大。如钋210、镭226、镭228、钍230等都是剧毒的放射性物品；钠24、钴60、锶90、碘131、铅210等为高毒的放射性物品。

H 腐蚀性物质

a 概念及分类

腐蚀品是指能灼伤人体组织并对金属等物品造成损坏的固体或液体。与皮肤接触在4h内出现可见坏死现象，或温度在55℃时，对20号钢的表面均匀年腐蚀率超过6.25mm²/a的固体或液体。该类按化学性质分为酸性腐蚀品、碱性腐蚀品、其他腐蚀品三类。

b 主要特性

（1）强烈的腐蚀性（硫酸、盐酸、硝酸、氢氧化钠、氢氧化钾等）。

（2）氧化性。如浓硫酸、硝酸、氯磺酸等都是氧化性很强的物质，与还原剂接触易发生强烈的氧化还原反应，放出大量热量。

腐蚀性物质有很强的腐蚀性及刺激性，对人体有特别严重的伤害；对货物、金属、玻璃、陶器、容器、运输工具及其设备造成不同程度的腐蚀。腐蚀性物质中很多具有不同程度的毒性，有些能产生或挥发有毒气体而引起中毒。

I 杂项危险物质和物品

a 概念及分类

杂项危险物质和物品指具有其他类别未包括的危险的物质和物品，如：危害环境物质，高温物质，经过基因修改的微生物或组织。

b 主要特性

（1）危害环境。石棉、干冰、锂电池组、苯甲醛等，都是对环境有害的物质。石棉的微粒是对大气和室内空气非常有害的物质，吸入体内，积累后危害极大，具有强致癌作用。锂电池组对水质的污染非常严重，对环境造成很大的破坏，对人类和其他生物造成严重危害。干冰（二氧化碳）的排放量增多，破坏大气中的正常含量，失去平衡，从而使地球表面温度增高，气候变暖影响生态的平衡，从而引起全球疾病的流行，严重威胁人类的健康，后果十分严重。锂电池不仅对水质的污染也对人类和其他生物造成严重的破坏。所以严格控制第九类杂项危险物质和物品的运输非常重要。

（2）高温物质。事故发生后会直接伤害人体和各种生物体，因为这些物质是大于等于100℃的液体，包括熔融金属和熔融盐大于等于240℃的固体，直接影响周围环境。温度升高，流入水体，使水体温度升高从而影响水生生物的生存，同时也使水质恶化从而影响到人类生产、生活用水，这种情况称之为水体的热污染。水温升高，水中溶解氧减少，影响生物的生存，水温升高还可以使水中的各种化学反应加快，水体的生态系统受到严重破坏。

（3）经过基因修改的微生物或组织。经过基因修改的微生物或组织，不属于感染性物质，但能以非正常的天然繁殖方式改变动物、植物或微生物物质。这类物质会影响生物体遗传的混乱引起变异，破坏生态平衡。

9.1.2　危险化学品安全现状及危害性

9.1.2.1　危险化学品安全现状

A　当前形势

（1）市场常见的危险化学品总数达5000种，其中合成氨、化肥数量居世界第一，塑料数量居世界第二。

（2）生产规模与贮存量持续扩大，重大危险源不断增多，如1000万吨的炼油装置、100万吨的乙烯生产装置、单管容量100000m^{3}的原油储罐等。

（3）95%以上危险化学品涉及异地运输。

（4）大量长距离输油输气管道，如西气东输。

（5）对部分城市普查，有10230个重大危险源，在这些重大危险源中，90%涉及危险化学品。

（6）大量的进出口贸易，使得一些严重危害化学品向境内转移，如国外光气生产向国内转移，已在上海、重庆立项落户。

（7）化工产业园区化，我国已有国家和省级化工园区较多。

（8）一些新产品、新工艺化工生产工艺的投入生产应用。

B　安全现状

（1）危险化学品种类繁多，涉及众多行业和领域。目前列入《危险化学品名录》（2002版）的危险化学品有3823种，列入《剧毒化学品目录》（2002版）的剧毒化学品有335种。这些危险化学品分布在石油、天然气、化工、制药、选矿、冶金、轻工、食品、造纸、农药、自来水处理等行业和领域，与人民群众的生产生活密切相关。

（2）危险化学品从业单位量大面广。危险化学品从业单位40余万家。

（3）危险化学品全业主要分布在东南沿海一带福建、江苏等地。

C　生产特点

（1）原材料、产品种类繁多、状态多变，火灾爆炸危险性大。统计资料表明，石油化工生产所涉及的原料、中间体和产品有400多万种，其中绝大多数具有易燃易爆、有毒有害、腐蚀性特点。生产中所使用的原料、辅助材料、中间产品、产品呈多种状态，且互相变换。气、液、固、气液、气固、液固、气固液等都有可能存在。加之温度、压力、物流速度及流量等操作控制条件的诸多变化，工艺过程复杂，使其生产过程具有较大的火灾爆炸危险性。

（2）生产设备类型多样，结构繁简不一，动态设备与静态设备并存，不同设备结构不同，同种设备结构也千差万别。如塔设备按其功能有精馏塔、吸收塔、萃取塔、中和塔等。

（3）工艺控制参数精确，生产操作严格。许多工艺大都在高温、高压、高速、低温、低压、临界甚至超临界状态下进行，工艺参数前后变化大，控制要求严格。例如，硝铵生产，氨生产造气炉的炉内温度高达1100℃，氨合成的压力达到30MPa。有的氨生产需要氧气，而空气分离装置温度要低到-190℃。有的化工产品生产过程在负压的情况下进行。

（4）生产装置规模大型化。物料处理量大，产品产率高。装置的大型化有效提高了生产效率，但规模越大，生产储存的危险物料越多，潜在的危险性也越大，事故后果更加严重。

（5）生产过程高度连续自动化。化工生产从原料到产品输出具有高度的连续性，采用自动化程度较高的控制系统，前后生产单元之间环环相扣，相互制约，某一环节出现故障，常常会影响整个生产的正常运行。自动控制系统和检测仪器仪表维护保养不周，往往因为误操作、误报警引起事故甚至导致事故扩大。

（6）整个生产过程必须在密闭的设备、管道进行，不允许有泄漏。对包装物、包装规格以及储存、装卸、运输都有严格的要求。

D 事故特点

（1）亡人不多，但影响严重。

（2）事故不大，但波及范围广。

（3）伤害不重，但后患无穷。

总之，通常在一定范围内引起群体性、社会性问题，直接影响社会稳定。因此，危险化学品造成的事故已成为生产安全领域的主要灾害之一。

9.1.2.2 危害

A 燃爆危害

燃烧是可燃物质与助燃物质（氧或其他助燃物质）发生的一种发光发热的氧化还原反应。在化学反应中，失掉电子的物质被氧化，获得电子的物质被还原。

（1）气体燃烧。可燃气体、可燃液体蒸气或可燃物粉尘与空气组成的混合物，并非任何混合比例下都可以爆炸，而是固定浓度范围的不同可燃物有不同的固定浓度范围。这一固定范围通常叫该物质的爆炸范围或爆炸极限。通常用可燃气体、可燃液体蒸气、可燃物粉尘在空气中的体积百分数表示。能够产生爆炸的最低浓度称为爆炸下限，最高浓度为爆炸上限。爆炸极限的数值越宽，爆炸下限越低，爆炸危险性越大。

(2) 液体燃烧。液体燃烧时，液体在点火源的作用下，先蒸发成蒸气，然后蒸气氧化分解而燃烧。每种液体表面都有一定量的蒸气存在，随着液体温度的升高，蒸气浓度也随之增大，当蒸气浓度高于其爆炸极限下限时，遇火焰则会引起爆燃。在一定温度下，可燃液体饱和蒸汽与空气的混合物在与火焰接触时，能闪出火花，发生瞬间燃烧，这种现象称为闪燃。引起闪燃时的最低温度称作闪点。当可燃液体温度高于其闪点时，则随时都有被火焰点燃的危险。

(3) 固体燃烧。固体燃烧分两种情况，1) 对于硫、磷等简单物质，受热时首先熔化，继之蒸发变为蒸气进行燃烧，无分解过程；2) 对于复杂物质，受热时首先分解为物质的组成部分，生成气态和液态产物，然后气态液态产物蒸发着火燃烧。评价固体物质的燃烧、爆炸危险性指标主要有：燃点、自燃点、撞击感度、摩擦感度、静电火花感度、火焰感度、冲击波感度、最大爆炸压力、最大爆炸压力上升速度等。

(4) 火灾。起火后，火场逐渐蔓延扩大，随着时间的延续，损失数量迅速增长，损失大约与时间的平方成比例，如火灾时间延长一倍，损失可能增加四倍。火灾对脆弱性目标的影响分两种方式：1) 火焰直接接触到目标；2) 火焰不直接接触目标，通过热辐射对目标造成影响。对于危险化学品事故，主要考虑其对远距离造成热辐射的影响。

(5) 爆炸。爆炸猝不及防，可能仅在1秒内爆炸过程已经结束，设备损坏、厂房倒塌、人员伤亡等巨大损失也将在瞬间发生。爆炸通常伴随发热、发光、压力上升、真空和电离等现象，具有很大的破坏作用，它与爆炸物的数量和性质、爆炸时的条件以及爆炸位置等因素有关。

B　毒性危害

(1) 毒物进入人体的途径。毒物可经呼吸道、消化道和皮肤进入体内。在工业生产中，毒物主要经呼吸道和皮肤进入体内，亦可经消化道进入，但比较少。1) 呼吸道。凡是以气体、蒸气、雾、烟、粉尘形式存在的毒物，均可经呼吸道侵入体内。人的肺脏由亿万个肺泡组成，肺泡壁很薄，壁上有丰富的毛细血管，毒物一旦进入肺脏，很快就会通过肺泡壁进入血液循环而被运送到全身。通过呼吸道吸收最重要的影响因素是毒物在空气中的浓度，浓度越高，吸收越快。2) 皮肤。在工业生产中，毒物经皮肤吸收引起中毒比较常见。脂溶性毒物经表皮吸收后，还需要有水溶性，才能进一步扩散和吸收，所以水、脂溶性的物质（如苯胺）易被皮肤吸收。3) 消化道。在工业生产中，毒物经消化道吸收多半是由于个人卫生习惯不良，手沾染的毒物随进食、饮水或吸烟等进入消化道。进入呼吸道的难溶性毒物被清除后，可经由咽部被咽下而进入消化道。

（2）毒物在体内的过程。1）分布。毒物被吸收后，随血液循环（部分随淋巴液）分布到全身，当在作用点达到一定浓度时，就可发生中毒。毒物在体内各部位分布是不均匀的，同一种毒物在不同的组织和器官分布量有多有少。有些毒物相对集中于某组织或器官中，例如铅、氟主要集中在骨质，苯多分布于骨髓及类脂质。2）生物转化。毒物被吸收后，受到体内生化过程的作用，其化学结构发生一定改变，称之为毒物的生物转化。其结果可使毒性降低（解毒作用）或增加（增毒作用）。毒物的生物转化可归结为氧化、还原、水解及结合，经转化形成的毒物代谢排出体外。3）排出。毒物在体内可经转化后或不经转化而排出，其中经肾随尿排出是最主要的途径。尿液中毒物浓度与血液中的浓度密切相关，常测定尿中毒物及其代谢物，以监测和诊断毒物吸收和中毒。4）蓄积。毒物进入体内的总量超过转化和排出总量时，体内的毒物就会逐渐增加，这种现象就称之为毒物的蓄积。此时毒物大多相对集中于某些部位，毒物对这些蓄积部位可产生毒害作用。毒物在体内的蓄积是发生慢性中毒的基础。

（3）毒物对人体的危害。有毒物质对人体的危害主要为引起中毒。中毒分为急性、亚急性和慢性。毒物一次短时间内大量进入人体后可引起急性中毒，小量毒物长期进入人体所引起的中毒称为慢性中毒，介于两者之间者，称之为亚急性中毒。接触毒物不同，中毒后出现的病状亦不一样。主要包括：引起刺激、过敏、缺氧、昏迷和麻醉、全身中毒、致癌、致畸、致突变、尘肺等。

C 环境危害

（1）进入生态环境的途径。主要通过3种途径进入生态环境：1）在化学品的生产、加工、储存过程中，作为化学污染物以废水、废气和废渣等形式排放到环境中；2）在化学品生产、储存和运输过程中由于着火、爆炸等突发性化学事故，致使大量有害化学品外泄进入环境；3）在石油、煤炭等燃料燃烧过程中，化学农药使用以及家庭装饰等日常生活使用中直接排入或者使用后作为废弃物进入环境。

（2）污染危害。1）对大气的危害：破坏臭氧层，导致温室效应，引起酸雨，形成光化学烟雾。2）对土壤的危害：土壤酸化，土壤碱化，土壤板结。3）对水体的危害：含氮、磷及其他有机物的生活污水、工业废水可导致水体的“富营养化”“赤潮”和“水花”，重金属、农药、挥发酚类、氰化物、砷化合物等污染物可在水生生物体内富集，造成其损害、死亡，破坏生态环境；石油类污染可导致鱼类、水生生物死亡，还可引起水上火灾。4）对人体的危害：急性危害，慢性危害，远期危害。

9.1.3 控制的一般原则

9.1.3.1 操作控制

操作控制的目的是通过采取适当的措施，消除或降低工作场所的危害，防止工人在正常作业时受到有害物质的侵害。采取的主要措施是替代、变更工艺、隔离、通风、个体防护和卫生。

（1）替代。选用无毒或低毒的化学品替代已有的有毒有害化学品是消除化学品危害最根本的方法。我国近几年也投入大量人力和物力，研制使用水基涂料或水基黏合剂替代有机溶剂基的涂料或黏合剂；使用水基洗涤剂替代溶剂基洗涤剂；使用三氯甲烷作脱脂剂而取代三氯乙烯；喷漆和除漆用的苯可用毒性小于苯的甲苯代替；制油漆的颜料铅氧化物用锌氧化物或钛氧化物替代；用高闪点化学品取代低闪点化学品等。

（2）变更工艺。替代作为操作控制的首选方案，但是目前可供选择的替代品往往是很有限的，特别是因技术和经济方面的原因，不可避免地要生产、使用危险化学品，这时可考虑变更工艺，如改喷涂为电涂或浸涂，改人工装料为机械自动装料，改干法粉碎为湿法粉碎等。

（3）隔离。隔离就是将工人与危险化学品分隔开来，是控制化学危害最彻底、最有效的措施。最常用的隔离方法是将生产或使用的化学品用设备完全封闭起来。使工人们操作中不接触化学品。如隔离整个机器，封闭加工过程中的扬尘点都可以有效的限制污染物扩散到作业环境中去。

（4）通风。控制作业场所中的有害气体、蒸气或粉尘，通风是最有效的控制措施。借助于有效的通风，使气体、蒸气或粉尘的浓度低于最高容许浓度。为了确保通风系统的高效率，通风系统设计的合理性十分重要。对于已安装的通风系统，要经常加以维护和保养，使其有效地发挥作用。

（5）个体防护及卫生。在无法将作业场所中有害化学品的浓度降低到最高容许浓度以下时，必须使用合适的个体防护用品。个体防护用品既不能降低工作场所中有害化学品的浓度，也不能消除工作场所的有害化学品，而只是一道阻止有害物进入人体的屏障。防护用品本身的失效就意味着保护屏障的消失，因此，个体防护不能被视为控制危害的主要手段，而只能作为一种辅助性措施。在选择呼吸防护用品时应考虑有害化学品的性质、作业场所污染物可能达到的最高浓度、作业场所的氧含量、使用者的面型和环境条件等因素。

9.1.3.2 管理控制

管理控制是指按照法律和标准建立起来的管理程序和措施，是预防作业场所中化学品危害的一个重要方面。管理控制主要包括：危害识别、安全标签、安全技术说明书、安全贮存、安全传送、安全处理与使用、废物处理、接触监测、医学监督和培训教育。

A 登记注册

登记注册是化学品安全管理最重要的一个环节，其范围是国家标准《常用危险化学品的分类及标志》（GB 13690—2016）中所列的常用危险化学品。

B 分类管理

根据某一化学品（化合物、混合物或单质）的理化、燃爆、毒性、环境影响数据确定其是否是危险化学品，并进行危险性分类。

C 安全标签

安全标签是用简单、明了、易于理解的文字、图形表述有关化学品的危险特性及安全处置注意事项。安全标签的作用是警示能接触到此化学品的人员。根据使用场合，安全标签分为供应商标签和作业场所标签。

D 安全技术说明书

安全技术说明书详细描述了化学品的燃爆、毒性和环境危害，给出了安全防护、急救措施、安全储运、泄漏应急处理、法规等方面的信息，是了解化学品安全卫生信息的综合性资料。主要用途是在化学品的生产企业与经营单位和用户之间建立一套信息网络。

E 化学品安全教育

安全教育是化学品安全管理的一个重要组成部分。安全教育的目的是通过培训使工人能正确使用安全标签和安全技术说明书，了解所使用的化学品的燃烧爆炸危害、健康危害和环境危害，掌握必要的应急处理方法和自救、互救措施，掌握个体防护用品的选择、使用、维护和保养，掌握特定设备和材料，如急救、消防救援、溅出和泄漏控制设备的使用。

9.1.4 安全信息获取

生产危险化学品的，应当在危险化学品的包装内附有与危险化学品完全一致化学品安全技术说明书，并在包装（包括包装件）上加贴或者拴挂与包装内危险化学品完全一致的化学品安全标签。危险化学品生产企业发现其生产的危险化学品有新的危害特性时，应当立即公告，并及时修订安全技术说明书和安全标签。

9.1.4.1 技术说明书

A 定义

化学品安全技术说明书是一份关于危险化学品燃爆、毒性和环境危害以及安全使用、泄漏应急处置、主要理化参数、法律法规等方面信息的综合性文件。

B　主要作用

技术说明书的主要用途是传递安全信息：

(1) 是化学品安全生产、安全流通、安全使用的指导性文件。

(2) 是应急作业人员进行应急作业时的技术指南。

(3) 为制订危险化学品安全操作规程提供技术信息。

(4) 为危害控制和预防措施的设计提供技术依据。

(5) 是企业进行安全教育的重要内容。

C　内容与结构

我国推行国际标准规定的化学品安全技术说明书。化学品安全技术说明书的16项内容分别为：化学产品及标识，成分、组分信息，危险性概述，急救措施，燃爆特性及消防措施，泄漏应急处理，操作处置和储存，防护措施，理化特性，稳定性和反应活性，毒理学信息，环境资料，废弃，运输信息，法规信息，其他信息。

(1) 化学产品及标识。主要标明名称、生产企业名称、地址、电话、应急电话等方面的信息。

(2) 成分、组分信息。主要说明该化学品是纯品还是混合物，并标出相应的名称、分子式、分子量、规格、CAS号。

(3) 危险性概述。简要说明最主要危害，包括有关危险性的类别、健康危害、环境危害方面的信息。

(4) 急救措施。急救措施指现场人员意外受到化学品伤害时，所采取的自救和互救的简要的处理方法，如眼睛接触、皮肤接触、吸入和食入的急救措施。

(5) 燃爆特性及消防措施。燃爆特性及消防措施指化学品燃烧爆炸方面的特性和适宜的灭火介质以及消防人员个人防护等方面的信息，一般包括燃烧性、闪点、引燃温度、爆炸极限、危险特性、灭火方法、灭火注意事项等。

(6) 泄漏应急处理。泄漏应急处理指化学品泄漏后现场可采用的简单有效的应急措施和注意事项，包括应急行动、应急人员防护、环保须知、消除方法等。

(7) 操作处置和储存。操作处置和储存指关于操作处置和安全储存方面的信息资料，包括操作注意事项、储存注意事项等内容。

(8) 防护措施。指化学品在生产、操作处置、搬运等作业过程中，为保护作业人员免受化学品伤害而采取的保护方法和手段，包括最高容许浓度、工程控制、呼吸系统防护、眼睛防护、身体防护及其他防护要求。

(9) 理化特性。理化特性主要描述化学品外观及理化状态等方面的信息，包括外观与特性、沸点、熔点、饱和蒸气压、燃烧热、相对密度、临界压力、临界温度、溶解性、辛醇-水分配系数的数据。

(10) 稳定性和反应活性。稳定性和反应活性主要叙述化学品的稳定性和反应活性方面的信息，包括稳定性、禁配物、应避免接触的条件、聚合危害、燃烧(分解) 产物。

(11) 毒理学信息。毒理学信息主要提供化学品的毒性，可能对人体造成的危害和进入人体途径的资料，应包括急性影响、亚急性和慢性影响，以及导致癌变、畸形和对生殖系统的影响等信息。

(12) 环境资料。环境资料主要提供化学品可能造成的环境影响。如化学品在环境中的转化、迁移、降解、生物累积性和生态毒性等。

(13) 废弃。废弃主要是对无使用价值的化学品或被化学品残余物污染的包装进行安全处置的方法，包括废弃处置方法和废弃注意事项。

(14) 运输信息。运输信息主要指化学品包装、运输的要求及运输的分类和编号。如联合国危险货物运输编号、包装类别、包装标志、包装方法和运输要求。

(15) 法规信息。法规信息主要提供对化学品管理方面的法规条款和标准。

(16) 其他信息。其他信息主要指提供其他对健康和安全有更重要意义的信息，如参考文献、说明书、编写日期、填表部门、填表人、审核批准单位。

D 格式和填写要求

(1) 生产企业在编制安全技术说明书时，应按标准规定的全部内容和格式进行填写，并采用“一签一书”的方式填写，同类物、同系物的技术说明书不能相互代替；化合物要填写具体成分和含量。

(2) 标准规定的大项不能随意删除和合并，顺序不可随意变更；对有些特殊物质，应增设相关项目，以说明其特殊性。

(3) 技术说明书填写的数据和资料应真实可靠，尽可能具体实用，项与项之间的数据不能相互矛盾。

9.1.4.2 安全标签

安全标签主要是针对危险化学品而设计、向作业人员传递安全信息的一种载体，它用文字、图形符号和编码的组合形式表示化学品所具有的危险性和安全注意事项，以警示作业人员进行安全操作和使用。

(1) 危险化学品安全标签应包括化学品名称、分子式、编号、危险性标志、提示词、危险性说明、安全措施、灭火方法、生产厂家地址、厂家电话、应急电话等有关内容（见图 9-1）。

1) 使用单位使用的危险化学品有安全标签。使用单位购进危险化学品时，必须核对包装上的安全标签。安全标签若脱落或损坏，经检查核对后应补贴。

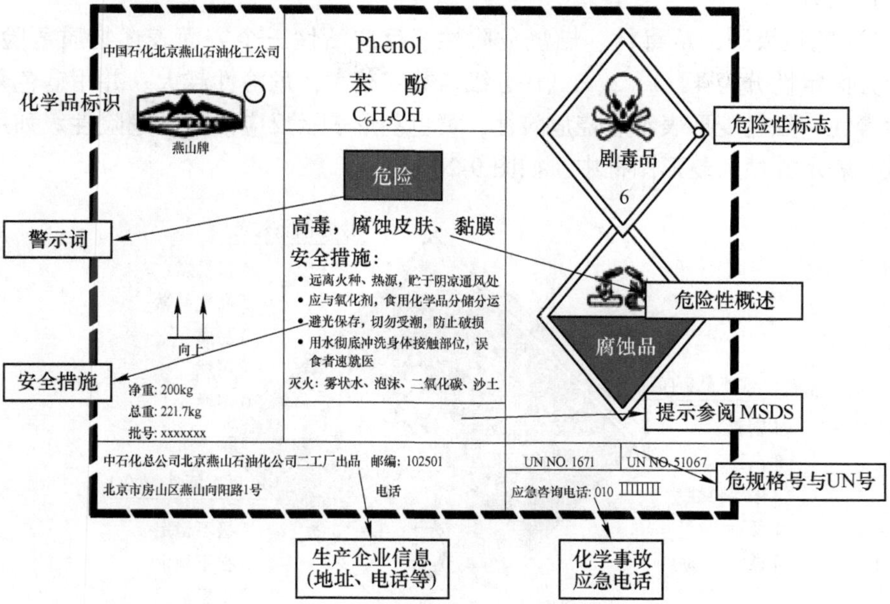

图 9-1 危险化学品安全标签

2）使用单位购进的化学品需要转移或分装到其他容器内时，转移或分装后的容器应贴安全标签。化学品出口，应按进口国有关安全标签要求执行。盛装危险化学品的容器在未净化处理前，不得更换原安全标签；使用单位应对职工进行专门的培训教育，使职工能正确辨识安全标签的内容，也能对化学品进行安全使用和处置；经销单位经销的危险化学品必须具有安全标签；进口的危险化学品必须具有符合我国标签标准的中文安全标签；运输单位对无安全标签的危险化学品应拒绝承运。

（2）作业场所化学品安全标签。作业场所化学品安全标签是指在危险化学品的生产、储存、分装、使用等作业场所由企业编制的安全标签，这种标签可张贴在墙上，也可拴挂在装置或容器上，给作业人员以警示。由于作业场所的情形十分复杂，标签的形式亦可多种多样，只要能标识出其危险特性就可以，如采用应急色、标识符等。对化学品的生产、操作处置、运输、储存、排放、容器清洗等作业场所的化学危害进行分级，提出防护和应急处理信息，以标签的形式标示出来，警示作业人员、管理人员和应急救援人员作业时进行正确预防和防护，在紧急事态时，明确现场情况，正确地进行应急作业，以达到保障安全和健康的目的。作业场所化学品安全标签起针对作业场所的危险化学品所作的标识，主要内容包括化学品名称、危险特性、理化特性、急救和应急措施以及个体防护等内容。制作时的注意事项如下：

1）名称及危险性类别。标明通用中文名称和危险性类别，要求醒目、清晰，位于正上方。

2）危险级别，从毒性、燃烧危险性、反应活性三个方面表述物质危险性，每个方面定性分为 4、3、2、1、0 五级。数字越大，危险性越大。并用蓝色菱形表示毒性，红色菱形表示燃烧危险性，黄色菱形表示反应活性。危险性级列用黑色数码表示并填入菱形图框中，如图 9-2 所示。

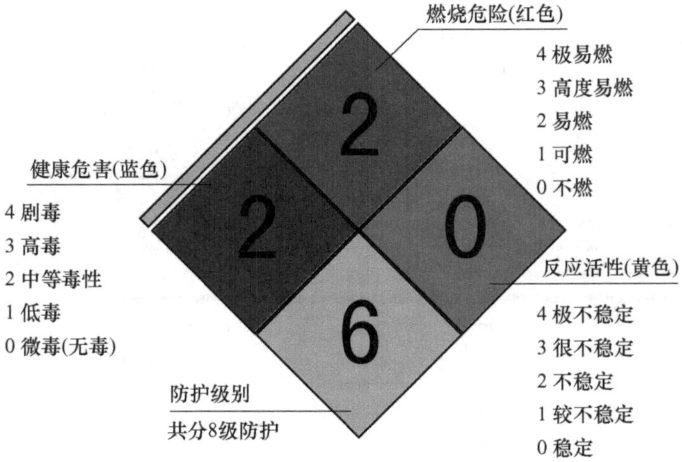

图 9-2　作业场所化学品安全标签

3）个体防护。个体防护是指在生产、操作处置、搬运和使用危险化学品的作业过程中，为保护人体免受化学伤害而采取的保护方法和手段。主要包括呼吸系统防护，眼睛防护，手、脚和全身防护，用白色菱形表示。针对作业场所的特点、化学品危险性的大小，归纳为 1～9 级防护，用黑色数码表示，并填入菱形图框中。毒性、燃烧危险性、反应活性和个体防护措施 4 个小菱形组成一个彩色大菱形，居于标签左上方最显著位置，是标签的核心。

4）危险性概述。简要概述燃烧爆炸危险特性和对人体健康的危害性，一般位于彩色菱形正下方，要求醒目、清晰。叙述要与安全技术说明书的内容一致。

5）特性。用文字和数据简明扼要地叙述其理化和燃爆特性，包括外观与性状、熔点、沸点、蒸气密度、爆炸极限等。

6）最高容许浓度。最高容许浓度应醒目、清晰。

7）健康危害。健康危害简要描述化学品经不同途径侵入肌体后引起的急慢性中毒的典型临床表现，以及对眼睛和皮肤等直接接触部位的损害作用。

8）急救。急救指在操作处置该化学品过程中，发生意外伤害时，在就医之前所采取的简单而有效的自救或互救措施。

9）灭火。若化学品为易（可）燃或助燃物质，应提示有效的灭火剂和禁用的灭火剂以及灭火注意事项。

10）泄漏处理。泄漏处理指一旦发生泄漏需要采取的控制和处理措施。

11）应急电话。应填写生产值班、消防应急电话。

9.1.4.3 危险品公路运输标志

低栏板车：推荐悬挂于栏板上，必要时重新布置放大号。

厢式车辆：一段在车辆放大号的上方或下方，推荐首先下方，左右尽量居中。集装箱车、集装槽车、高栏板车与此类同。

9.2 现场急救与自救

9.2.1 危险化学品事故应急救援的现状

随着我国经济的快速发展，各类事故时有发生，各类化工企业生产设备进入“老龄化”，根据国家近几年统计数字，平均每年发生各类事故80多万起，死亡人数达10余万人，几乎每年都有100人以上的死亡事故发生，已经严重威胁到我国的社会稳定、人员生命安全及社会的经济发展。而化工企业除了在生产过程中存在风险外，还面临着其他风险的威胁，如石油管线的恶意破坏、危险化学品运输过程中车辆突然倾翻引发的中毒和污染事件，及其引发的社会安全问题，因此应急救援工作就需要在政府应急管理部门的主导下，制作应急救援联动处置预案。

9.2.2 危险化学品中毒有关基础知识

9.2.2.1 危险化学品安全生产形势

我国推进工业化进程，其主要产业为重化工业，在原油等原材料的运输、冶炼生产以及成品油、化学品等的运输、贮存过程中，需要使用各种类型的压力容器及管道。这些设备一旦发生泄漏，都可能引发灾难性的爆炸、火灾事故。

我国曾发生多起危险化学品的燃烧、爆炸事故，人员伤亡、财产损失严重。在发生的事故中，比较常见的是氯、氨、硫化氢和氮氧化物等危险化学品事故。事故泄漏出的刺激性气体引起的上呼吸道炎症、化学性肺炎、肺水肿群体性发病事件频繁发生，甚至群死群伤。曾多次发生由于接触氯气、氨和氮氧化物引起急性职业性呼吸疾病。职业性肿瘤的发病情况也十分严峻，尤其在中小企业中接触各类致癌物的情况十分严重，紧急情况发生时，需要专业救援队伍的支援，参与救援的人员也会不同程度地接触各类致癌物质。

9.2.2.2 化学中毒的主要形式、毒物进入人体的途径及代谢

化学中毒的主要形式、毒物进入人体的途径及代谢：

（1）化学中毒主要的 3 种形式：急性中毒、慢性中毒、亚急性中毒。

（2）化学毒物进入人体的途径：化学毒物主要经呼吸道、皮肤和消化道进入人体。

（3）化学毒物在体内的代谢包括 4 个环节。1）吸收：通过呼吸道、皮肤黏膜、消化道等途径进入人体。2）分布：毒物被吸收后，可随血液、淋巴分布到全身各组织和器官中。3）代谢：主要在肝脏，通过氧化、还原、水解、结合等作用进行代谢。多数毒物经代谢后毒性降低，少数毒性反而增加，如对硫磷氧化为对氧磷，毒性增加 300 倍。4）排出：气体和易挥发的毒物吸收后，一部分以原形经呼吸道排出，大多数毒物由肾脏排出，很多重金属及生物碱由消化道排出，少数毒物经皮肤排出。此外，铅、汞、砷等可由乳汁排出。

9.2.2.3 影响毒物毒作用的因素

影响毒物毒作用的因素：

（1）毒物理化性质。化学物的毒性与其化学结构有密切关系，空气中毒物的颗粒愈小，挥发性愈强，溶解度愈大，吸入肺内的量愈多，毒性也愈大。

（2）个体的易感性。个体对毒物的敏感性不同，这与性别、年龄、营养、健康状况、生活习惯等有关。

9.2.3 中毒的识别

9.2.3.1 化学毒物种类和存在场所、部位

化学毒物种类：

（1）金属及类金属：铅、锰、汞等。

（2）有机溶剂：如苯、甲苯等。

（3）刺激性气体：主要有氯气、光气、氨氧化物、氨气等。

（4）窒息性气体：如一氧化碳、硫化氢等。

（5）苯的氨基和硝基化合物：常见的有苯胺、苯二胺、联苯胺等。

化学毒物通常存在于原料、轴助材料、夹杂物、半成品、成品、废气、废液及废渣中，存在形态以固体、液体、气体存在于生产环境中。

9.2.3.2 伤害特点

危险化学品引起的伤害特点：刺激眼睛，流泪致盲；灼伤皮肤，溃疡糜烂；损伤呼吸道，胸闷窒息；麻痹神经，头晕昏迷；燃烧爆炸，物毁人亡；进入机体引起器官功能障碍。

（1）局部刺激、腐蚀作用：如强酸、强碱。

(2) 缺氧：如 CO、氧化物等。

(3) 麻醉作用：如有机溶剂和吸入性麻醉药。

(4) 抑制酶活力：如有机磷农药、氰化物等。

(5) 干扰细胞膜和细胞器的生理功能：如四氯化碳、酚类。

(6) 受体的竞争：如阿托品阻断毒蕈碱受体。

9.2.4 中毒的急救技术及治疗原则

9.2.4.1 中毒的预防

中毒的预防：

(1) 了解所使用的危险化学品的特性，不盲目操作，不违章使用。

(2) 妥善保管身边的危险化学品，做到标签完整、密封保存、避热、避光、远离火种。

(3) 居室内不要存放危险化学品。

(4) 乘船、乘车不携带危险化学品。

(5) 严防室内积聚高浓度易燃易爆气体。

9.2.4.2 危险化学品事故应急救援

危险化学品事故应急救援应遵的顺序和原则：

(1) 现场分区和警示标识。

(2) 疏散与隔离。

(3) 切断电源并消除火源。

(4) 保护应急救援人员。

(5) 现场毒物监测和毒物健康影响评价。

(6) 泄漏控制。

9.2.4.3 治疗原则

A 停止接触毒物

撤离中毒现场；脱去污染的衣服，清洗接触部位的皮肤、毛发、眼、伤口等；特殊毒物应根据清洗与清除的不同要求来执行。

B 清除体内尚未吸收的毒物

清除体内尚未吸收的毒物的方法：

(1) 催吐。神志清楚且能合作时，饮温水 300~500mL，然后自己用手指、压舌板或筷子刺激咽后壁或舌根诱发呕吐，反复进行，直到胃内容物完全呕出为止。注意：应头间位；蚀性毒物，禁忌催吐。

（2）洗胃。1）时间：服毒后6h内有效。2）用量：每次200~250mL，总量至少2~5L，甚至6~8L。3）洗胃液种类：清水洗胃。注意：腐蚀性毒物，插胃管可能引起穿孔，属禁忌。惊厥患者插管可能诱发惊厥；昏迷患者插管易导致吸入性肺炎，应慎重；食管静脉曲张患者也不宜洗胃。

（3）灌肠。适于口服中毒，超过6h以上，导泻无效者以及抑制肠蠕动的毒物；严重的可使用高位连续多次灌肠。

C 已吸收毒物的排出

已吸收毒物的排出可采用以下方法：利尿，供氧，透析，血液灌流。

9.2.4.4 常见几种毒物中毒的急救处理要点

A 金属中毒解毒药

金属中毒解毒药多属螯合剂，可与多种金属形成可溶而稳定的金属螯合物由尿排出。金属中毒解毒药主要有依地酸钙钠、二巯丙醇、二巯丙磺酸钠、二巯丁二钠。

B 高铁血红蛋白血症解毒药

如亚硝酸盐、苯胺、硝基苯等中毒，可用小剂量1%亚甲蓝5~10mL（1~2mg/kg）稀释后静脉注射，必要时可重复应用，可使高铁血红蛋白还原为正常血红蛋白。注意：大剂量效果相反，可产生高铁血红蛋白血症。

C 氰化物中毒解毒药

亚硝酸盐-硫代硫酸钠法：适量的亚硝酸盐可使血红蛋白氧化，产生一定量的高铁血红蛋白，后者可与血液中的氰化物形成氰化高铁血红蛋白。高铁血红蛋白还可夺取已与氧化型细胞色素氧化酶结合的氰离子；氰离子与硫代硫酸钠作用，转变为毒性低的硫氰酸盐排出体外。

D 有机磷农药中毒解毒药

有机磷农药中毒解毒：可以采用阿托品和胆碱酯酶复能剂一起使用。

E 中枢神经抑制剂解毒药

中枢神经抑制剂解毒药有：

（1）纳洛酮：是阿片类麻醉药的解毒药，对麻醉镇痛药引起的呼吸抑制有特异的拮抗作用，可用于各种镇静催眠药如安定中毒以及急性酒精中毒。

（2）氟马西尼：是苯二氮卓类中毒的拮抗药。

9.3 现场洗消及应用

洗消是消除染毒体和污染区毒性危害的主要措施，洗消可从根本上消除或降低危险源造成的污染。因此危险化学品灾害事故处置中洗消是个非常重要的必不可少的环节。目前，消防指战员在危险化学品事故处置中，特勤中队具备专业的洗消器材、车辆、洗消剂等，能按程序实施洗消作业。但多数普通执勤中队还缺乏洗消的装备器材，特别是县消防中队缺乏比较严重。部分指战员对洗消的重要性和必要性认识不足，普遍存在轻视洗消或者缺乏洗消知识。

9.3.1 洗消概述

9.3.1.1 洗消定义

洗消为防化军事术语，是指对遭受化学污染物、放射性物质和生物毒剂污染的人员、器材、环境等实施消毒、消除和灭菌而采取的技术措施。

9.3.1.2 洗消目的

洗消目的：及时控制和消除污染，减少污染物对受染人员的进一步伤害，为其医疗后送争取时间；避免污染物进一步扩散，造成新的危害，消除人员的恐慌心理；恢复受染环境及设施的正常安全秩序，维护社会稳定。

9.3.1.3 洗消原则

洗消原则：受染后应尽快离开污染源，处于空气洁净的上风方向；皮肤污染时，尽快脱去染毒衣服，用大量水冲洗皮肤，或用制式装备或其他方法进行应急洗消。对于有毒污染，特别是可通过皮肤中毒的剧毒物质，须尽快对受染者进行洗消，以防毒物渗入皮下组织，进入血液，危及生命。实施洗消时应坚持因地制宜、积极兼容、快速高效、专业洗消与指导群众自己洗消相结合等原则。

9.3.1.4 洗消方式

洗消方式有全面彻底洗消和局部应急洗消。

（1）全面彻底洗消，由消防救援队伍提供保障，如设洗消站。开设洗消站是一种接受被污染对象前来进行消毒去污的方法。这类方法不够主动，但适宜于消毒对象数量大，消毒任务繁重时使用。洗消站一般应有人员洗消场和器材装备洗消场两大部分组成，既可消毒去污，也可消除放射性沾染。洗消站一般设在事故现场上风方向，可由专业洗消装备组成，也可由消防车等搭建成简易洗消通道。洗消站一般包括脱衣间、淋洗间和穿衣间。

（2）局部应急洗消，由受染人员用自携洗消装备或其他方法进行自行洗消。局部应急洗消是针对需要紧急处理的人员而采取的消毒方法。对在事故发生区完成工程抢险，消防任务而严重被污染的人员，需要及时进行消毒（又称紧急洗消），一旦毒剂渗透到皮下组织，洗消就失去了实际意义。皮肤上沾染的毒剂液滴应在2~3min内完成应急洗消。如果沾染了神经性毒剂，在2min内洗消，存活率达80%；5min内洗消，存活率约30%；10min以后洗消，染毒人员很难存活。

9.3.1.5 洗消原理

化学洗消、物理洗消、机械洗消的洗消原理如下所示。

（1）化学洗消：通过消毒剂与毒物发生化学反应，使毒物失去毒性或显著降低毒性。可发生的反应有：氧化还原反应、催化反应、络合反应、中和反应等。

（2）物理洗消：通过物理过程将污染物转移，如溶解、蒸发、吸附等。

（3）机械洗消：通过机械原理将毒物转移，如吸尘、擦拭、铲除、隔离、掩埋等。

9.3.1.6 洗消保障对象

与人员生命安全密切相关的对象均必须进行洗消，（1）避免直接接触而中毒；（2）避免滴落或吸附在对象上的毒物挥发、分解吸附后造成二次污染。洗消保障对象一般分为：人员、服装和防护器材、作战装备、精密敏感设备、道路地面及建筑设施、空气。

9.3.2 典型毒物

9.3.2.1 化学物质毒性分级

世界卫生组织（WHO）按照化学毒物毒性大小将其分为剧毒、高毒、中等毒、低毒和微毒5个等级，化学洗消重点关注剧毒和高毒化学品。

9.3.2.2 毒物分类

化学毒物主要分为军用化学毒剂、工业毒物、天然毒物等。

A 军用化学毒剂

化学毒剂种类很多，按照其主要毒害作用，可分为神经性毒剂、糜烂性毒剂、窒息性毒剂、失能性毒剂、刺激性毒剂和全身性毒剂等。

（1）神经性毒剂。该类毒剂毒性强，中毒途径多，中毒迅速，杀伤力强，危害持续时间长，中毒后主要引起中枢神经系统、植物神经系统、呼吸系统及血液循环系统的功能障碍。

1）毒剂特性。神经性毒剂主要包括沙林、梭曼、塔崩和维埃克斯。

2）中毒症状。流鼻涕，头痛，流涎，缩瞳，胸闷，肌颤，胃痛性痉挛，虚弱和肌肉自发收缩现象增多，行为错乱、失控，喘鸣、呼吸严重困难、咳嗽，瞳孔严重缩小，红眼、流泪，呕吐，严重的肌肉颤搐，大小便失禁，惊厥，意识丧失，呼吸衰竭。

(2) 糜烂性毒剂。糜烂性毒剂主要有芥子气、氮芥气、路易氏气等，中毒后主要引起皮肤糜烂，也损伤眼睛、呼吸道、消化道及伤口等，被肌体吸收后可引起严重的全身中毒。

(3) 窒息性毒剂。主要有氯气、光气、双光气等。氯气是具有异臭和刺激性味道的黄色气体；光气是一种无色气体，具有类似于烂干草和烂苹果的气味。中毒作用较慢，有潜伏期，中毒后造成肺水肿，有咳嗽、胸闷，呼吸困难状。中毒后的急救治疗尚无特效药。

B 工业毒物

在工业生产中，使用或产生的各种有毒化学物质，包括生产原料、中间产品、成品、副产品等。

C 天然毒物

自然界中，植物、动物、细菌、真菌等均有产生毒素的种类，最常见的有蓖麻毒素和河豚毒素。

(1) 蓖麻毒素。为蓖麻成熟种子中所含有的一种剧毒蛋白毒素，剧毒，食入30mg可致人死亡。

(2) 河海毒素。一种存在于河豚、蝾螈、斑足蟾等动物中的海洋毒素。河海毒素是无色棱柱状晶体，对热不稳定，难溶于水，可溶于弱酸的水溶液。在碱性溶液中易分解，在低的pH值溶液中也不稳定。河豚毒素是强烈的神经毒素，很低浓度的河豚毒素就能选择性地抑制钠离子通过神经细胞膜。

9.3.3 洗消药剂

9.3.3.1 洗消药剂定义

洗消药剂：是化学毒剂消毒剂、放射性沾染消除剂、生物战剂灭菌剂的总称。

洗消剂：能消除核生化污染的化学物质。

消毒剂：能与化学毒剂或生物战剂发生化学反应，使其失去毒性，也可通过吸附、溶洗等过程将毒剂从染毒表面除去的化学物质。

9.3.3.2 常见化学洗消药剂

A 敌腐特灵洗消剂

敌腐特灵洗消剂用途：对受到化学品污染的皮肤或器材进行洗消。性能参数：容量为 106mL，一般接触化学物 10s 内使用效果最佳。时效为 5 年。使用方法：打开盖子，对准伤口或器材进行喷射。维护保养：该物品为消耗品，无须维护保养。注意事项：洗消前，必须脱掉全身衣物，否则衣物内残存的化学品会继续腐蚀人体，造成严重后果。

B 敌腐特灵洗眼剂

敌腐特灵洗眼剂用途：对受到化学品污染的眼睛进行洗消。性能参数：容量为 50mL，一般接触化学物 10s 内使用效果最佳。时效为 2 年。使用方法：打开盖子，将瓶子套于眼睛上，仰起头即可。维护保养：该物品为消耗品，无须维护保养。注意事项：洗消前，必须清理眼睛周围异物，否则残存的化学品会继续腐蚀眼睛，造成严重后果。

C 三合一强氧化洗消粉

用途：与水溶解后可对各类酸、碱等物质进行表面体的剥离及分解，从而达到洗消的目的。有效期限：长期。使用方法：与水混合即可。均混比例：与水混合比例为 1%~8%。维护保养：放置干燥、阴凉通风处保存。

D 三合二洗消剂

三合二洗消剂用途：对地面、武器技术装备洗消，不能用来对精密仪器、电子设备及不耐腐蚀的物体表面洗消。特性：白色粉末，有氯气味，能溶于水，溶液呈混浊状，并有杂质沉淀，不溶于有机溶剂。易吸收空气中的水分而潮解。密度为 0. 8~0. 85g/cm^3，有效氯在 56%以上。使用方法：需将三合二用水调制成悬浊液、澄清液或水浆使用。三合二能氧化氯化芥子气、氮芥气、路易氏气，但与氮芥气的作用较缓慢，能催化水解沙林、塔崩、梭曼，对维埃克斯类毒剂消毒效果较差。维护保养：放置干燥、阴凉通风处保存。

E 强酸碱洗消剂

强酸碱洗消剂用途：用于清洗强酸、强碱。适用范围：手部、脸部及皮肤表面。技术参数：容量为 200mL，时效为 1~5 年。使用方法：打开盖子，对准伤口喷射。维护保养：该物品为消耗品，无须维护保养。注意事项：洗消前，必须清理受伤表面异物，否则残存的化学品会继续腐蚀皮肤，造成严重后果。

F 次氯酸钙

次氯酸钙别名：漂白粉、漂白精。用途：用作消毒剂、杀菌剂、漂白剂等。特性：白色固体粉末，有氯气味，密度 0. 6~0. 8g/cm^3，有效氯 28%~32%，稍溶于水，不溶于有机溶剂中。漂白粉是混合物，其中有效成分是次氯酸钙，在反应式中通常用 $Ca(ClO)_2$ 来表示漂白粉。洗消对象：在化学事故处置中，可以对一些低价有毒、高价无毒的元素的有机化合物起洗消作用。由于漂白粉价格比较低，故适用于大面积洗消。使用方法：既可配成水的悬浊液使用，也可以粉状形式使用。但用干粉时，要注意可能由于它与某些有机物作用猛烈而引起燃烧。

G　碳酸氢钠

碳酸氢钠别名：小苏打。产品特性：白色粉末或不透明单斜晶系细微结晶。相对密度为2.159。无臭，味咸。可溶于水，微溶于乙醇，其水溶液因水解而呈微碱性。受热易分解放出二氧化碳。在干燥空气中无变化，在潮湿空气中缓慢分解。用途：碳酸氢钠可用作中和洗消剂，如强酸（硫酸H_2SO_4、盐酸HCl、硝酸HNO_3，氯气、氯化氢）、农药大量泄漏。使用方法：既可配成水的悬浊液使用，也可以粉状形式使用。与水混合时，可调制成5%~10%碳酸氢钠溶液进行现场中和洗消。维护保养：贮存在通风、干燥的环境中，不可与酸类物质接触。

H　稀盐酸

产品特性：为无色澄明液体，无臭，味酸。用途：稀盐酸可用作洗消剂。当大量碱性物质泄漏时，如氨的泄漏，即在消防车水罐中加入稀盐酸等酸性物质，向罐体、容器喷射，以减轻危害。也可将泄漏的液氨导至盐酸溶液中，使其中和，形成无危害或微毒废水。注意事项：在洗消过程中，酸的水溶液浓度不能太高，以免引起酸的危害，中和后需用大量水冲净。

I　氢氧化钙

别名：熟石灰。用途：通常用20%的石灰乳对染有沙林类毒剂的地面、粗糙的物体表面、墙壁等消毒。产品特性：白色粉末，难溶于水，20℃时溶解度为0.165%，在热水中的溶解度更小，溶液呈碱性，其混浊液叫石灰乳，透明的澄清液极易吸收空气中的二氧化碳生成白色碳酸钙沉淀。固体氢氧化钙也能吸收空气中二氧化碳生成碳酸钙。注意事项：由于氢氧化钙在水中的溶解度较小，所以消毒效果较差。但其来源丰富，对群众性洗消有一定价值。

J　消毒粉

用途：主要用于皮肤、服装、装备的局部消毒，消毒效果较好。适用范围：服装、皮肤、装备。特性：消毒粉的生产原料为膨润土，主要成分是蒙脱土。消毒粉为白色粉末，不溶于水和有机溶剂，无腐蚀性。它具有多孔结构，具有良好的吸附性，可吸附各种液态毒剂，吸附机理主要是物理吸附，化学吸附量较少。消毒粉吸附液态毒剂的能力是相当可观的，其吸附能力可达到100~150mg/g。使用方法：人员服装局部染毒后，救援人员应全身防护，迅速将消毒粉均匀拍撒在染毒部位上，停留1~3min后，揉擦数十次，拍打干净，然后再重复两次上述消毒过程。消毒粉用量为0.1g/cm^2。人员皮肤局部染毒后，应立即拍撒消毒粉，停留1~3min后，用泡沫塑料擦拭并除去，需要重复3次。装备局部染毒后，喷撒或拍撒上消毒粉后，停留1~3min，然后用消毒手套上的塑料条擦去。注意事项：（1）消毒时，人员应全身防护；（2）消毒时，人员应站在上风方向，并经常变换位置，以免造成重新染毒；（3）消毒完后，用消毒粉对防护器材进行消毒处理。

K GD-6 雾化洗消剂

GD-6 雾化洗消剂是 GD 系列雾化洗消剂的最新型号，一直是雾化洗消领域的主导技术。GD-6 雾化洗消剂是一种不导电，不溶于水，对人体和环境没有危害的生化洗消剂，可以直接对开放环境、基础设施、毒气云团、屋内屋外、车体内外、大型装备、精密仪器等目标洗消，紧急时还可以直接对着人体洗消。GD-6 能洗消绝大多数已知的化学战剂、生物战剂、致病微生物及大部分工业毒气。

L 中国“催化-氧化”泡沫消毒剂

用途：对已知化学毒剂、生物战剂和一些有毒工业品均具有良好消毒效果。组成：由固体过氧化物与金属离子形成催化-氧化泡沫消毒体系，呈弱碱性。产品优点：泡沫可增强毒物的溶解度，提高消毒剂在表面上的附着力，减少消毒剂用量，降低废液的产生量，有显著的环境友好特性。消毒快速高效，携行方便安全。

9.3.4 洗消方法

洗消原理主要有两种：（1）利用消毒剂与毒剂的化学反应，使毒剂变成无毒或微毒物质；（2）利用加热、吸附、隔离等方法将毒剂转移。

9.3.4.1 人员皮肤消毒方法

皮肤消毒通常采用的方法有：化学法、吸附法、淋洗法。化学法是反应型消毒剂在皮肤上与毒剂反应而消毒；吸附法主要是针对滴落在皮肤上的毒剂液滴进行快速吸附转移；淋洗法则是对被毒物污染或者怀疑被污染时，采取的一种全面彻底的洗消方法，一般化学消毒后应进行一次淋浴。

A 局部应急洗消

当裸露的皮肤、眼睛等被有毒化学品污染后，应尽可能快地用水冲洗、使用洗消器材或其他方法消除污染，以防止污染扩散、渗入体内、进入皮脂和血液，造成更大伤害或危及生命。常用的消毒器材有：人员消毒包、人员喷粉瓶、人员喷雾剂。

B 全面洗消方法

对受染人员进行彻底洗消处理，主要采用淋浴式洗消方法，通过人员洗消站实现。在洗消紧急程度上，应低于应急洗消处理。此种洗消方式适合大批受染人员的洗消处理。洗消站分永久式和移动式两种，用水、洗涤剂和温和消毒剂进行淋浴洗消。

9.3.4.2　服装、装具消毒方法

服装及装具染毒后，应及时进行洗消。（1）采用人员消毒包或其他方法进行紧急局部消毒，关键要将服装上的毒剂液滴清除；（2）对服装、装具进行全部洗消，可采取多种方法。

A　自然消毒法

自然消毒法是利用自然条件（如风吹、雨淋、日晒等）引起毒剂解吸附、挥发和分解的消毒方法。污染服装须晾晒于空旷、通风、远离人群或处于人群集中的下风方向，必须将毒区边界加以明显标志，禁止人、畜进入。此法适合于被易挥发有毒气体污染的透气式防毒服，不需专门装备，简便、易行，但对空气有污染。

B　药剂/水淋洗法

药剂/水淋洗法适合于隔绝式防护器材。通过淋浴或喷枪将药剂分散在防护服表面，保持一定时间后用清水冲洗。根据污染类型可选择适合的洗消剂，需专门的洗消装备，会产生洗消废水。

C　高温煮沸法

高温煮沸法是将染毒的服装、装具放在沸水中煮，使毒剂发生水解的消毒方法。通常在水中加入2%碳酸钠，用于中和酸性和破坏毒性，加速水解。可用专门洗消装备或其他容器（如盆、桶）与热水等组合进行消毒。注意：合成纤维、毛皮、皮革、活性炭布等不适合煮沸法消毒。

D　蒸气熏蒸法

蒸气熏蒸法适合于易分解、易反应的毒剂污染物和各种服装消毒。在密闭空间，采用湿热蒸气反应型气雾剂等对受染装具进行熏蒸消毒，根据洗消对象选择温度和洗消剂。

E　热空气消毒法

热空气消毒法是利用热空气的热效应使沾染在服装、装具上的毒剂蒸发掉的消毒方法。消毒时，将染毒的服装、装具悬挂在密闭的消毒室内，向室内通入热空气，使吸附的毒剂受热蒸发。消毒室每隔0.5~3min换气一次，排出蒸发的毒气。房间、地坑、帐篷等均可作为消毒室。

9.3.4.3　精密敏感设备洗消

精密敏感设备主要指电子、光学、音像、通讯、数字化设备等。此类设备精密、价值昂贵，甚至内部存有极为重要的文件信息，设备染毒后不能使用有腐蚀性的消毒剂及水进行洗消处理。

9.3.4.4 车辆洗消方法

对污染的车辆实施洗消，通常多采用化学洗消法，通过手持式喷枪向车辆表面喷洒洗消剂或水。喷枪洗消法适合于少量车辆，具有机动性强，操作方便的特点。龙门架洗消适合于大批车辆洗消，如从疫区或大规模生化事故现场开出的车辆。

9.3.4.5 地面及建筑物洗消方法

地面及建筑物洗消主要对沾染持久性毒剂的区域进行消毒，通常由喷洒车等大型装备喷洒消毒液。对于地面，也可采用机械铲除法或掩盖法。对于建筑物，因高大、密集、垂直表面多，消毒面积大，实施消毒时，首先对建筑物地面实施消毒，然后再对建筑物消毒，应由上至下、由左至右进行。

9.3.4.6 空气消毒方法

空气消毒，是利用化学或其他理化因子将空气中的生化毒物消除，达到允许标准。常见的化学消毒方法有：过氧化氢气雾、过氧乙酸喷雾、二氧化氯气体、臭氧气体、消毒烟剂。

9.3.5 洗消案例

9.3.5.1 汶川地震防疫

A 灾区应用的消毒杀虫剂

优氯净、漂粉精、漂白粉、三合二、洗消灵、杀菌片、过氧乙酸、苯扎溴胺、环卫乐、敌敌畏、马拉硫磷。这些消毒剂，消杀效果很好，但对环境有一定污染。

B 人员服装及装具消毒

在人员服装和防护服上直接喷雾状消毒剂，但对易渗透服装不宜直接在身体上消毒，以防消毒剂刺激人员皮肤。

C 废墟、建筑物及地面消毒

废墟、建筑物及地面消毒：采用喷洒车进行大面积消毒，便携器材进行小区域消毒。尚缺少远距离大面积消毒装备和覆盖力及渗透性强的消毒剂。

D 空气消毒

空气消毒：采用雾状或烟雾状消毒剂消毒。采用大密度消毒烟雾，对深层废墟消毒杀菌。

E 车辆消毒

车辆消毒：采用喷洒车或便携消毒器材消毒。

F 人员淋浴消毒

人员淋浴消毒：采用淋浴车进行淋浴消毒和卫生处理，但对大规模人群的作业量偏小。

9.3.5.2 齐齐哈尔芥子气中毒事件（8-4 事件）

A 事件经过

2003 年 8 月 4 日，齐齐哈尔一建筑施工现场，挖掘机挖出了 5 个锈迹斑斑的金属桶，2 个已完全破损，2 个除表面生锈外整体完好，1 个被挖掘机碰撞而损坏。施工的工人将这 5 个桶卖给了一个来收废品的民工，民工对金属桶进行了切割，造成两个桶内的油状化学物质外泄，民工将金属桶全部转卖给一家废品收购站，收购站将金属桶运往一钢厂出卖。从该建筑施工现场土坑挖出的土被运往某中学和其他地方，致使污染扩散。在随后的十几个小时内，这 5 个装有化学毒气的金属桶引发了齐齐哈尔市有史以来最为严重的化学毒气伤人事件，共造成 36 人受伤，其中 29 人住院治疗，3 人伤势严重，1 人死亡，给市民造成了恐慌。

B 判明毒物

防化分队对事故现场进行外观鉴定、侦检及化验分析，查明有毒物质为芥子气，并确认桶装芥子气为二战期间日军遗弃化学武器。

C 毒源处置

5 个盛装毒气的金属桶严格安全包装，送到了富拉尔基日本遗留化学武器托管库保存，将作为日军遗留在华化学武器伤人的证据。

D 事故现场处置

对事发工地的残土进行测定，发现 30cm 以下毒性依然很强。用大型塑料桶密闭包装污染土，运往指定地点，再一层一层地消毒、深埋，确保不会造成二次污染。现场喷洒三合二干粉和喷洒 10%三合二消毒液；车辆上染的明显液体毒剂用土吸附包装后，用 10%三合二溶液喷洒消毒，再用清水冲洗干净。

9.4 救援与环境保护

9.4.1 灭火救援应保护环境

9.4.1.1 灭火救援行动有时会造成污染

公安消防部队改革转隶后，继续实行“双严双准”，优势是纪律严明，集结快速，救援设备多，应对事故能力强。但消防指战员环保意识有时还不够强，还缺乏应对突发环境事件的专业知识，在救援过程中如果使用水、泡沫不当，将造成环境污染或扩大污染程度，造成不必要的损失。

9.4.1.2 环境保护也是灭火救援的一部分

随着我国一些地区的恶性火灾伴随环境事故的频频发生，在加强灭火救援工作的同时增强环保意识逐渐成为社会热点。当发生火灾，特别是石油化工火灾或危化品交通事故灭火救援，由于处置中大量使用水灭火，其灭火污水有时会造成严重的环境污染。

案例：松花江水污染事件。

2005 年 11 月 13 日，中石油吉林石化公司双苯厂发生爆炸事故，在救援过程中，约有 100t 的物料（苯系物）随灭火废水经东 10 号线流入松花江，造成震惊中外的“松花江水污染事件”。

吉林石化公司双苯厂有生产装置 5 套（苯胺装置 2 套，苯酚丙酮、苯酐、DEA/MEA 装置各 1 套），主要原料为纯苯、邻二甲苯、丙烯、乙烯、硝酸、硫酸等。双苯厂位于吉林市龙潭区吉化中部业区，东侧为吉化集团中部生产基地，北侧为电石厂，占地面积约 102 万平方米。吉林市消防部门当时共调动消防车 90 余台，大量的水被不间断地喷向火点，扑救现场地面的污水“没膝深”。部分物料通过雨排水口和清净下水井由东 10 号线进入松花江；在灭火救援过程中，部分物料也随灭火水流入东 10 号线进入松花江，引发了水污染事件。造成黑龙江至阿穆尔河，流经犹太州、哈巴罗夫斯克州，近千公里沿岸 30 多个居民点、165 万人饮用水受到污染。松花江水污染事故发生后，国务院领导高度重视，采取了一系列措施。

案例点评：本次事故危及沿江数百万人民群众的饮水安全，造成的后果特别严重。

几点启示：

（1）必须建立和完善各类应急预案。如果吉林石化公司双苯厂在编制消防预案时，能考虑一旦发生大火，灭火废水有可能会成为污染源，从而在排雨管道上进行“布防”，在正常情况下允其直接排水入河，在事故状态下紧急关闭直接排水功能，改道排向污水处理厂，进行处理后再排放，就不会造成如此严重的后果。

（2）部门之间应密切配合，通力合作。火灾事发突然，影响力大，处置不好将会引起社会动荡。消防、环保部门应通力合作，密切配合，加强联系和协调，形成合力。

（3）加强监管。各地消防救援、应急、环保等职能单位应对化工企业进行拉网式检查，看有无类似的“高危企业”，督促、协助这类企业对排雨管线进行

"升级"改造，确保发生火灾时，排雨管道能在第一时间"变道"，将灭火废水排到"安全地带"，杜绝其对河流的污染。松花江水污染事件以后，全国又发生灭火废水引发的水污染事件数十起。如将交通事故泄漏的永久性有机物冲入下水管道，造成下游河道污染；将泄漏在高速公路的浓酸冲稀，致使污染范围扩大，公路两侧大量草皮被毁，土壤被污染；将燃烧的船只灌沉等。消防救援队伍的责任是保护公共安全中人民的生命财产安全，而环境安全也是公共安全的一个方面。他们的救援行动会直接影响到公众的饮用水安全等环境问题。同时，由于对化学品性质不了解，在救援中，部分消防指战员的健康也受到伤害。所以，保护环境是灭火救援的重要功能，它关系到公众的利益。

9.4.2　灭火救援保护环境的措施与方法

发生火灾首先想到的是火灾带来的经济损失，很少了解火灾给环境带来的污染。但火灾本质上可认为是不当的燃烧行为造成的灾害，燃烧过程中必然发生大量复杂的化学反应，这不可避免地要带来环境污染问题，应重视灭火救援中环境保护的问题。

9.4.2.1　正确认识火灾带来的环境问题

A　生态平衡的破坏

例如，森林火灾是火灾的一种，是一种突发性强、危害性极大的灾害，破坏了整个地区生态平衡。森林火灾烧毁大面积的林木和大量的林副产品，破坏森林结构，森林火灾后，如果不能及时地人工种草植树，就会引起山洪暴发、山体滑坡、水土流失、土壤贫瘠、地下水位降低直至枯竭等问题。同时，森林火灾使大量动植物死亡，甚至使一些珍稀物种绝迹，使整个生态系统中各种生物群落之间赖以维系的食物链、食物网遭到破坏，需经过多年的恢复和调整，正常的食物链才能重新建立起来。可见，森林火灾破坏了整个地区生态平衡。

案例：大兴安岭特大森林火灾。

1987年5月6日到6月2日，我国大兴安岭发生特大森林火灾。解放军、森林警察、公安消防、广大职工近10万人经过近1个月的殊死搏斗，才将大火扑灭。这场火灾过火面积101万公顷，殃及2个县城3个镇，破坏的生态平衡需80年才能恢复。

B　空气污染

火灾中大量可燃物和助燃物燃烧所产生的各种粒状物质或气态物质排放至大气中的量超过大自然所能容纳的自净能力后，就形成严重空气污染现象，造成"雾霾天"。

众所周知，物质在燃烧过程中会产生大量浓烟和烟尘，目前我国空气质量不良的主要污染物为悬浮颗粒。悬浮颗粒部分来自燃烧不完全形成的碳粒和排放气体凝结而成。同时，燃料中的碳经过完全燃烧后形成二氧化碳，二氧化碳过量排放被认为是形成温室效应的主要原因，而经过不完全燃烧形成一氧化碳或其他有毒气体，则会损害人体健康，如许多塑料制品皆含有氯的成分，经过完全或不完全燃烧后排放出像氯化氢、二噁英之类的致癌化合物。氯化氢有强烈的腐蚀性，如果人体大量吸入，将严重灼伤呼吸道，二噁英进入人体能够导致严重的皮肤损伤性疾病，具有强烈致癌、致畸作用，同时还有生殖毒性、免疫毒性和内分泌毒性。

C 水污染

由于火灾中大量使用水灭火，必然会造成宝贵水资源的大量消耗。同时灭火废水的流动也会导致环境污染。特别是石油化工企业，以石油或天然气为主要原料，通过不同的生产工艺过程、加工方法，生产各种石油产品、有机化工原料、化学纤维及化肥。各种成分的物料在这里加工、储存、装卸、输送。一旦发生火灾，导致容器和管道破裂，物料泄漏出来，灭火救援时，泄漏出来的物料混入灭火废水，灭火废水即被污染。一般称之为灭火污水。石油化工企业产品种类繁多、化工装置千差万别。不同的化工装置、不同的工艺流程、火灾发生时不同的泄漏点位置、不同的物料泄漏量，都会造成灭火污水中污染物的组分不同。因此，灭火污水具有区别于其他形式污水的特点，如果处置不当极易造成严重的水污染事故。

9.4.2.2 灭火救援中如何保护环境

A 教育

（1）环境保护问题在电视节目中进行讨论；（2）消防指战员掌握更多有关环境保护的信息；（3）在发生紧急事故时，保护环境部门协同到场；（4）制订灭火救援现场环境保护手册。

B 培训

（1）消防指战员进行紧急事故处置培训；（2）保护环境纳入培训内容；（3）技术顾问进行更高层次的培训，了解专门的危险材料；（4）培训指挥员如何处置涉及环境风险的事故。

C 制订详实可行预案

（1）制订预案要了解当地情况；（2）在主要道路上发生的事故；（3）在公众饮用水源附近发生的事故；（4）地下水源易受破坏的事故；（5）在存放具有特定污染货物的建筑物内发生的事故；（6）杀虫剂和家用化学品；（7）有毒化学品、重金属。

D　灭火救援中要与环保部门协作

（1）知道什么情况下会污染环境；（2）了解环境的弱点所在；（3）掌握重大环境风险的预案；（4）提出处置建议或对事故现场进行调查。

9.4.3　危险化学品事故应急处置

9.4.3.1　一般原则

A　切断泄漏源

（1）易燃易爆危化品泄漏的处置方法：切断火源，防止火灾与爆炸。

（2）在警戒区内立即停电、停火，灭绝一切可能引发火灾和爆炸的火种。

（3）在保证安全的前提下关闭有关阀门，防止继续泄漏。

（4）如果罐体管道完好，可通过出液管、排流管将物料导入其他空罐或紧急事故罐。

（5）如果管道破裂，可用木楔、堵漏器等方法堵漏，随后用高标号速凝水泥覆盖法暂时封堵，也可用水泥浆加水玻璃替代。

（6）危化品泄漏引起燃烧的处置方法，积极冷却，稳定燃烧，防止爆炸。

（7）用射流水冷却着火点、邻近罐体和建筑物，将火势控制在一定范围内，保护相邻建筑物免受火灾威胁。

（8）如果罐体管道完好，可通过出液管、排流管将物料导入紧急事故罐，减少着火罐储量。

注意：在未切断泄漏源的情况下，严禁熄灭已稳定燃烧的火焰，待切断物料并降温后，再向稳定的火焰喷干粉，覆盖火焰终止燃烧。

B　处置泄漏物

控制泄漏源后，应及时对现场泄漏物进行收容、覆盖、稀释、吸附、中和、固化、收集处理等，使泄漏物得到安全可靠的处置，防止发生二次污染。

（1）围堤堵截或挖掘沟槽收容泄漏物（该方法适用于液体危险化学品泄漏），在储罐区发生液体泄漏时，要及时封闭雨水口，防止污染物沿雨水系统外流，如果泄漏物已进入雨水、污水或清净下水排放系统，应及时封堵总排口，采取措施导入应急池，防止泄漏物排出厂外污染地表水。如果泄漏发生在平地，则在泄漏点周围修筑环形围堤；如果泄漏发生在斜坡，则在泄漏物流动的下方修筑U形围堤；如果泄漏物是四散而流，则在泄漏点周围挖掘环形沟槽；如果泄漏物沿一个方向流动，则在其流动的下方挖掘沟槽。注意：1）修筑围堤或挖掘沟槽既要离泄漏点足够远，有足够的时间在泄漏物到达前修好围堤或挖掘好沟槽，但又不能太远，否则会扩大污染范围。2）如果泄漏物是易燃易爆物，操作时应避免火源。3）充分利用现有设施或地形截留泄漏物。

（2）覆盖减少泄漏物蒸发或扩散。为降低液体泄漏物蒸发速度，可用泡沫或其他覆盖物覆盖。1）泡沫覆盖。必须与其他收容措施如围堰、沟槽配合使用，该方法只适用于陆地泄漏物处理。（注意：根据泄漏物性质选择适合的泡沫，每隔一段时间覆盖一次，直到泄漏物清理完毕。）2）泥土覆盖。该方法适合大多数液体泄漏物，既可以有效吸附液体污染物，防止扩大污染范围，取材又很方便。3）水雾覆盖。当毒气泄漏或一些遇水反应的化学品产生大量溶于水的有毒有害气体时，在事故地周围人员一时难以疏散的情况下，为减少大气污染，掩护人员疏散，应在下风、侧下风以及人员较多的方向采用水枪或消防水带向有毒有害蒸气云喷射雾状水，形成大范围的水雾覆盖区域，稀释、吸收有毒有害气体。（注意：使用该技术时将产生大量被污染水，应同时采取措施防止污水污染环境。）

（3）吸附、中和、固化泄漏物。适合泄漏量较小的事故。1）吸附处理泄漏物。常用的吸附剂有活性炭、天然有机吸附剂、天然无机吸附剂、合成吸附剂等。天然吸附剂：天然吸附剂具有价廉、无毒、易得、不需再生等优点。天然有机吸附剂：木纤维、玉米秆、稻草、木屑、树皮等，用于去除油类及类似的有机物等。天然无机吸附剂：黏土、珍珠岩、沸石等，用于去除各种类型的烃、酸及其衍生物、醇、醛、酮等。2）中和处理泄漏物。在陆地泄漏酸、碱物质，如果反应能控制，用强酸、强碱中和比较经济；在水中泄漏酸、碱物质，根据情况采用弱酸、弱碱中和。碳酸钙粉也是一种天然安全的中和剂。3）固化处理泄漏物。通过能与泄漏物发生化学反应的固化剂或稳定剂使泄漏物转化成稳定形态，便于处理、运输和处置。有的泄漏物稳定后，由原来的有害变成无害，可原地堆放不需进一步处理。常用的固化剂有水泥、凝胶、石灰。

（4）泄漏物收集与处理。在危化品事件处置中，应根据泄漏物的性质和形态，采用不同大小和不同材质的容器进行包装收集。污染物收集后，应安全送至专业处理场所处置，杜绝二次污染。

9.4.3.2 黄磷及磷泥运输事故的应急处置

A 性质

理化性质：黄磷又叫白磷或元素磷，蜡状固体，有光泽，有大蒜臭味。相对密度 1.82，熔点 44.1℃，沸点 280℃。不溶于水，15℃时在水中溶解度 0.0003g/100g（3mg/L），在水中比较稳定，易溶于脂肪及二硫化碳等有机溶剂，在空气中易氧化自燃，产生大量烟雾。

我国黄磷的产能、产量均居世界首位，有黄磷生产厂上百家。由于黄磷生产要消耗大量的能源，并对周围环境造成极大影响，属于高能耗、高污染产业，所以发达国家将黄磷生产转移到发展中国家。黄磷生产工艺：将磷矿石、硅石和焦炭按一定比例和粒度放入电炉内，在高温下发生分解、还原反应（$Ca_3(PO_4)_2 + 3SiO_2 + 5C = 3CaSiO_3 + 5CO + P_2$）。磷蒸气与炉尘一起被冷却、漂洗后得到产品。漂洗水经沉淀后得到磷泥。

B　用途

黄磷的用途甚广，制成氧化物是一种强烈的干燥剂，制成磷酸和磷酸盐后是化肥、试剂、洗涤剂、食品、饮料等工业的重要原料，制成的赤磷、磷铁是火柴和军工原料，制成氯化物可用于制造有机磷农药及其他有机合成制剂，在工业生产中它的地位非常重要。

C　毒性

黄磷系高毒类物质，人一次误食0.1g就能致死，慢性中毒剂量为0.001g/d。黄磷进入人体使骨骼及肝脏受损害，长期吸入可引起骨质疏松、下颌骨髓炎、齿槽病变等。试验研究表明：黄磷在生物体内的累积方式与汞极为相似。

D　案例分析

1989年8月17日晚，雨天，一辆装有22桶磷泥的汽车行至湖北省宜昌市黄柏河公路滚水桥时，因车身倾斜，掉下7桶磷泥起火，使黄柏河水质严重污染，毒死中华鲟18尾，胭脂鱼38尾，网箱鱼2.6万千克，群众反映饮用河水后腹痛腹泻，两家自来水厂被迫停水，影响7万人饮用，河流被迫改道，清理含磷泥渣，葛洲坝电站开闸排污。

E　运输管理

(1) 储运条件。低温、通风的专设库房，控制在28℃；每天检查3次，必须保证水面高出磷块5cm以上；与易燃物、爆炸物、氧化剂隔离，远离热源与火源；工作完毕及时用肥皂、清水洗净手、脸；储存期限不超过4个月。

(2) 运输监管。1) 危化品运输：对押运及驾驶人员进行专业培训，确定运输线路、时间、停车地点、应急救援预案。2) 运输路线：避开水源地、渔业保护区、城市人口密集区。3) 运输时间：尽量白天运输，杜绝疲劳驾驶，避开上下班高峰期。4) 停车地点：远离敏感地点。5) 提供技术：危险化学品生产企业有为危险化学品事故应急救援提供技术指导的职责，能及时提供运输物质性质、毒性、相关标准、分析方法、应急救援处置方案。

(3) 黄磷包装及运输车辆。1) 黄磷包装：采用Ⅰ级包装，其要求应符合国家标准规定，禁止旧桶，在桶身圆柱面印制黄磷有关标志，标志必须清晰醒目。2) 标志内容包括：产品名称、级别、危险品编号、产品批号、生产日期、净质量、总质量、制造厂商和自燃、有毒品等图形标志。3) 运输车辆：专用车辆。

(4) 磷泥就地处置（关闭小型黄磷炉）。

F 应急处置

(1) 及时报告（政府组织，多部门配合、迅速反应）。

(2) 自救与救援相结合。

(3) 泄漏处理：对泄漏物处理，必须戴好防毒面具与手套，用湿砂土覆盖，铲入提桶，放在空旷地方任其干燥，自行烧尽。

(4) 灭火救援措施。1) 用开花水枪喷雾状水（或低压水）降温、灭火，防止液态黄磷飞溅。2) 用湿沙土或泥土覆盖，直到火熄和黄磷固化为止，以免复燃。3) 灭火必须穿戴橡胶衣、裤、靴，戴防毒口罩。（注意：尽量避免磷泥及灭火水进入水体。）

(5) 加强监测。方法：化学分析、生物监测（粗鳞鱼有中毒的特殊症状）。尽快确定污染区域，尽快告知可能受影响的相关人员，包括可能波及的毗邻区域。

(6) 清理受污染水域和土壤。黄磷清理：受污染的水体引水稀释或加速排泄，受污染的土壤必须彻底清除并风干氧化。磷泥清理：受污染的水体必须彻底清除底泥后再引水稀释，受污染的土壤必须彻底清除并风干氧化。

(7) 烧伤及中毒处理。液态黄磷经灼伤的皮肤吸收会引起急性中毒，接触数日后可出现肝、肾损害的表现。急救处理：1) 立即脱离中毒环境，脱去污染衣服，用大量清水彻底冲洗污染皮肤，注意灭火及清除磷粒；2) 无法立即用水冲洗时先用湿布覆盖创面；3) 必要时需清创；4) 对症治疗。

9.4.3.3 毒气泄漏突发环境事件应急处置措施

大多的毒气事故，都是因为毒气泄漏而造成的。消防指战员可与事故单位的专业技术人员密切配合，采用关闭阀门、修补容器、管道等方法，阻止毒气从管道、容器、设备的裂缝处继续外泄。同时对已泄漏出来的毒气必须及时进行洗消。

A 控制污染源

抢修设备与消除污染相结合。抢修设备旨在控制污染源，抢修愈早受污染面积愈小。在抢修区域，直接对泄漏点或泄漏部位洗消，构成空间除污网，为抢修设备起到掩护作用。

B 确定污染范围

做好事故现场的侦查监测。及时查明泄漏源的种类、数量和扩散区域，明确污染边界，确定洗消量。

C 严防污染扩散

利用就便器材与消防专业装备器材相结合。对毒气事故的污染清除，专业器材具有效率高、处理快的明显优势，但目前装备数量有限，难以满足实际应用，所以必须充分发挥企业救援体系，采取有效措施防止污染扩散。通常采用四种方法：一堵，用针对性的材料封闭下水道，截断有毒物质外流造成污染；二撒，可用具有中和作用的酸性和碱性粉末抛撒在泄漏地点的周围，使之发生中和反应，降低危害程度；三喷，用酸碱中和原理，将稀碱（酸）喷洒在泄漏部位，形成隔离区域；四稀，利用大量的水进行稀释，以降低污染浓度。

D 污染洗消

利用喷洒洗消液、抛洒粉状消毒剂等方式消除毒气污染。毒气事故现场可采用 3 种洗消方式：

（1）源头洗消。在事故发生初期，对事故发生点、设备或厂房洗消，将污染源严密控制在最小范围内。

（2）隔离洗消。当污染蔓延时，对下风向暴露的设备、厂房，特别是高大建筑物喷洒洗消液，抛撒粉状消毒剂，形成保护层，污染降落物或流经时即可产生反应，降低甚至消除危害。

（3）延伸洗消。在控制住污染源后，从事故发生地开始向下风方向对污染区逐次推进全面而彻底的洗消。

10 危险化学品事故应急救援处置

10.1 危险化学品事故特点、成因及分类

10.1.1 危险化学品事故特点和成因

危险化学品事故，是指一切由化学物质造成的人员、环境的伤（危）害事故。但从危险化学品事故抢险救援的角度看，它主要是指与化学危险品有关的单位在生产、经营、运输活动中，由于某些意外的各种原因，突发性地发生或人为的破坏，使有毒有害化学物质大量泄漏，或伴随火灾、爆炸产生大量有害气体，从而在较大范围内造成比较严重的环境污染。对国家和人民的生命财产安全造成严重危害的灾害性事故。

10.1.1.1 事故的特点

A 突发性强，毒害物泄漏量大

一般都是瞬间发生，往往出乎人们的预料，常在意想不到的时间、地点瞬间发生。这种突发性往往与化工产品及其生产过程的特殊性有关。因为，多数化工生产都是在高温、高压下进行的。有的在反应过程中放出热量，有的则需要吸收热量，且许多化工生产的原料、中间体及产品都易燃易爆。所以，如果在生产、运输、储存过程中的某一环节稍有疏忽，便会导致事故发生。上述情况，都必然导致化学物质大量泄漏，产生严重的后果。如 1995 年 7 月 4 日，成都市化工总厂液氯车间发生氯气泄漏，当场死 3 人，伤 6 人，且仅 1 小时，市区数十平方公里范围内都能闻到刺激性的氯气味。

B 波及面广，毒害范围宽

事故发生后，染毒气体迅速向下风方向扩散，进而污染空气、地面、道路和生产、生活设施，短时间内危害范围即可达数十甚至数百平方公里。如 1995 年 12 月 25 日，位于四川省宣汉县境内的“渡 1”井发生特大天然气井喷，井下压力约 80MPa，井口压力约 20MPa，日喷量 600 多万立方米，由于外喷天然气中含硫化氢过多（空气中硫化氢最大允许含量每立方米 10mg/m^3，而实际含量超过 110mg/m^3），仅两天时间，距井口 10 千米为半径的范围内都能嗅到硫化氢气体的臭味，1 万多当地村民不同程度中毒（眼角膜红肿、咳嗽不止）。

C 伤害形式特殊，对人员、环境危害极大

（1）毒性伤害。火灾中，高温火焰对人员的伤害主要是对人体皮肤的烧灼伤害。爆炸事故对人员的伤害主要是物理机械性伤害。而危险化学品事故一旦发生，有毒物质进入机体后，即能与细胞内的重要物质如酶、蛋白质、核酸等作用，改变细胞内组分的含量及结构，破坏细胞的正常代谢，从而导致机体功能紊乱，造成中毒，伤者的救治也十分复杂。

（2）多途径伤害。各种有毒物质的状态不同，中毒途径也不同。受污染的空气可经呼吸道吸入和皮肤吸收中毒；毒物液滴可经皮肤渗透中毒，如沙林液滴落到皮肤上即很容易渗入皮肤之中；误食、误饮染毒食物、水源，即可经消化道吸收中毒。再者，各种有毒物质的理化特性不同，能造成不同的伤害效应。如沙林、苯、有机磷农药、氯化烃等神经性毒物，可经呼吸道、皮肤毒害神经系统。氯气、二氧化硫、氨气、光气、硫化氢、硫酸酯类、氮氧化物、异氰酸酯类等毒物，经呼吸道（酯类毒物还可通过皮肤吸收）导致呼吸系统中毒；一氧化碳、苯胺、硝基苯、氢氰酸吸入人体后会造成血液系统毒害（即全身性中毒）。其中，有的中毒较快，有的则是慢性中毒（中毒症状几小时或几天后出现）。需特别注意的是：很多危险化学品事故都伴随有爆炸、燃烧等情况，所以，在事故伤害之中，既可能是单一伤害，又可能是复合伤害；既可能在污染区直接受到伤害，也可能因接触或误食从污染区出来的物品、食品受到间接伤害。

（3）流动性伤害。危险化学品事故发生后，由于有毒物质在空间形成云团，会从事故发生区域向四周尤其是下风方向扩散，造成大范围空间的污染，使伤害效应大大增强。

（4）持续性伤害。危险化学品事故发生后，会对空气、地面、水源物体等造成污染，且这种污染能持续较长时间，少则几小时，多则数日、数月，这给事故的处理带来了很大的难度，伤害的持续时间长。

D 救援困难，组织指挥任务艰巨

危险化学品事故发生后，救援行动将围绕切断（控制）事故源、控制污染区、抢救中毒人员、采样检测、组织污染区居民防护或撤离、对污染区实施洗消等任务展开，难度大，要求高。同时，为了有效地实施救援，还必须对参加抢险救援的队伍实行统一的组织指挥，并搞好通信、交通、运输、急救、物资、气象、生活等各项保障。组织指挥难度很大，稍有不慎极易造成严重的后果。如1997年5月4日，重庆市长寿化工总厂污水处理车间火灾发生后，由于未掌握污水处理池已于事故前排空以及池内仍有二甲苯等残液及其挥发的大量爆炸性气体混合物的情况，以致在扑灭回流槽的火焰时，火焰经回流管道窜至污水处理池，使污水处理池爆炸，7名消防指战员和5名该厂技术人员当场死亡。

10.1.1.2 危险化学品事故的成因

A 自然原因

自然界的地震、海啸、火山爆发、台风、龙卷风、洪水、山体滑坡、泥石流、雷击，以及太阳黑子周期性的爆发，引起的地球大气环流变化等自然灾害，都会对化工企业造成严重的影响和破坏。由此导致的停电、停水，使化学反应失控而导致火灾、爆炸以及有毒有害物质外泄。1994 年 1 月 17 日凌晨，距离美国洛杉矶西部约 40km 的圣费南多河谷发生 6.6 级大地震，地震发生后，整个地区发生 100 多起火灾，原因主要是地震造成地下煤气管道爆炸引起泄漏，整个城市到处都是浓烟、烈火和燃烧后散发的异味。

B 人为及技术上的原因

技术因素一般指人类在化工生产、储存及运输等过程中，违章操作而引起事故。

（1）勘测、设计方面存在缺陷。从地形、气象因素看，由于选址不当，将重要的化工设施建在居民密集区、地震断裂带、易滑坡地带、雷击区、大风带区等；从生产、储运方面看，易燃、易爆、毒害、腐蚀的化危品生产车间与仓库或储罐（槽）等在布局方面未严格执行有关安全技术规范、规定，间距不足，还有混装、混存、混运等现象；从工艺设计上看，易发生跑、冒、滴、漏的设施（设备）质量不符合要求，或处于上风（上方）位置，且离电源、火源、高温源距离不足；从防范设施看，防爆炸、防火灾（包括固定或半固定灭火、冷却装置）、防雷击、防污染等设施不齐全、不合理、维护管理不落实等，都将增大危险化学品事故发生的概率。

（2）设备老化，带故障运转。化工生产流程中一般具有不同程度的压力、温度乃至高温、高压，产品、原料和中间体不少都具有腐蚀性强等特点，极易导致设备老化、故障，使各种管、阀、泵、室、塔、罐出现跑、冒、滴、漏现象，若发现、抢修不及时就会造成严重后果。根据有关资料整理，1963 年至 1981 年，日本发生的 110 起较严重的危险化学品事故中，50%是由于设备老化、管道破裂、阀门被腐蚀造成的。

（3）违反操作规程。据有关资料介绍，由于违章操作而造成的化学事故，约占化学事故总数的 30%。2010 年大连“7.16”中石油爆炸事故就是一起典型的违规操作造成的。

（4）敌对分子破坏。国内外敌对分子的蓄意破坏，或因企业经营机制转轨中出现的多种矛盾，加之处理方法不当，导致矛盾激化，引起危险化学品事故。如 1995 年 3 月 20 日上午 8 时发生的日本东京地铁“沙林毒气事件”，正是人们乘车上班的高峰时间，东京日比谷、丸之内、千代田等 3 条线路的 5 列电车和 16

处车站同时出现毒气。据悉，此次毒气事件系由日本新兴宗教团体奥姆真理教有组织的破坏。

10.1.2　危险化学品事故的分类

10.1.2.1　按有毒物质污染对象分类

危险化学品事故按有毒物质污染对象分为空气污染、水源污染和地面（物体）污染三类。

10.1.2.2　按事故的严重程度分类

危险化学品按事故的严重程度分为特大、重大和一般化学事故。特大事故是指有大量有毒有害物质泄漏并迅速扩散，短时间内造成成百上千人员中毒伤亡，危害范围大并使城市（镇）的综合功能遭到破坏，社会秩序混乱，必须进行社会动员，组织大量人力、物力、财力进行救援的灾害性事故。重大化学事故，是指突然发生并危及周围居民，且造成数十人急性中毒伤亡的事故。这类事故比特大化学事故危害的范围要小（一般指危及城市、城镇的局部，不至于引起较大的社会影响和城镇功能破坏）。但这类事故发生的概率比特大化学事故高，事故发生后也需动员有关方面的力量参与救援。一般性化学事故，是指由于工厂设备陈旧、故障或违反操作规程引起个别人中毒，事故危害范围一般限于厂区内，通常只需事故单位自己处理的事故。

10.1.2.3　按有毒物释放形式分类

危险化学品事故按有毒物释放形式可分为直接外泄型和次生释放型两类。

直接外泄型危险化学品事故，即由于某种原因使生产、使用、储存或运输中的有毒物直接向外释放而造成的事故。次生释放型危险化学品事故是指某些本来无毒或低毒的化学物品，在燃烧、爆炸后产生出有毒有害物质向四周释放而造成的危险化学品事故。

除上述三种分类方法外，还可按事故的毒物对人员的危害方式分为呼吸系统中毒型、神经系统中毒型和血液系统中毒型危险化学品事故；按危险化学品事故中是否伴有火灾、爆炸事故，又可分为混合型危险化学品事故和单纯泄漏型危险化学品事故等。

10.2　危险化学品事故中的检测方法及手段

对有毒有害物质的准确监测，在危险化学品事故应急救援中十分重要，采取有效的技术手段查明毒物的状况，可为控制事故的发展提供决策依据。

10.2.1 危险化学品事故应急监测中的任务和要求

10.2.1.1 危险化学品事故应急监测中的任务

及时查明造成危险化学品事故的有毒有害物质的种类，即定性检测。测定有毒有害物质的扩散和浓度分布情况，有条件时可查明导致危险化学品事故的客观条件。根据有毒有害物质的浓度分布情况，确定不同程度污染区的边界范围，并设置明显的标示、标志。

10.2.1.2 危险化学品事故应急监测中的要求

A 准确

准确查明造成危险化学品事故中有毒有害物质的种类，对未知毒物和已知毒物在事故过程中相互作用而成为新的危险源的检测要慎之又慎。

B 快速

能在最短的时间内报告监测结果，为及时处置事故提供科学依据。通常对事故预警所用监测方法的要求是快速显示分析结果，但在事故处理结束后为查明其原因则常常采用多种手段取证。

C 灵敏

监测方法要灵敏，即能发现低浓度的有毒有害物质或快速地反映事故成因的变化。

D 简便

采用的监测手段应当简捷，可根据监测时机、监测地点和监测人员确定所用的监测手段及仪器的简便程度。实施现场快速监测时，通常应选用较简便的仪器。

10.2.2 查明毒物种类的检测程序

10.2.2.1 初步判断

A 从染毒症候判断

由于各种化学毒物其理化性质存在着较大的差异，因此发生危险化学品事故后产生的症状各有差别。例如，氨气、氯气等毒物，由于沸点低、易挥发，泄漏后常以气态形式扩散，地面无明显残留物，但周围的农作物常伴随有灼烧状，大量泄漏时造成农作物茎叶枯萎、发黄；苯、有机磷农药等一些油状液体毒物，泄漏后常漂浮在水面或流淌到低洼处。因此，可根据这些典型特征判断泄漏物是气态毒物还是液态毒物。

B 从色味判断

各种毒物都具有其特殊的气味。一旦发生化学泄漏事故后，在泄漏区域或下风方向，可嗅到毒物散发出的特殊气味。如氢氰酸是苦杏仁味，可嗅质量浓度为1.0μg/L；光气散发出烂干草味，可嗅质量浓度为4.4μg/L；氯化氢为强烈刺激味，可嗅质量浓度为2.5μg/L；硫化氢气体散发出臭鸡蛋味等。

C 从中毒症状判断

由于各种毒物所产生的毒害作用不同，可根据人员或动物中毒之后所表现的特殊症状，判断毒物的大致种类。如出现刺激眼睛和呼吸道、流泪、打喷嚏、流鼻涕等症状，可判断为刺激性毒物；而出现瞳孔缩小、出汗、流口水和抽筋等症状，可判断为含磷毒物。

D 用pH试纸初步判断

借助pH试纸检测染毒空气中的毒物是酸性还是碱性，大致判断出有毒物是属于哪一类的化学毒物。

E 从危险源查明可能的毒物

在事故发生地，可根据平时掌握的该地区危险源资料以及当事人提供的背景资料，准确判断出毒物的种类和名称。

10.2.2.2 实施检测

A 正确选择检测点

在检测染毒气体时，（1）要迎风检测；（2）选择毒物飘移云团经过的路径；（3）对掩体、低洼地等位置实施检测。在检测地面毒物时，要找到存在明显毒物的区域。

B 灵活选用检测器材和检测方法

如事故危险区域无明显的有毒液体，则要重点检测气态毒物；如发现有明显的有毒液体，可实施多手段同时检测。

C 综合分析，得出结论

综合分析，是指将判断过程中得到的各种结果以及使用检测器材的情况，结合平时工作中积累的经验加以系统分析，得出正确的结论。

10.3 危险化学品事故的处置方法

危险化学品事故的处置不同于一般事故的处置，对现场指挥人员的总要求是：反应迅速、判断准确、处置果断、措施得当。对救援力量的总要求是：准备充分、严密组织、服从指挥、密切协同。在执行事故应急处置任务时，应根据现场的具体情况采取相应的措施和手段控制事故扩大和蔓延，将损失减小到最低限度。

10.3.1 危险化学品事故处置程序

10.3.1.1 响应程序

发生危险化学品事故后，总的处置原则是本级能解决的问题尽可能本级解决，缩小处置范围，如需请求增援力量支援时，应通过正常途径向上级部门逐级请示；情况危急时，在确保安全的前提下，可边处置边请示报告，力求将事故的影响范围降低到最小程度。通常危险化学品事故应急处置的响应程序如下。

(1) 当接到危险化学品事故处置任务时，应通过多种途径了解事故发生的时间、确切地点、危险化学品的种类、特征，已经造成的伤害后果和发展趋势等基本情况；了解周边相关救援力量、需要携带的救援器材、将要担负的任务以及执行任务的地点、到达时限和联系方法等。

(2) 当任务明确并受领任务后，指挥员应迅速按照行动方案、计划和上级指示，向执行救援任务的一线指挥人员下达遂行处置任务的命令。

(3) 救援指挥人员接到命令后，应根据行动预案迅速集结人员，携带救援器材，在指挥员的带领下迅速出动。

(4) 应急处置人员到达现场后，指挥人员应立即向现场指挥部报告，并按照下达的命令及时了解现场情况，合理分配救援力量，按分工进入各自岗位展开处置行动。

10.3.1.2 处置程序

事故发生后的情形很可能与预案设想的不一致，救援指挥人员和现场处置人员应根据现场具体情况灵活果断采取措施。

一般程序如下：

(1) 个人防护。参加应急处置的人员首先要做好个人防护，根据危险化学品的毒害特性选用防护装备进行全身防护或呼吸道防护，严格确定防护等级。危险化学品防护参考等级划分见表10-1，危险化学品防护参考标准见表10-2。

表10-1 危险化学品防护参考等级划分

区分	重度危险区	中度危险区	轻度危险区
剧毒/高毒	一级	一级	二级
中毒	一级	二级	二级
低级	二级	三级	三级

表 10-2　危险化学品防护参考标准

级别	形式	防化服	防护服	防护面具
一级	全身	内置式重型防化服	全棉防静电内外衣、手套、袜子	空气呼吸器或全防型滤毒罐
二级	全身	封闭式防化服	全棉防静电内外衣、头罩、手套、袜子	空气呼吸器或全防型滤毒罐
三级			战斗服、无钉靴	简易滤毒罐面罩或口罩、毛巾等防护器材

（2）安全撤离。在发生危险化学品事故的现场若不能准确判断危险化学品的种类、毒性及污染浓度时，应组织现场人员迅速撤离污染区，做好警戒、严格控制人员进出事故现场并做好登记。

（3）侦察检测。使用专用检测仪器，测定危险化学品的种类、浓度，确定出重、中、轻度危险区。根据救援现场情况需要，应测定现场的风速、风向等气象数据，以确定警戒范围。

（4）安全警戒。警戒内容包括根据现场所了解的情况和检测结果确定警戒区域；将警戒区域划分为重危区、中危区、轻危区和安全区，并设立警戒标志；在安全区外视情设立隔离带；合理设置出入口，严格控制各区域进出人员、车辆、物资，并进行安全检查。

（5）医疗救护。撤出污染区的中毒人员视伤害情况，采取不同的救护措施。如发生中毒，应当立即脱去中毒人员被污染的服装进行冲洗，以免造成人员再次中毒；根据不同的危害物，合理区分和使用急救药品。现场难以处理的中毒人员应当立即送到后方医院进行救治。

（6）化学洗消。确定危险化学品种类和污染区域后，选择合适的洗消剂，对事故现场及周围的地面、道路、水源等及时组织洗消，防止污染区域扩大，避免造成更大的危害。在危险区和安全区之间设置洗消点对离开污染区的人员和救援设备进行洗消处理，要处理好污水，防止造成二次污染。

（7）清理现场。对低洼、沟渠和不通风的场所进行现场清理，确保不残留有毒物质；清点人员、车辆和器材，撤除警戒等。

10.3.2　常见危险化学品事故的处置要点

10.3.2.1　运输过程中危险化学品泄漏

（1）现场人员迅速采取防护措施，立即封锁交通，设立警戒标志，并发出危险化学品泄漏警报。

（2）迅速向相关部门报告、报警，阻止无关人员向事故区域集结。

（3）为减少伤害，可由已采取防护措施的押运人员对泄漏危险化学品使用泥土等简易方法进行覆盖隔离处理，等待专业救援人员和后续力量到场后处置。

（4）应急消防救援到场后，严格按照事故处置规程进行救援。

10.3.2.2 库存和车间危险化学品泄漏

（1）迅速采取正确的防护和控制措施，并立即撤离至有毒现场的上风或侧上风区域。

（2）迅速报警并在泄漏区域发出危险化学品泄漏警报信号。

（3）迅速查明危险化学品的泄漏点、储存、扩散等情况，必要时疏散下风方向的人员并进行警戒。

（4）组织现场急救，抢救现场中毒人员，分清中毒人员轻重，将危重人员送医院治疗。

（5）组织专业技术人员对泄漏危险化学品的容器或生产设备进行管阀、堵漏等，并视情对污染区域实施洗消处理。

（6）组织对现场人员和救援设备进行洗消处理。

10.3.2.3 危险化学品爆炸事故

（1）现场人员应迅速采取有效防护措施，防止危险化学品对人员产生新的伤害。

（2）迅速报警，同时尽可能采取紧急隔离措施防止危险化学品二次爆炸。

（3）加强个人防护并向上风和侧风方向撤离，通知下风方向人员做好防护并向上风或侧上风等安全地方转移。

（4）组织专业人员对事故区域进行标识和安全警戒，抢救中毒和受伤人员。

（5）在下风地域设置监测哨，由专业人员使用专业检测仪器进行动态监测。

（6）后续处置按照专业技术人员提出的要求进行。

10.3.2.4 危险化学品燃烧事故

（1）迅速采取正确而有效的个人防护措施，立即发出危险化学品火灾警报。

（2）迅速向消防救援指挥中心报警，请求消防救援力量前往处置。

（3）危险化学品火灾禁止非专业消防救援人员扑救，但应主动向专业消防救援人员介绍燃烧危险化学品的种类、性能和毒性，确保扑救时的针对性和采取战术战法的正确性。

（4）危险化学品火灾扑灭后应按照专业消防救援人员和单位技术专家的指

导意见对现场进行清理。

(5) 现场洗消及后续处理按照专业技术人员提出的要求进行。

10.3.3 危险化学品事故处置应把握的几个问题

10.3.3.1 采取科学的战术处置方法

危险化学品事故的处置是一项十分复杂的工作，它涉及防护、撤离、侦检、警戒、救护、消毒和清理等一系列处置过程。这些程序看上去是有时间顺序的，但在实际处置过程中，也不是一成不变的，有时需要同时展开，有时需要分步进行，有时需要多部门协作，指挥员必须根据事故现场的实际情况做出准确的判断，灵活处置程序应对现场可能发生的任何情况。

10.3.3.2 统一指挥，服从命令

在响应阶段，由于参加危险化学品事故处置的力量广泛、涉及单位较多，协同复杂。因此，配合协调对危险化学品事故处置显得尤为重要，必须有一个综合、权威、组成精干的指挥机构实施统一指挥，参加处置任务必须服从现场统一指挥，切不可各行其是，多头指挥。有时在特殊情况下，需要简化指挥程序，实施对事故现场的聚焦式指挥，这样可以大大减少中间指挥层，避免层层请示造成时间耽误。此外，对一些具有突发性、不定向性、短时间危害效应明显的危险化学品事故来说，更应突出现场指挥、靠前指挥或越级指挥。

10.3.3.3 积极发挥专业技术人员作用

危险化学品事故不同于一般事故，如处置不当或处置不及时都有可能造成十分严重的后果。处置危险化学品事故不是靠人海战术就能完成的，必须依靠专业技术力量、专业设备、专门的救援装备实施技术处置。

10.3.3.4 坚持救人第一的指导思想

危险化学品事故的发生，可能引起泄漏、爆炸和燃烧，泄漏会造成大量人员受伤、中毒和大面积的环境污染，爆炸引起的连锁反应和泄漏物质的扩散程度更是难以预测。处置过程中既要灭火、堵漏、抢救中毒人员，又要检测污染范围、组织群众撤离、消除污染，现场情况极具复杂性，处置难度大。在这种情况下，现场指挥员必须把抢救中毒人员和组织群众撤离作为首要任务，在确保救人的前提下再进行其他处置工作。面对复杂的处置要求，指挥员要根据事故现场情况的变化进行科学预测、灵活使用处置力量，迅速果断采取处置措施，阻止事态进一步发展，尽早消除事故后果，提高处置效率。

10.4 危险化学品火灾扑救方法

危险化学品容易发生火灾、爆炸事故，但不同的化学品以及在不同情况下发生火灾时，其扑救方法差异很大，若处置不当，不仅不能有效扑灭火灾，反而会使灾情进一步扩大。此外，由于化学品本身及其燃烧产物大多具有较强的毒害性和腐蚀性，极易造成人员中毒、灼伤。因此，扑救危险化学品火灾是一项极其重要又非常危险的工作。

10.4.1 危险化学品灭火救援的总要求

10.4.1.1 战术原则

危险化学品火灾扑救遵循“先控制，后消灭”的战术原则。针对危险化学品火灾的火势发展蔓延快和燃烧面积大的特点，在火灾扑救中应积极采取统一指挥、以快制快；堵截火势、防止蔓延；重点突击，排除险情；分割包围，速战速决的灭火战术。

10.4.1.2 安全防护

（1）灭火救援指挥部以及阵地设置应选择燃烧物品上风或侧风向位置。

（2）进行火情侦查、扑救、疏散的人员应有针对性的采取自我防护措施，如佩戴防护面具，穿戴专用防护服等。尤其是对于侦查人员，在情况不明的情况下，首次进入现场必须进行一级防护。

（3）对有可能发生爆炸、爆裂、喷溅等特别危险需紧急撤退的情况，应按照统一的撤离信号和撤离方法及时撤离。撤离信号应格外醒目，能使现场所有人员都能看到或听到，并应经常提醒教育和组织模拟演练。

10.4.1.3 注意事项

（1）进入现场应迅速查明燃烧范围、燃烧物品及其周围存放物品的名称和主要危险性、火势蔓延的主要途径、进攻路线、供水方法、使用水源、撤离路线、阵地设置等。

（2）应在单位和相关部门技术人员的参与下进行危险化学品装置的灭火救援的处置，不应见火就灭。

（3）选择正确的灭火剂和灭火救援的处置方法。火势较大时应先堵截火势蔓延，控制燃烧范围，然后逐步扑灭火势。

（4）灭火救援过程中，应注意灭火剂与泄漏物，科学组织收集处理工作，以防止二次污染的发生。

10.4.2　危险化学品初期火灾扑救

10.4.2.1　主要灭火措施

(1) 迅速关闭火灾部位的上下游阀门，切断进入火灾事故处的一切物料。

(2) 在火灾尚未扩大到不可控制之前，应使用移动式灭火器或现场其他各种消防设备、器材扑灭初期火灾和控制火源。

10.4.2.2　对相邻设施的保护

(1) 对周围设施及时采取冷却保护措施。

(2) 迅速疏散转移受火势威胁的物资。

(3) 对火灾可能造成易燃液体外流，可用沙袋或其他材料筑堤拦截，或挖沟导流将物料导向安全地点。

(4) 用毛毡、海草帘堵住下水井等处，防止火焰扩大蔓延。

10.4.3　各类危险化学品的灭火救援处置方法

10.4.3.1　扑救爆炸物品火灾的基本方法

爆炸物品一般都有专门或临时的储存仓库。这类物品由于内部结构含有爆炸性基因，受摩擦、撞击、震动、高温等外界因素激发，极易发生爆炸，遇明火则更危险。

遇爆炸物品火灾时，一般应采取以下方法：

(1) 迅速判断和查明再次发生爆炸的可能性和危险性，紧紧抓住爆炸后和再次发生爆炸之前的有利时机，采取一切可能的措施，全力制止再次爆炸的发生。

(2) 切忌用沙土盖压，以免增强爆炸物品爆炸时的威力。

(3) 如果有疏散可能，人身安全上确有可靠保障，应迅即组织力量及时疏散着火区域周围的爆炸物品，使着火区周围形成一个隔离带。

(4) 扑救爆炸物品堆垛时，遥控水炮水流应采用吊射，避免强力水流直接冲击堆垛，以免堆垛倒塌引起再次爆炸。

(5) 灭火人员应尽量利用现场现成的掩蔽体或尽量采用卧姿等低姿射水，尽可能地采取自我保护措施。消防车辆必须停放在安全地带。

(6) 灭火人员发现有发生再次爆炸的危险时，应立即向现场指挥部报告，现场指挥部应迅即作出准确判断，确有发生再次爆炸征兆或危险时，应立即下达撤离命令。灭火人员看到或听到撤离信号后，应迅速撤至安全地带，来不及撤离时，应就地卧倒。

10.4.3.2 扑救压缩或液化气体火灾的基本方法

压缩或液化气体总是被储存在不同的容器内或通过管道输送。其中储存在较小钢瓶内的气体压力较高，受热或受火焰烘烤容易发生爆裂。一旦气体泄漏后遇火源已形成稳定燃烧时，与可燃气体泄漏尚未燃烧时相比其发生爆炸或再次爆炸的危险性要小得多。遇压缩或液化气体火灾一般应采取的方法是：

（1）扑救气体火灾切忌盲目将火扑灭，在没有采取堵漏措施的情况下，必须保持稳定燃烧。否则大量可燃气体泄漏出来与空气形成爆炸混合气体，遇火就会发生爆炸。

（2）在扑救过程中首先应扑灭外围被火源引燃的可燃物火势，切断火势蔓延途径，控制燃烧范围，并积极抢救受伤和被困人员。

（3）如果火势中有压力容器或有受到火焰辐射热威胁的压力容器，能疏散的应尽量在水枪的掩护下疏散到安全地带，不能疏散的应部署足够的力量冷却保护。为防止容器爆裂伤人，进行冷却的人员应尽量采用低姿射水或利用现场坚实的掩蔽体防护。对卧式储罐，冷却人员应选择储罐四侧角作为射水阵地。

（4）如果是输气管道泄漏着火，应设法找到气源阀门。阀门完好时，只要关闭气体的进出阀门，火势就会自动熄灭。

（5）储罐或管道泄漏关阀无效时，应根据火势判断气体压力和泄漏口的大小及其形状，准备好相应的堵漏材料（如软木塞、橡皮塞、气囊塞、黏合剂、弯管工具、粘贴式堵漏工具、电磁式堵漏工具、金属堵漏套管等）

（6）堵漏工作准备就绪后，即可扑救火势，但仍需用水枪冷却高温的罐或管壁。火扑灭后，应立即用堵漏材料堵漏，同时用雾状水稀释和驱散泄漏出来的气体。如果确认泄漏口非常大，根本无法堵漏，只需冷却着火容器及其周围容器和可燃物品，控制着火范围，直到燃气燃尽，火势自动熄灭。

（7）现场指挥应密切注意各种危险征兆，遇有火势熄灭后较长时间未能恢复稳定燃烧或受热辐射的容器安全阀火焰变亮耀眼、尖叫、晃动等爆裂征兆时，指挥员必须适时作出准确判断，及时下达撤离命令。现场人员看到或听到事先规定的撤离信号后，应迅速撤退至安全地带。

10.4.3.3 扑救易燃液体火灾的基本方法

易燃液体通常也是贮存在容器内或利用管道输送。与气体不同的是，液体容器有的密闭，有的敞开，一般都是常压，只有反应锅（炉、釜）及输送管道内的液体压力较高。液体不管是否着火，如果发生泄漏或溢出，都将顺着地面（或水面）漂散流淌。而且，易燃液体还有密度（比重）和水溶性等涉及能否用水和普通泡沫扑救的问题，还有危险性很大的沸溢和喷溅的问题。易燃液体火灾，一般应采用的方法是：

（1）首先应切断火势蔓延的途径，冷却和疏散受火势威胁的压力及密闭容器和可燃物，控制燃烧范围，并积极抢救受伤和被困人员。如有液体流淌，应筑堤（或用围油栏）拦截飘散流淌的易燃液体或挖沟导流。

（2）及时了解和掌握着火液体的品名、密度、水溶性，以及有无毒害、腐蚀、沸溢、喷溅等危险性，以便采取相应的灭火和防护措施。

（3）对较大的储罐或流淌火灾，应准确判断着火面积。小面积（一般50㎡以内）液体火灾，一般可用雾状水扑灭，二氧化碳等灭火更有效。大面积液体火灾则必须根据其相对密度（比重）、水溶性和燃烧面积大小，选择正确的灭火剂扑救。

（4）比水轻又不溶于水的液体（如汽油、苯等）的火灾，不宜采用直流水、雾状水灭火，可用普通蛋白泡沫或轻水泡沫灭火。用干粉等扑救时灭火效果要视燃烧面积大小和燃烧条件而定。

（5）比水重又不溶于水的液体（如二硫化碳）火灾可用水扑救，也可用泡沫扑救，用干粉等扑救时，灭火效果要视燃烧面积大小和燃烧条件而定。

（6）具有水溶性的液体（如醇类、酮类等）火灾应采用抗溶性泡沫扑救。用干粉等扑救时，灭火效果要视燃烧面积大小和燃烧条件而定。

（7）扑救毒害性、腐蚀性或燃烧产物毒害性较强的易燃液体火灾，扑救人员必须佩戴防护面具，采取防护措施。

（8）扑救原油和重油等具有沸溢和喷溅危险的液体火灾。可采取放水、搅拌等防止发生沸溢和喷溅的措施，灭火时要注意计算可能发生沸溢、喷溅的时间，观察是否有沸溢、喷溅的征兆。指挥员发现危险征兆时应迅即作出准确判断，及时下达撤离命令，避免造成人员伤亡和装备损失。扑救人员看到或听到统一撤离信号后，应立即撤至安全地带。

（9）遇易燃液体管道或储罐泄漏着火，阻止火势扩大。如果管道阀门已损坏或是储罐泄漏，应迅速准备好堵漏材料，首先用泡沫、干粉、二氧化碳或雾状水等扑灭地上的流淌火。然后，扑灭泄漏口处的火焰，并迅速实施堵漏。与气体堵漏不同的是，液体一次堵漏失败，可连续堵几次，只要用泡沫覆盖地面，并堵住液体流淌和控制好周围着火源，不必点燃泄漏口的液体。

10.4.3.4　扑救易燃固体、自燃物品火灾的基本方法

易燃固体、自燃物品一般都可用水或泡沫扑救，相对其他种类的危险化学物品而言是比较容易扑救的，只要控制住燃烧范围，逐步扑灭即可。

（1）二硝基萘、2，4-二硝基苯甲醚、萘等是易燃固体，发生火灾时，可用

雾状水、泡沫扑救并切断火势蔓延途径。这类固体受热以升华产生的易燃蒸气能在上层与空气形成爆炸性混合物，易发生爆燃。因此，在扑救过程中应不时向燃烧区域上空及周围喷射雾状水。

（2）遇黄磷火灾时，首先应切断火势蔓延途径，控制燃烧范围。对着火的黄磷应用低压水或雾状水扑救。高压直流水冲击能引起黄磷飞溅，导致灾害扩大。黄磷熔融液体流淌时应用泥土、砂袋等筑堤拦截并用雾状水冷却，对磷块和冷却后已固化的黄磷，应用钳子钳入储水容器中。来不及钳时可先用砂土掩盖，但应做好标记，等火势扑灭后，再逐步集中到储水容器中。

（3）少数易燃固体和自燃物品不能用水和泡沫扑救，如三硫化二磷、铝粉、烷基铝、保险粉等，应根据具体情况区别处理，宜选用干砂和不用压力喷射的干粉扑救。

10.4.3.5 扑救遇湿易燃物品火灾的基本方法

遇湿易燃物品能与潮湿和水发生化学反应，产生可燃气体和热量，有时即使没有明火也能自动着火或爆炸，如金属钾、钠以及三乙基铝（液态）等。

遇湿易燃物品火灾一般采取的方法是：

（1）首先应了解遇湿易燃物品的品名、数量、是否与其他物品混存、燃烧范围、火势蔓延途径。

（2）如果只有极少量（一般 50g 以内）遇湿易燃物品，则不管是否与其他物品混存，仍可用大量的水或泡沫扑救。水或泡沫刚接触着火点时，短时间内可能会使火势增大，但少量遇湿易燃物品燃尽后，火势很快就会减少或熄灭。

（3）如果遇湿易燃物品数量较多，且未与其他物品混存，则绝对禁止用水或泡沫、酸碱等湿性灭火剂扑救。遇湿易燃物品应用干粉、二氧化碳、卤代烷灭火扑救，只有金属钾、钠、铝、镁等个别物品用二氧化碳、卤代烷灭火无效。固体遇湿易燃物品应用水泥、干砂、干粉、硅藻土和蛭石等覆盖。对遇湿易燃物品中的粉尘如镁粉、铝粉等，切忌喷射有压力的灭火剂，以防止将粉尘吹扬起来，与空气形成爆炸性混合物而导致粉尘爆炸发生。

（4）如果有较多的遇湿易燃物品与其他物品混存，则应先查明是哪类物品着火，遇湿易燃物品的包装是否损坏。可先用开花水枪向着火点吊射少量的水进行试探，如未见火势明显增大，证明遇湿物品尚未着火，包装也未损坏，应立即用大量水或泡沫扑救，扑灭火势后立即组织力量将淋过水或仍在潮湿区域的遇湿易燃物品疏散到安全地带分散放置。如射水试探后火势明显增大，则证明遇湿易燃物品已经着火或包装已经损坏，应禁止用水、泡沫、酸碱灭火器扑救。若是液体应用干粉等灭火剂扑救；若是固体应用水泥、干砂等覆盖。如遇钾、钠、铝、镁轻金属发生火灾，最好用石墨粉、氯化钠以及专用的轻金属灭火剂扑救。

(5) 如果其他物品火灾威胁到相邻的较多遇湿易燃物品，应先用油布或塑料膜等其他防水布将遇湿易燃物品遮盖好，然后再在上面盖上棉被并淋上水。如果遇湿易燃物品堆放处地势不太高，可在其周围用土筑一道防水堤。在用水或泡沫扑救火灾时，对相邻的遇湿易燃物品应留一定的力量监护。

由于遇湿易燃物品性能特殊，又不能用常用的水和泡沫灭火剂扑救，对这类物品消防指战员平时应经常了解和熟悉其品名和主要危险特性。

10.4.3.6 扑救氧化剂和有机过氧化物火灾的基本方法

氧化剂和有机过氧化物从灭火角度讲是一个杂类，既有固体、液体，又有气体，既不像遇湿易燃物品一概不能用水和泡沫扑救，也不像易燃固体几乎都可用水和泡沫扑救。有些氧化剂本身不燃，但遇可燃物品或酸碱能着火和爆炸。有机过氧化物本身就能着火、爆炸，危险性特别大，扑救时要注意人员防护。不同的氧化剂和过氧化物的火灾，在水、泡沫、二氧化碳这类灭火剂的选择上是不同的，因此扑救此类物质火灾是一场复杂而又艰难的战斗。遇到氧化剂和过氧化物火灾，一般应采取的方法是：

(1) 迅速查明着火或反应的氧化剂和过氧化物以及其他燃烧物品的品名、数量、主要危险特性、燃烧范围、火势蔓延途径、能否用水或泡沫扑救。

(2) 能用水或泡沫扑救时，应尽一切可能切断火势蔓延，使着火区孤立，限制燃烧范围，同时应积极抢救受伤和受困人员。

(3) 不能用水、泡沫、二氧化碳扑救时，应用干粉或水泥、干砂覆盖。用水泥、干砂覆盖时应先从着火区域四周尤其是下风等火势主要蔓延方向覆盖起，形成孤立火势的隔离带，然后逐步向着火点逼近。

由于多数氧化剂和过氧化物遇酸会发生剧烈反应甚至爆炸，因此对于这类物品的火灾扑救，泡沫和二氧化碳也应慎用。

10.4.3.7 扑救毒害品和腐蚀品火灾的基本方法

毒害品、腐蚀品有些本身能着火，有的本身并不着火，但与其他可燃物品接触后能着火。这类物品发生火灾一般应采取的方法是：

(1) 灭火人员必须穿防护服，佩戴防护面具。一般情况下采取全身防护即可，对有特殊要求的物品火灾，应使用专用防护服。考虑到过滤式防毒面具防霉范围的局限性，在扑救毒害品火灾时应尽量使用隔绝式氧气或空气呼吸器。

(2) 毒害品、腐蚀品火灾极易造成人员伤亡，灭火人员在采取防护措施后，应积极抢救受伤和被困人员，控制燃烧范围。

(3) 扑救时应尽量使用低压水流或雾状水，避免腐蚀品、毒害品溅出。遇酸类或碱类腐蚀品最好调制相应的中和剂稀释中和。

（4）遇毒害品、腐蚀品容器泄漏火灾，应在扑灭火灾后，采用防腐材料堵漏。

（5）浓硫酸遇水能放出大量的热，会导致酸液沸腾飞溅，需特别注意防护。扑救浓硫酸与其他可燃物品接触发生的火灾，浓硫酸数量不多时，可用大量低压水快速扑救。如果浓硫酸量很大，应先用二氧化碳、干粉、卤代烷等灭火，然后再把着火物品与浓硫酸分开。

参 考 文 献

［1］公安部消防局. 消防灭火救援［M］. 北京：中国人民公安大学出版社，2003.

［2］公安部消防局. 危险化学品事故处置研究指南［M］. 武汉：湖北科学技术出版社，2010.

［3］公安部消防局. 公安消防部队搜救犬训练与管理教程［M］. 北京：长城出版社，2013.

［4］闵永林. 消防装备与应用手册［M］. 上海：上海交通大学出版社，2013.

［5］中国消防协会. 建（构）筑物消防员职业技能鉴定考试指导手册［M］. 北京：中国科学技术出版社，2013.

［6］王恩福，黄宝森. 地震灾害紧急救援手册［M］. 北京：地震出版社，2011.

作 者 简 介

刘风华，中共党员，特勤大队高级工程师（技术8级），唐山市消防救援支队灭火救援指挥部作战训练处高级专业技术职务（技术7级）。河北省发展和改革委员会评审专家库成员，河北省政府采购评审专家库成员，河北省安全科学技术中心应急管理（安全生产）专家库成员，国家职业鉴定（消防员）考评员，河北省公安厅初、中级职称评审库专家库成员，河北省消防总队车辆器材采购库专家库成员，唐山市综合性消防救援专家库成员，唐山市住建局消防验收专家库成员。2017年被公安部授予武警专业技术大校警衔，2018年公安消防部队集体改制，被应急管理部授予专业技术一级指挥长消防救援衔。

1991年12月入伍以来，先后6次荣立个人三等功，4次被唐山市评为市优秀人民警察，多次被评为优秀共产党员、先进个人。2000年被河北省共青团委和河北省军分区评为全省优秀团务工作者，荣立个人二等功。参与处置重大灭火救援战斗上千余次，经过多年的工作沉淀和实战历练，积累了丰富的作战指挥经验，先后在武警学院院报等国家核心期刊发表论文15余篇，获实用新型专利1项。

陈绵海，中共党员，现任沧州市消防救援支队灭火救援指挥部作战训练处中级专业技术职务（专业技术二级指挥长救援衔）。1991年12月入伍，历任战士、文书、司务长、中队长、指导员、大队参谋、大队长、教导员、支队司令部灭火中级工程师，在中国科技核心期刊发表学术论文9篇。在基层大中队工作多年，参加多起火灾扑救和应急救援工作。

鲍宇光，现任河北省唐山市消防救援支队灭火救援指挥部作战训练处初级专业技术职务（专业技术二级指挥员）。自2011年6月入伍以来，担任过中队长、作战参谋、专职队指导办公室主任等，于2016年被抽调唐山市世界园艺博览会办公室工作，圆满完成了世园会安保任务，并荣获两次“三等功”。

许亮，中共党员。现任河北省唐山市消防救援支队丰南消防救援大队丰南中队执勤中队长助理（二级消防长救援衔）。在执勤灭火救援一线工作20余年，荣立“二等功”2次，“三等功”6次。在中国科技核心期刊发表学术论文2篇，获国家实用新型专利2项。2004年5月参加全省“利剑”反恐演习，2004年10月参加全国公安大练兵，2006年2月被评为“首届燕赵十佳消防卫士”荣誉称号，2009年5月被评为河北省公安现役部队优秀士官，2009年8月被评为全国公安现役部队优秀士官，2016年获得公安消防部队士官优秀人才一等奖。